The Parables of Kingdom of God

윤사무엘 지음 Samuel Yun, Ph.D

머리말

　　예수님께서 선포하신 천국 복음은 '비유'(parable)라는 문학 장르로 복음서에 소개되고 있다. 천국의 이야기들을 비유를 통해 전하신 것이다. 천국은 그리스도인의 기업이다. 성경에서 가르치는 기업(inheritance)이란 "하나님께서 약속하신 것을 믿음으로 받는 선물"을 말한다(신 12:1, 시 111:6, 암 9:12). 창세기 1장 28절에 보면 하나님의 형상과 모양대로 창조함을 받은 아담과 하와에게 복을 주시면서 (1)생명의 기업(생육하고 번성) (2)땅의 기업(땅을 정복하라) (3)교제의 기업(모든 생물을 다스림)을 약속하신 대로 에덴동산에서 이를 누리게 하셨다. 그러나 범죄함으로 인생은 이 세 기업을 상실했다.

　　아브라함을 불러 주실 때 하나님은 생명의 기업(큰 민족 이룸), 땅의 기업(내가 네게 지시할 땅), 교제의 기업(복 있는 사람)을 약속하셨다. 아브라함은 믿음으로 순종하여 나아갔다. 그리하였더니 그가 100세 되던 해에 아들 이삭을 얻게 되었고, 가나안 땅에서 가는 곳마다 제단을 쌓고 장막에 거하게 되었으며, 아브라함을 축복하는 자에게 하나님께서 복을 내리시고, 저주하는 자에게 하나님의 저주가 임하게 되었던 것이다.

　　이 세 기업을 유업으로 받는 사람은 하나님께 신령과 진정(혹 영과 진리)으로 예배하는 자이다. 예배 중에 하나님을 만나고(임재), 하나님의 음성을 듣고(말씀), 기도의 응답을 받는다(복). 예배를 통해 세상을 이기는 믿음을 받으며, 하나님의 약속을 기억하고, 구원

예수님의 천국 비유들
The Parables of Kingdom of God

의 역사가 현재화된다. 예배를 통해 마음을 새롭게 함(by the renewing of your mind)으로 변화를 받아(be ye transformed) 하나님의 선하시고 기뻐하시며 온전한 뜻을 분별하게 된다(that ye may prove what is that good, and acceptable, and perfect, will of God, 롬 12:2).

천국 복음은 예배의 본질이다. 천국의 예배가 회복되어야 한다. 예배가 회복되면 교회가 살고, 나라와 가정이 산다는 것이 나이스크(NYSKC, 예배회복)의 구호(motto)이다. 하나님께서 기뻐 받으시는 (열납) 기업을 회복하지 못한 교회, 나라, 가정, 개인의 모습을 보면 죄의 노예가 되어 있다. 온종일 죄를 짓는데 열심이다. 사탄의 뜻대로 살아간다. 그릇된 방향으로 달려가고 있다. 영적인 나침판 역할을 해야 할 교회가 방향을 상실하고 있다. 성도가 세상의 빛과 소금의 사명을 해야 하는데, 어두움에 사로잡혀 있고 맛을 잃어버린 지 오래되었다. 말세 현상이 자기만 사랑하고(극단적 이기주의), 돈을 사랑하며(물질주의, 황금만능주의), 하나님을 사랑하는 것보다 쾌락을 사랑한다(쾌락주의, 방탕).

그리스도 예수 안에 거하는 사람이란 "육신을 따르지 않고 그 영을 따라 행하는 자"로(롬 8:1, 4) 그리스도 예수 안에 있는 생명의 성령의 법이 죄와 사망의 법에서 해방을 받는다.

물과 성령으로 거듭나는 자는 천국 복음으로 천국 시민이 되어 천국 생활을 한다. 내 몸이 하나님께로부터 받은 것으로 성령께서

머리말

우리 가운데 계시기를 원하시니, 우리의 몸이 온전히 성령의 전임을 항상 기억해야 한다. 그리스도의 값으로 산 것이니 우리 몸으로 하나님께 영광을 돌려야 한다(고전 6:19-20). 죄가 우리 몸을 다스리면 사망이니 몸의 사욕을 순종하지 말아야 한다. 우리 지체를 불의의 무기로 죄에게 내주지 말고 오직 하나님께 드리며 우리 지체를 의의 무기로 하나님께 드려야 한다(롬 6:12-13).

본서는 예수님의 비유를 개관하면서 경건 훈련의 묵상을 할 수 있도록 정리하였다. 경건 훈련, 성경 공부, 설교 자료로 정리해 본 것이다. 미주에 있는 방송국과 신문을 통해서 일부 발표되기도 했었다.

출판을 해 주신 쿰란출판사 이형규 장로님께 감사를 드린다. 늘 기도와 후원을 해 주시는 감람산장로교회 성도 여러분과 감람원세계선교회에 감사를 드린다. 예수님의 비유를 묵상하며 실천함으로 새 생명 가운데 거하시는 독자가 되시기를 간절히 바라며 기도드린다.

2011년 9월 15일
감람산장로교회 목양실에서
윤사무엘 목사

예수님의 천국 비유들
The Parables of Kingdom of God

차례

머리말 · 2

제1장 | 들어가는 말 · 7

제2장 | 예수의 비유 해석 · 33

제3장 | 비유의 해석사 · 43

제4장 | 비유의 종류 · 58

제5장 | 비유 해석의 방법 · 60

제6장 | 비유의 내용과 적용(경건 훈련을 위한 묵상집) · 67

제7장 | 요약 및 결론 · 248

참고 문헌 · 251

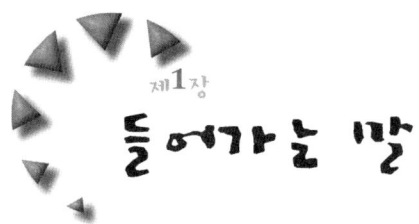

제1장 들어가는 말

　예수께서는 천국 복음을 비유로 가르치셨다. 비유는 당시 청중들에게 진리를 전달하는 매개체로 널리 사용된 틀이라고 볼 수 있다. 이야기체 패러다임(narrative paradigm)으로서의 비유를 통해 천국의 메시지를 살펴보고자 한다. 그리고 복음서에 나오는 비유들을 하나씩 묵상함으로써 그리스도인의 생활에 적용하고자 한다.
　웨스트민스터 신앙고백 제1장 9항에서는 "성경 해석을 위한 무오한 법칙은 성경 자체이다. 그러므로 어떤 성경 구절의 참되고 완전한 의미에 대하여 의문이 생긴 때에는 (참되고 완전한 의미는 여럿이 아니고 하나뿐임), 보다 분명하게 말하고 있는 다른 구절을 통해서 연구하고 알아내야 한다"(벧전 1:20-21; 행 15:15-16)라고 했다. 이 책에서는 이런 원리를 적용하여 말씀 속에서 말씀을 해석하려고 했다.
　또 웨스트민스터 소요리 문답의 90문답은 다음과 같이 되어 있다.

(문) 90. 하나님의 말씀을 어떻게 읽고 들어야 효력이 되어 구원을 얻는 방도가 되는가?
(답) 하나님의 말씀이 우리로 하여금 구원을 얻게 하는 방도가 되게 하려면 마땅히 부지런함과 예비함과 기도함으로써 생각하며 믿음과 사랑을 우리 마음에 두고 행실에 나타낼 것이다.

비유[1]는 천국을 알리는 데 사용한 독특한 문학적 장르이다. 이것은 비단 신약뿐만 아니라 구약에도 나오며 신·구약 중간기 랍비 문학에서도 발견할 수 있다.[2]

구약성경에 보면 몇 가지 비유 형태를 찾아볼 수 있다. 예를 들면 다음과 같다.

1. 사사 기드온의 막내아들 요담의 우화(삿 9:8-15)

하루는 나무들이 나가서 기름을 부어 자신들 위에 왕으로 삼으려 하여 감람나무에게 이르되 너는 우리 위에 왕이 되라 하매 감람나무가 그들에게 이르되 내게 있는 나의 기름은 하나님과 사람을 영화롭게 하나니 내가 어찌 그것을 버리고 가서 나무들 위에 우쭐대리요 한지라 나무들이 또 무

---

1) 비유(parabole)란 말은 아리스토텔레스의 《수사학》(Rhetoric)에 나오며 웅변의 한 방도로 사용된 비교나 비론(analogy)을 가리킨다. 그러나 복음서에서 이 말이 쓰여질 때에는 구약성경의 지혜문학 배경을 가진다.
2) 조철수 편역, 《랍비들이 풀어 쓴 창세 신화》, 서울: 서해문집, 2008. 랍비들의 비유와 예수의 비유를 비교해 보면 예수의 천국 비유들이 독특하다. 그 문체와 주제와 전달 방법 및 효과가 뛰어나다. 복음서에서 비유가 또 하나의 문학 장르로 자리매김한 것은 분명하다.

과나무에게 이르되 너는 와서 우리 위에 왕이 되라 하매 무화과나무가 그들에게 이르되 나의 단 것과 나의 아름다운 열매를 내가 어찌 버리고 가서 나무들 위에 우쭐대리요 한지라 나무들이 또 포도나무에게 이르되 너는 와서 우리 위에 왕이 되라 하매 포도나무가 그들에게 이르되 하나님과 사람을 기쁘게 하는 내 포도주를 내가 어찌 버리고 가서 나무들 위에 우쭐대리요 한지라 이에 모든 나무가 가시나무에게 이르되 너는 와서 우리 위에 왕이 되라 하매 가시나무가 나무들에게 이르되 만일 너희가 참으로 내게 기름을 부어 너희 위에 왕으로 삼겠거든 와서 내 그늘에 피하라 그리하지 아니하면 불이 가시나무에서 나와서 레바논의 백향목을 사를 것이니라 하였느니라.

[내용] 하루는 나무들이 나가서 기름을 부어 왕을 삼으려 하여 감람나무에게 물어 본다. 감람나무는 극구 사양하면서 "나의 기름은 하나님과 사람을 영화롭게 하나니 내가 이찌 그것을 버리고 가서 나무들 위에 우쭐대리요"라며 마다한다. 이에 나무들이 무화과나무에게 같은 요청을 하니 무화과나무도 사양하면서 말하되 "나의 단 것과 나의 아름다운 열매를 내가 어찌 버리고 가서 나무들 위에 우쭐대리요"라고 했다. 이번에는 포도나무에게 가서 부탁하니 포도나무가 대답하되 "하나님과 사람을 기쁘게 하는 내 포도주를 내가 어찌 버리고 가서 나무들 위에 우쭐대리요" 하며 모두 사양했다.

하는 수 없이 나무들이 가시나무에게 이르되 "너는 와서 우리 위에 왕이 되라" 하매 가시나무가 나무들에게 이르되 "너희가 참으로 내게 기름을 부어 너희 위에 왕으로 삼겠거든 와서 내 그늘에 피하라 그리하지 아니하면 불이 가시나무에서 나와서 레바논의 백향목을 사를 것이니라"고 했다.

[해석] 이 비유는 기드온 사사의 막내아들 요담이 한 반석 위에 자기 형제 68명을 죽인 아비멜렉을 왕으로 추대하고자 하는 세겜 사람들의 우매함을 지적하는 것이다. 일종의 경고성 메시지를 주기 위해 비유하면서 16절에서 "이제 너희가 아비멜렉을 세워 왕으로 삼았으니 너희가 행한 것이 과연 진실하고 의로우냐"라고 하면서 앞으로 일어날 비극에 대해 예고하고 있다.

2. 나단 선지자의 '가난한 자의 양 새끼' 비유(삼하 12:1-4)

여호와께서 나단을 다윗에게 보내시니 그가 다윗에게 가서 그에게 이르되 한 성읍에 두 사람이 있는데 한 사람은 부하고 한 사람은 가난하니 그 부한 사람은 양과 소가 심히 많으나 가난한 사람은 아무것도 없고 자기가 사서 기르는 작은 암양 새끼 한 마리뿐이라 그 암양 새끼는 그와 그의 자식과 함께 자라며 그가 먹는 것을 먹으며 그의 잔으로 마시며 그의 품에 누우므로 그에게는 딸처럼 되었거늘 어떤 행인이 그 부자에게 오매 부자가 자기에게 온 행인을 위하여 자기의 양과 소를 아껴 잡지 아니하고 가난한 사람의 양 새끼를 빼앗아다가 자기에게 온 사람을 위하여 잡았나이다 하니.

[내용] 한 성에 두 사람이 있는데 한 사람은 부자이고 다른 한 사람은 가난했다. 부자는 많은 양과 소를 가지고 있었으나, 가난한 자는 아무것도 없고 자기가 사서 기르는 작은 암양 새끼 하나뿐이

었다. 어느 날 나그네가 부자에게 오매 부자는 자기 양과 소를 아껴 자기에게 온 손님을 위하여 잡지 아니하고 가난한 사람의 양 새끼를 빼앗아다가 자기에게 온 사람을 위하여 잡았다.

[해석] 당시 이스라엘 왕은 대법관을 겸하고 있었기에 여기까지 이야기를 들은 다윗은 바로 판결을 내린다. "여호와의 살아 계심을 두고 맹세하노니 이 일을 행한 그 사람은 마땅히 죽을 자라 그가 불쌍히 여기지 아니하고 이런 일을 행하였으니 그 양 새끼를 네 배나 (출 22:1; 눅 19:8) 갚아 주어야 하리라"(삼하 12:5-6). 다윗은 율법에 의하여 바르게 판결을 내린 것이다.

이에 나단 선지자는 기회를 포착하여 다윗에게 이르되 "당신이 그 사람이라"(Thou art the man)고 지적함으로써 다윗이 신복인 헷사람 우리아 장군의 아내를 취하고, 장군을 전사하게 하고 마침내 밧세바를 후궁으로 받아들인 잘못을 깨닫게 하였다(시 51편).

3. 요압 장군의 비유(삼하 14:1-6)

스루야의 아들 요압이 왕의 마음이 압살롬에게로 향하는 줄 알고 드고아에 사람을 보내 거기서 지혜로운 여인 하나를 데려다가 그에게 이르되 청하건대 너는 상주가 된 것처럼 상복을 입고 기름을 바르지 말고 죽은 사람을 위하여 오래 슬퍼하는 여인같이 하고 왕께 들어가서 그에게 이러이러하게 말하라고 요압이 그의 입에 할 말을 넣어 주니라 드고아 여인이 왕께 아뢸 때에 얼굴을 땅에 대고 엎드려 이르되 왕이여 도우소서 하니 왕이 그에게 이르되 무슨 일이냐 하니라 대답하되 나는 진정으로 과부니이다 남편은 죽고 이 여종에게 아들 둘이 있더니 그들이 들에서 싸우나 그들을 말리는 사람이 아무도 없으므로 한 아이가 다른 아이를 쳐죽인지라.

[내용] 다윗 왕의 장남 암논(Amnon)이 배다른 여동생 다말(Tamar)을 욕보여서 압살롬(Absalom 다말의 친오빠, 암논의 이복 동생)이 보복할 기회를 찾았다. 2년 후 그는 모든 형제를 초청하여 잔치를 베푼 자리에서 암논을 살해하였다(삼하 13장). 압살롬은 도망하여 모친의 고향인 그술(북부 갈릴리 지역)로 가서 거한 지 3년이 되었다. 암논이 죽어 슬픔에 잠겨 있던 다윗 왕은 그 사랑하던 마음이 압살롬에게 향하여 그를 보고 싶어했다(삼하 13:39 And the soul of king David longed to go forth unto Absalom: for he was comforted concerning Amnon, seeing he was dead). 하지만 실천에 옮기지 못하고 시간은 자꾸 흘러간다.

이에 군대 장군 요압(Joab)이 왕의 마음을 헤아려(압살롬에게로 향함, the king's heart was toward Absalom) 드고아에 있는 지혜로운 여인을 통해 왕에게 메시지를 전한다. 비유의 형태로 뜻을 전한 것이다. 여인은 상복을 입고 슬픔에 빠진 척하고 다윗 왕에게 들어가 도움을 요청했다. 여인은 남편이 죽고 아들 둘이 있는데 저희가 들에서 싸우나 말려 줄 사람이 없어서 형이 동생을 쳐죽였다고 말한다. 이때 동네 사람들이 일어나서 이 여인을 핍박하며 말하기를 "동생을 죽인 그 형을 내어 놓으라. 우리가 저를 죽여 동생 죽인 죄를 갚겠다"라고 하니, 이제 자신에게 남은 마지막 숯불을 꺼서 대가 끊기게 되었다고 하소연한다. 왕이 격분하여 이를 해결해 주겠다고 약속하고 귀가를 명했다.

이 기회를 포착하여 드고아 여인은 요압의 시킨 대로 아뢰기를

"왕께서 하나님의 백성에게 대하여 이 같은 생각을 하셨나이까 이 말씀을 하심으로 왕께서 죄 있는 사람같이 되심은 그 내쫓긴 자를 왕께서 집으로 돌아오게 하지 아니하심이니이다"(삼하 14:13). 이렇게 하여 도망가 있던 압살롬을 예루살렘으로 돌아오게 하였다.

[해석] 요압 장군은 드고아 여인을 시켜 이 비유를 왕에게 전함으로 압살롬을 예루살렘으로 불러들이게 했다. 다윗 왕도 그러고 싶었지만 명분이 없었는지 아니면 주위의 여론을 의식해서인지 오랫동안 압살롬을 도망가게 하였다. 앞서 나단 선지자가 비유를 통해 다윗의 죄를 기억하게 하여 회개시켰듯이, 요압도 비유를 통해 다윗 왕으로 하여금 압살롬을 불러오게 하였다. 이처럼 비유는 사람을 깨닫게 하고, 감동케 하며, 행동하게 만든다.

4. 부상당한 선지자의 비유(왕상 20:35-41)

선지자의 무리 중 한 사람이 여호와의 말씀을 그의 친구에게 이르되 너는 나를 치라 하였더니 그 사람이 치기를 싫어하는지라 그가 그 사람에게 이르되 네가 여호와의 말씀을 듣지 아니하였으니 네가 나를 떠나갈 때에 사자가 너를 죽이리라 그 사람이 그의 곁을 떠나가더니 사자가 그를 만나 죽였더라 그가 또 다른 사람을 만나 이르되 너는 나를 치라 하매 그 사람이 그를 치되 상하도록 친지라 선지자가 가서 수건으로 자기의 눈을 가리어 변장하고 길 가에서 왕을 기다리다가 왕이 지나갈 때에 그가 소리 질러 왕을 불러 이르되 종이 전장 가운데에 나갔더니 한 사람이 돌이켜 어떤 사람을 끌고 내게로 와서 말하기를 이 사람을 지키라 만일 그를 잃어 버리면 네 생명으로 그의 생명을 대신하거나 그렇지 아니하면 네가 은 한 달란트를 내어야 하리라 하였거늘 종이 이리저리 일을 볼 동안에 그가 없어졌나이다 이스라엘 왕이 그에게 이르되 네가 스스로 결정하였으니 그대로 당하여야 하리라 그가 급히 자기의 눈을 가린 수건을 벗으니 이스라엘 왕이 그는 선지자 중의 한 사람인 줄을 알아본지라.

[내용] 아람의 벤하닷(Benhadad) 왕이 북왕국 이스라엘을 침공할 때, 아합(Ahab) 왕이 협박을 당했다. 그러나 그는 은금, 처자식들을 요구하는 벤하닷의 요청을 거절하고 전쟁에 맞서게 된다. 한 선지자가 와서 이르기를 "여호와의 말씀이 네가 이 큰 무리를 보느냐 내가 오늘 그들을 네 손에 넘기리니 너는 내가 여호와인 줄을 알리라"(왕상 20:13) 하는 말씀에 힘을 얻은 아합은 각 도의 방백의 소년들을 집합시켰다. 그리고 232명의 방백 소년들과 7,000명의 백성들과 함께 아람을 침공하여 크게 이겼다.

그 선지자가 아합에게 조언하기를 "왕은 가서 힘을 기르고 왕께서 행할 일을 알고 준비하소서 해가 바뀌면(at the return of the year) 아람 왕이 왕을 치러 오리이다"(왕상 20:22)라고 했다. 과연 이듬해 아람 왕은 아벡으로 침공했다. 숫적으로 상대가 되지 않을 만큼 아람 군대가 강성해 보였다. 이때 하나님의 사람이 아합 왕에게 나아와 고하기를 "여호와의 말씀에 아람 사람이 말하기를 여호와는 산의 신이요 골짜기의 신은 아니라 하는도다 그러므로 내가 이 큰 군대를 다 네 손에 넘기리니 너희는 내가 여호와인 줄을 알리라 하셨나이다"(왕상 20:28)라고 했다.

칠 일 후에 일어난 전쟁으로 이스라엘 자손이 하루 만에 아람 보병 10만을 죽였다. 남은 자들이 아벡으로 도망했으나 그 성이 무너져 남은 자 27,000명이 죽게 되자 벤하닷은 도망하여 성읍의 한 골방에 숨었다. 저들이 굵은 베로 허리를 묶고 테두리를 머리에 이고 아합 왕에게 항복했다. 이에 아합 왕은 벤하닷이 살아 있음을 확인하고 "그는 내 형제"(왕상 20:32)라고 하며 환대해 주었다. 이에 벤하닷이 아합에게 고하되 "내 아버지께서 당신의 아버지에게서 빼앗은 모든 성읍을 내가 돌려보내리이다 또 내 아버지께서 사마리아에서 만든 것같이 당신도 다메섹에서 당신을 위하여 거리를 만드소서"(왕상 20:34) 하니 아합이 약조를 하고 벤하닷 일행을 석방시켜 주었다. 이는 큰 실수였다. 분명 전쟁은 하나님께서 이기게 하셨는데, 아합 왕은 교만이 생겨 하나님의 뜻을 묻지 않고 자기 멋대로 잘난 척하였던 것이다. 두 번이나 큰 승리를 하게 하신 하나님을 무시한 것이다.

이에 선지자 중 한 사람이 비유로 왕에게 메시지를 전했다. 선지자가 한 사람에게 맞아 상처가 났다. 그는 수건으로 그 눈을 가리워 변장하고 길가에서 왕을 기다리다가 만났다. 그리고 왕에게 이르되 "종이 전장 가운데에 나갔더니 한 사람이 돌이켜 어떤 사람을 끌고 내게로 와서 말하기를 이 사람을 지키라 만일 그를 잃어 버리면 네 생명으로 그의 생명을 대신하거나 그렇지 아니하면 네가 은 한 달란트를 내어야 하리라 하였거늘 종이 이리저리 일을 볼 동안에 그가 없어졌나이다"(왕상 20:39-40)라고 말했다.

아합 왕이 저에게 이르기를 "네가 스스로 결정하였으니 그대로 당하여야 하리라"(왕상 23:40)고 했다. 이에 선지자가 그 가리운 수건을 벗으니 아합이 저가 선지자인 줄 알아보았다. 그리고 하나님의 말씀을 전하기를 "내가 멸하기로 작정한 사람을 네 손으로 놓

앉은즉 네 목숨은 그의 목숨을 대신하고 네 백성은 그의 백성을 대신하리라"(왕상 20:42)고 했다. 이에 아합 왕은 근심하고 답답하여 사마리아로 돌아가게 되었고 그 예언대로 되었다.

[해석] 당시 비유란 어떤 사건을 가상하여 주님의 말씀을 전하는 데 사용했다. 부상당한 선지자는 일부러 부상당하여 아합 왕에게 강한 메시지를 전하였다. 몸으로 메시지를 전하는 모습을 보게 된다. 이 비유는 아합 왕에게 자신의 실수를 깨닫게 했다. 예전에 다윗 왕은 비유를 듣고 하나님께 바로 회개하였으나, 아합 왕은 그저 근심하고 답답해하였을 뿐 회개했다는 기록이 없다.

5. 이스라엘의 왕 요아스의 비유(왕하 14:7-12)

아마샤가 소금 골짜기에서 에돔 사람 만 명을 죽이고 또 전쟁을 하여 셀라를 취하고 이름을 욕드엘이라 하였더니 오늘까지 그러하니라 아마샤가 예후의 손자 여호아하스의 아들 이스라엘의 왕 요아스에게 사자를 보내 이르되 오라 우리가 서로 대면하자 한지라 이스라엘의 왕 요아스가 유다의 왕 아마샤에게 사람을 보내 이르되 레바논 가시나무가 레바논 백향목에게 전갈을 보내어 이르기를 네 딸을 내 아들에게 주어 아내로 삼게 하라 하였더니 레바논 들짐승이 지나가다가 그 가시나무를 짓밟았느니라 네기 에돔을 쳐서 파하였으므로 마음이 교만하였으니 스스로 영광을 삼아 왕궁에나 네 집으로 돌아가라 어찌하여 화를 자취하여 너와 유다가 함께 망하고자 하느냐 하나 아마샤가 듣지 아니하므로 이스라엘의 왕 요아스가 올라와서 그와 유다의 왕 아마샤가 유다의 벧세메스에서 대면하였더니 유다가 이스라엘 앞에서 패하여 각기 장막으로 도망한지라.

[내용] 유다 왕 아마샤(29년간 통치)가 염곡에서 에돔 사람 10,000명을 죽이고 셀라를 쳐서 취하고 이름을 욕드엘이라 개명했다. 그런 후 이스라엘 왕 요아스(예후의 손자 여호아하스의 아들)에게 사자를 보내어 도전장을 내니 요아스가 아마샤에게 회신하면서 이런 비유를 들었다. "레바논 가시나무가 레바논 백향목에게 전갈을 보내어 이르기를 네 딸을 내 아들에게 주어 아내로 삼게 하라 하였더니 레바논 들짐승이 지나가다가 그 가시나무를 짓밟았느니라"(왕하 14:9). 이에 아마샤가 듣지 않자 요아스 왕이 침공하여 유다군이 대패하게 되었다.

[해석] 여기서 레바논 백향목은 북이스라엘을 가리키며, 가시나무는 남유다를 가리킨다. 우회적인 표현으로 요아스는 자기의 의지를 분명히 드러내어 승전을 다짐하였다. 과연 그의 주장대로 유다국은 대패하였다. 이 비유는 상대방의 기를 죽이는 데 작용했다. 이스라엘의 요아스 왕은 벧세메스에서 유다 왕 아마샤를 생포하고 예루살렘에 이르러 예루살렘 성벽을 에브라임 문에서부터 성모퉁이 문까지 400규빗(약 180미터)을 헐고, 여호와의 전과 왕궁 곳간에 있는 금은과 모든 기명을 취하고 사람을 볼모로 잡아가지고 사마리아로 돌아갔다(왕하 14:13). 남북전쟁의 참혹한 모습이었다.

6. 이사야의 '포도원의 노래' (사 5:1-7)

나는 내가 사랑하는 자를 위하여 노래하되 내가 사랑하는 자의 포도원을 노래하리라 내가 사랑하는 자에게 포도원이 있음이여 심히 기름진 산에로다 땅을 파서 돌을 제하고 극상품 포도나무를 심었도다 그 중에 망대를 세웠고 또 그 안에 술틀을 팠도다 좋은 포도 맺기를 바랐더니 들포도를 맺었도다 예루살렘 주민과 유다 사람들아 구하노니 이제 나와 내 포도원 사이에서 사리를 판단하라 내가 내 포도원을 위하여 행한 것 외에 무엇을 더할 것이 있으랴 내가 좋은 포도 맺기를 기다렸거늘 들포도를 맺음은 어찌 됨인고 이제 내가 내 포도원에 어떻게 행할지를 너희에게 이르리라 내가 그 울타리를 걷어 먹힘을 당하게 하며 그 담을 헐어 짓밟히게 할 것이요 내가 그것을 황폐하게 하리니 다시는 가지를 자름이나 북을 돋우지 못하여 찔레와 가시가 날 것이며 내가 또 구름에게 명하여 그 위에 비를 내리지 못하게 하리라 하셨으니 무릇 만군의 여호와의 포도원은 이스라엘 족속이요 그가 기뻐하시는 나무는 유다 사람이라 그들에게 정의를 바라셨더니 도리어 포학이요 그들에게 공의를 바라셨더니 도리어 부르짖음이 었도다.

[내용] 심히 기름진 산을 잘 개간하여 극상품 포도나무를 심었다. 농부는 망대를 세우고 그 안에 술틀을 파면서 좋은 포도 맺기를 바랐다. 그러나 수확의 계절에 들포도가 맺혔다. 화가 난 농부는 울타리를 걷어버림으로 짐승이 와서 먹게 내버려 두며, 그 담을 헐어 짓밟히게 하여 황무케 하며, 다시는 가지를 자름이나 북을 돋우지 못하게 하여 질려와 형극이 나게 하였다. 뿐만 아니라 구름을 명하여 그 위에 비를 내리지 말게 하였다.

[해석] 구약의 대표적인 비유이다. 본문 말씀이 이를 해석해 준다. 포도원은 이스라엘 족속이요, 그의 기뻐하시는 나무는 유다 사람이다. 농부는 하나님이시다. 이들에게 공평을 바라셨더니 포학 [여기서 공평 Mishpat과 포학 Mishpach이란 단어는 히브리어로 발음이 비슷

하여 말장난(word play)임의 모습이요, 의로움을 바라셨더니 도리어 부르짖음이었다(여기서 의로움 Tsadiq과 부르짖음 Tsa'aq도 말장난이다).

7. 농부의 비유(사 28:24-29)

파종하려고 가는 자가 어찌 쉬지 않고 갈기만 하겠느냐 자기 땅을 개간하며 고르게만 하겠느냐 지면을 이미 평평히 하였으면 소회향을 뿌리며 대회향을 뿌리며 소맥을 줄줄이 심으며 대맥을 정한 곳에 심으며 귀리를 그 가에 심지 아니하겠느냐 이는 그의 하나님이 그에게 적당한 방법을 보이사 가르치셨음이며 소회향은 도리깨로 떨지 아니하며 대회향에는 수레바퀴를 굴리지 아니하고 소회향은 작대기로 떨고 대회향은 막대기로 떨며 곡식은 부수는가, 아니라 늘 떨기만 하지 아니하고 그것에 수레바퀴를 굴리고 그것을 말굽으로 밟게 할지라도 부수지는 아니하나니 이도 만군의 여호와께로부터 난 것이라 그의 경영은 기묘하며 지혜는 광대하니라.

[내용] 농사하는 방법을 구체적으로 가르쳐 주시나 그들이 순종하지 않는 모습을 폭로하고 있다. 이 대목은 에브라임의 교만과 유다의 불신을 책망하며 심판을 선언한 말씀이다. 파종을 하려면 씨를 뿌려야 하는데, 어느 농부가 계속 땅만 갈고 고르게만 하겠느냐는 것이다. 지면을 평평하게 했으면 그 다음은 소회향(fitches)을 뿌리고, 대회향(cummin)을 뿌리며, 소맥(wheat 밀)을 줄줄이 심으며, 대맥(barley 보리)을 정한 곳에 심으며, 귀리(rie)를 그 가에 심어야 한다. 이런 농사법을 하나님께서 구체적으로 저들에게 보이시고 가르치셨건만 유다는 게을렀다. 또 수확할 때도 소회향은 도

리깨로 떨며, 대회향은 수레바퀴를 굴려야 하는데, 소회향은 작대기로 떨고 대회향은 막대기로 떨었다. "곡식은 부수는가, 아니라 늘 떨기만 하지 아니하고 그것에 수레 바퀴를 굴리고 그것을 말굽으로 밟게 할지라도 부수지는 아니하는"(사 28:28) 농경법은 하나님께로부터 나옴을 알려 주고 있다.

[해석] 농경법을 통해 유대 백성들의 영적 마음 관리를 가르쳐 주고 있다. 농사하듯이 기경해야 하고, 씨를 종류대로 적당한 곳에 뿌려야 하며, 추수할 때 그 열매대로 수확법이 있다. 마찬가지로 우리의 마음을 기경하여 씨를 뿌리고 농사를 잘하여 아름다운 열매로 주님께 수확해야 함을 이 비유는 가르치고 있다. 이런 지혜와 명철은 모두 하나님께로부터 나온 것임을 인정하고 감사하자.

8. 이스라엘과 유다의 음란한 역사(겔 16, 23장)

[에스겔 16장]

또 여호와의 말씀이 내게 임하여 이르시되 인자야 예루살렘으로 그 가증한 일을 알게 하여 이르기를 주 여호와께서 예루살렘에 관하여 이같이 말씀하시되 네 근본과 난 땅은 가나안이요 네 아버지는 아모리 사람이요 네 어머니는 헷 사람이라 네가 난 것을 말하건대 네가 날 때에 네 배꼽 줄을 자르지 아니하였고 너를 물로 씻어 정결하게 하지 아니하였고 네게 소금을 뿌리지 아니하였고 너를 강보로 싸지도 아니하였나니 아무도 너를 돌보아 이 중에 한 가지라도 네게 행하여 너를 불쌍히 여긴 자가 없었으므로 네가 나던 날에 네 몸이 천하게 여겨져 네가 들에 버려졌느니라 내가 네 곁으로 지나갈 때에 네가 피투성이가 되어 발짓하는 것을 보고 네게 이르기를 너는 피투성이라도 살아 있으라 다시 이르기를 너는 피투성이라도 살아 있으라 하고 내가 너를 들의 풀같이 많게 하였더니 네가 크게 자라고 심히 아름다우며 유방이 뚜렷하고 네 머리털이 자랐으나 네가 여전히 벌거벗은 알몸이더라 내가 네 곁으로 지나며 보니 네 때가 사랑을 할 만한 때라 내 옷으로 너를 덮어 벌거벗은 것을 가리고 네게 맹세하고 언약하여 너를 내게 속하게 하였느니라 나 주 여호와의 말이니라 내가 물로 네 피를 씻어 없애고 네게 기름을 바르고 수놓은 옷을 입히고 물돼지 가죽신을 신기고 가는 베로 두르고 모시로 덧입히고 패물을 채우고 팔고리를 손목에 끼우고 목걸이를 목에 걸고 코고리를 코에 달고 귀고리를 귀에 달고 화려한 왕관을 머리에 씌웠나니 이와 같이 네가 금, 은으로 장식하고 가는 베와 모시와 수 놓은 것을 입으며 또 고운 밀가루와 꿀과 기름을 먹음으로 극히 곱고 형통하여 왕후의 지위에 올랐느니라 네 화려함으로 말미암아 네 명성이 이방인 중에 퍼졌음은 내가 네게 입힌 영화로 네 화려함이 온전함이라 나 주 여호와의 말이니라 그러나 네가 네 화려함을 믿고 네 명성을 가지고 행음하되 지나가는 모든 자와 더불어 음란을 많이 행하므로 네 몸이 그들의 것이 되도다 네가 네 의복을 가지고 너를 위하여 각색으로 산당을 꾸미고 거기에서 행음하였나니 이런 일은 전무후무하니라 네가 또 내가 준 금, 은 장식품으로 너를 위하여 남자 우상을 만들어 행음하며 또 네 수 놓은 옷을 그 우상에게 입히고 나의 기름과 향을 그 앞에 베풀며 또 내가 네게 주어 먹게 한 내 음식물 곧 고운 밀가루와 기름과 꿀을 네가 그 앞에 베풀어 향기를 삼았나니 과연 그렇게 하였느니라 주 여호와의 말씀이니라 또 네가 나를 위하여 낳은 네 자녀를 그들에게 데리고 가서 드려 제물로 삼아 불살랐느니라 네가 네 음행을 작은 일로 여겨서 나의 자녀들을 죽여 우상에게 넘겨 불 가운데로 지나가게 하였느냐 네가 어렸을 때에 벌거벗은 몸이었으며 피투성이가 되어서 발짓하던 것을 기억하지 아니하고 네가 모든 가증한 일과 음란을 행하였느니라 주 여호와의 말씀이니라 너는 화 있을진저 화 있을진저 네가 모든 악을 행한 후에 너를 위하여 누각을 건축하며 모든 거리에 높은 대를 쌓았도다 네가 높은 대를 모든 길 어귀에 쌓고 네 아름다움을 가증하게 하여 모든 지나가는 자에게 다리를 벌려 심히 음행하고 하체가 큰 네 이웃 나라 애굽 사람과도 음행하되 심히 음란히 하여 내 진노를 샀도다 그러므로 내가 내 손을 네 위에 펴서 네 일용할 양식을 감하고 너를 미워하는 블레셋 여자 곧 네 더러운 행실을 부끄러워하는 자에게 너를 넘겨 임의로 하게 하였거늘 네가 음욕이 차지 아니하여 또 앗수르 사람과 행음하고 그들과 행음하고도 아직도 부족하게 여겨 장사하는 땅 갈대아에까지 심히 행음하되 아직도 족한 줄을 알지 못하였느니라 주 여호와의 말씀이니라 네가 이 모든 일을 행하니 이는 방자한 음녀의 행위라 네 마음이 어찌 그리 약한지 네가 누각을 모든 길 어귀에 건축하며 높은 대를 모든 거리에 쌓고도 값을 싫어하니 창기 같지도 아니하도다 그 남편 대신에 다른 남자들과 내통하여 간음하는 아내로다 사람들은 모든 창기에게 선물을 주거늘 오직 너는 네 모든 정든 자에게 선물을 주며 값을 주어서 사방에서 와서 너와 행음하게 하니 네 음란함이 다른 여인과 같지 아니함은 행음하려고 너를 따르는 자가 없음이며 또 네가 값을 받지 아니하고 도리어 값을 줌이라 그런즉 다른 여인과 같지 아니하니라 그러므로 너 음녀야 여호와의 말씀을 들을지어다 주 여호와께서 이같이 말씀하셨느니라 네가 네 누추한 것을 쏟으며 네 정든 자와 행음함으로 벗은 몸을 드러내며 또 가증한 우상을 위하며 네 자녀의 피를 그 우상에게 드렸은즉 내가 너의 즐거워하는 정든 자와 사랑하던 모든 자와 미워하던 모든 자를 모으되 사방에서 모아 너를 대적하게 할 것이요 또 네 벗은 몸을 그 앞에 드러내 그들이 그것을 다 보게 할 것이며 내가 또 간음하고 사람의 피를 흘리는 여인을 심판함 같이 너를 심판하여 진노의 피와 질투의 피를 네게 돌리고 내가 또 너를 그들의 손에 넘기리니 그들이 네 누각을 헐며 네 높은 대를 부수며 네 의복을 벗기고 네 장식품을 빼앗고 네 몸을 벌거벗겨 버려 두며 무리를 데리고 와서 너를 돌로 치며 칼로 찌르며 불로 네 집들을 사르고 여러 여인의 목전에서 너를 벌할지라 내가 너에게 곧 음행을 그치게 하리니 네가 다시는 값을 주지 아니하리라 그리한즉 나는 네게 대한 내 분노가 그치며 내 질투가 네게서 떠나고 마음이 평안하여 다시는 노하지 아니하리라 네가 어렸을 때를 기억하지 아니하고 이 모든 일로 나를 분노하게 하였은즉 내가 네 행위대로 네 머리에 보응하리니 네가 이 음란과 네 모든 가증한 일을 다시는 행하지 아니하리라 주 여호와의 말씀이니라 속담을 말하는 자마다 네게 대하여 속담을 말하기를 어머니가 그러하면 딸도 그러하다 하리라 너는 그 남편과 자녀를 싫어한 어머니의 딸이요 너는 그 남편과 자녀를 싫어한 형의 동생이로다 네 어머니는 헷 사람이요 네 아버지는 아모리 사람이며 네 형은 그 딸들과 함께 네 왼쪽에 거주하는 사마리아요 네 아우는 그 딸들과 함께 네 오른쪽에 거주하는 소돔이라 네가 그들의 행위대로만 행하지 아니하며 그 가증한 대로만 행하지 아니하고 그것을 적게 여겨서 네 모든 행위가 그보다 더욱 부패하였도다 주 여호와의 말씀이니라 내가 나의 삶을 두고 맹세하노니 네 아우 소돔 곧 그와 그의 딸들은 너와 네 딸들의 행위 같이 행하지 아니하였느니라 네 아우 소돔의 죄악은 이러하니 그와 그의 딸들에게 교만함과 음식물의 풍족함과 태평함이 있음이며 또 그가 가난하고 궁핍한 자를 도와 주지 아니하며 거만하여 가증한 일을 내 앞에서 행하였음이라 그러므로 내가 보고 곧 그들을 없이 하였느니라 사마리아는 네 죄의 절반도 범하지 아니하였느니라 네가 그들보다 가증한 일을 심히 행하였으므로 네 모든 가증한 행위로 네 형과 아우를 의롭게 하였느니라 네가 네 형과 아우를 유리하게 판단하였은즉 너도 네 수치를 담당할지니라 네가 그들보다 더욱 가증한 죄를 범하므로 그들이 너보다 의롭게 되었나니 네가 네 형과 아우를 의롭게 하였은즉 너는 놀라며 네 수치를 담당할지니라 내가 그들의 사로잡힘 곧 소돔과 그의 딸들의 사로잡힘과 사마리아와 그의 딸들의 사로잡힘과 그들 중에 너의 사로잡힌 자의 사로잡힘을 풀어 주어 네가 네 수욕을 담당하고 네가 행한 모든 일로 말미암아 부끄럽게 하리니 이는 네가 그들에게 위로가 됨이라 네 아우 소돔과 그의 딸들이 옛 지위를 회복할 것이요 사마리아와 그의 딸들도 그의 옛 지위를 회복할 것이며 너와 네 딸들도 너희 옛 지위를 회복할 것이니라 네가 교만하던 때에 네 아우 소돔을 네 입으로 말하지도 아니하였나니 곧 네 악이 드러나기 전이며 아람의 딸들이 너를 능욕하기 전이며 너의 사방에 둘러 있는 블레셋의 딸들이 너를 멸시하기 전이니라 네 음란과 네 가증한 일을 네가 담당하였느니라 나 여호와의 말이니라 나 주 여호와가 이같이 말하노라 네가 맹세를 멸시하여 언약을 배반하였은즉 내가 네 행한 대로 네게 행하리라 그러나 내가 너의 어렸을 때에 너와 세운 언약을 기억하고 너와 영원한 언약을 세우리라 네가 네 형과 아우를 접대할 때에 네 행위를 기억하고 부끄러워할 것이라 내가 그들을 네게 딸로 주려니와 네 언약으로 말미암음이 아니니라 내가 네게 내 언약을 세워 내가 여호와인 줄 네가 알게 하리니 이는 내가 네 모든 행한 일을 용서한 후에 네가 기억하고 놀라고 부끄러워서 다시는 입을 열지 못하게 하려 함이니라 주 여호와의 말씀이니라.

[에스겔 23장]
또 여호와의 말씀이 내게 임하여 이르시되 인자야 두 여인이 있었으니

한 어머니의 딸이라 그들이 애굽에서 행음하되 어렸을 때에 행음하여 그들의 유방이 눌리며 그 처녀의 가슴이 어루만져졌나니 그 이름이 형은 오홀라요 아우는 오홀리바라 그들이 내게 속하여 자녀를 낳았나니 그 이름으로 말하면 오홀라는 사마리아요 오홀리바는 예루살렘이니라 오홀라가 내게 속하였을 때에 행음하여 그가 연애하는 자 곧 그의 이웃 앗수르 사람을 사모하였나니 그들은 다 자색 옷을 입은 고관과 감독이요 준수한 청년이요 말 타는 자들이라 그가 앗수르 사람들 가운데에 잘 생긴 그 모든 자들과 행음하고 누구를 연애하든지 그들의 모든 우상으로 자신을 더럽혔으며 그가 젊었을 때에 애굽 사람과 동침하매 그 처녀의 가슴이 어루만져졌으며 그의 몸에 음란을 쏟음을 당한 바 되었더니 그가 그때부터 행음함을 마지아니하였느니라 그러므로 내가 그를 그의 정든 자 곧 그가 연애하는 앗수르 사람의 손에 넘겼더니 그들이 그의 하체를 드러내고 그의 자녀를 빼앗으며 칼로 그를 죽여 여인들에게 이야깃거리가 되게 하였나니 이는 그들이 그에게 심판을 행함이니라 그 아우 오홀리바가 이것을 보고도 그의 형보다 음욕을 더하며 그의 형의 간음함보다 그 간음이 더 심하므로 그의 형보다 더 부패하여졌느니라 그가 그의 이웃 앗수르 사람을 연애하였나니 그들은 화려한 의복을 입은 고관과 감독이요 말 타는 자들과 준수한 청년이었느니라 그 두 여인이 한 길로 행하므로 그도 더러워졌음을 내가 보았노라 그가 음행을 더하였음은 붉은 색으로 벽에 그린 사람의 형상 곧 갈대아 사람의 형상을 보았음이니 그 형상은 허리를 띠로 동이고 머리를 긴 수건으로 쌌으며 그의 용모는 다 준수한 자 곧 그의 고향 갈대아 바벨론 사람 같은 것이라 그가 보고 곧 사랑하게 되어 사절을 갈대아 그들에게로 보내매 바벨론 사람이 나아와 연애하는 침상에 올라 음행으로 그를 더럽히매 그가 더럽힘을 입은 후에 그들을 싫어하는 마음이 생겼느니라 그가 이같이 그의 음행을 나타내며 그가 하체를 드러내므로 내 마음이 그의 형을 싫어한 것같이 그를 싫어하였으나 그가 그의 음행을 더하여 젊었을 때 곧 애굽 땅에서 행음하던 때를 생각하고 그의 하체는 나귀 같고 그의 정수는 말 같은 음란한 간부를 사랑하였도다 네가 젊었을 때에 행음하여 애굽 사람에게 네 가슴과 유방이 어루만져졌던 것을 아직도 생각하도다 그러므로 오홀리바야 주 여호와께서 이같이 말씀하셨느니라 나는 네가 사랑하다가 싫어하던 자들을 충동하여 그들이 사방에서 와서 너를 치게 하리니 그들은 바벨론 사람과 갈대아 모든 무리 브곳과 소아와 고아 사람과 또 그와 함께 한 모든 앗수르 사람 곧 준수한 청년이며 다 고관과 감독이며 귀인과 유명한 자요 다 말 타는 자들이라 그들이 무기와 병거와 수레와 크고 작은 방패를 이끌고 투구 쓴 군대를 거느리고 치러 와서 너를 에워싸리라 내가 재판을 그들에게 맡긴즉 그들이 그들의 법대로 너를 재판하리라 내가 너를 향하여 질투하리니 그들이 분내어 네 코와 귀를 깎아 버리고 남은 자를 칼로 엎드러뜨리며 네 자녀를 빼앗고 그 남은 자를 불에 사르며 또 네 옷을 벗기며 네 장식품을 빼앗을지라 이와 같이 내가 네 음란과 애굽 땅에서부터 행음하던 것을 그치게 하여 너로 그들을 향하여 눈을 들지도 못하게 하며 다시는 애굽을 기억하지도 못하게 하리라 주 여호와께서 이같이 말씀하셨느니라 나는 네가 미워하는 자와 네 마음에 싫어하는 자의 손에 너를 붙이리니 그들이 미워하는 마음으로 네게 행하여 네 모든 수고한 것을 빼앗고 너를 벌거벗은 몸으로 두어서 네 음행이 벗은 몸 곧 네 음란하며 행음하던 것을 드러낼 것이라 네가 이같이 당할 것은 네가 음란하게 이방을 따르고 그 우상들로 더럽혔기 때문이로다 네가 네 형의 길로 행하였은즉 내가 그의 잔을 네 손에 주리라 주 여호와께서 이같이 말씀하셨느니라 깊고 크고 가득히 담긴 네 형의 잔을 네가 마시고 코웃음과 조롱을 당하리라 네가 네 형 사마리아의 잔 곧 놀람과 패망의 잔에 넘치게 취하고 근심할지라 네가 그 잔을 다 기울여 마시고 그 깨어진 조각을 씹으며 네 유방을 꼬집을 것은 내가 이렇게 말하였음이라 주 여호와의 말씀이니라 그러므로 주 여호와께서 이같이 말씀하셨느니라 네가 나를 잊었고 또 나를 네 등 뒤에 버렸은즉 너는 네 음란과 네 음행의 죄를 담당할지니라 하시니라 여호와께서 또 내게 이르시되 인자야 네가 오홀라와 오홀리바를 심판하려느냐 그러면 그 가증한 일을 그들에게 말하라 그들이 행음하였으며 피를 손에 묻혔으며 또 그 우상과 행음하며 내게 낳아 준 자식들을 우상을 위하여 화제로 살랐으며 이 외에도 그들이 내게 행한 것이 있나니 당일에 내 성소를 더럽히며 내 안식일을 범하였도다 그들이 자녀를 죽여 그 우상에게 드린 그 날에 내 성소에 들어와서 더럽혔으되 그들이 내 성전 가운데에서 그렇게 행하였으며 또 사절을 먼 곳에 보내 사람을 불러오게 하고 그들이 오매 그들을 위하여 목욕하며 눈썹을 그리며 스스로 단장하고 화려한 자리에 앉아 앞에 상을 차리고 내 향과 기름을 그 위에 놓고 그 무리와 편히 지껄이고 즐겼으며 또 광야에서 잡류와 술 취한 사람을 청하여 오매 그들이 팔찌를 그 손목에 끼우고 아름다운 관을 그 머리에 씌웠도다 내가 음행으로 쇠한 여인을 가리켜 말하노라 그가 그래도 그들과 피차 행음하는도다 그들이 그에게 나오기를 기생에게 나옴 같이 음란한 여인 오홀라와 오홀리바에게 나왔은즉 의인이 간통한 여자들을 재판함 같이 재판하며 피를 흘린 여인을 재판함 같이 재판하리니 그들은 간통한 여자들이요 또 피가 그 손에 묻었음이라 주 여호와께서 이같이 말씀하셨느니라 그들에게 무리를 올려 보내 그들이 공포와 약탈을 당하게 하라 무리가 그들을 돌로 치며 칼로 죽이고 그 자녀도 죽이며 그 집들을 불사르리라 이같이 내가 이 땅에서 음란을 그치게 한즉 모든 여인이 정신이 깨어 너희 음행을 본받지 아니하리라 그들이 너희 음란으로 너희에게 보응한 즉 너희가 모든 우상을 위하던 죄를 담당할지라 내가 주 여호와인 줄을 너희가 알리라 하시니라.

[내용] 이스라엘과 유다의 우상 숭배 죄를 고발하기 위해 그들을 음녀로 비유하고 있다. 하나님의 참 사랑과 이스라엘의 거짓 사랑을 비유적으로 대조하고 있다.

"네가 난 것을 말하건대 네가 날 때에 네 배꼽 줄을 자르지 아니하였고 너를 물로 씻어 정결하게 하지 아니하였고 네게 소금을 뿌리지 아니하였고 너를 강보로 싸지도 아니하였나니 아무도 너를 돌보아 이 중에 한 가지라도 네게 행하여 너를 불쌍히 여긴 자가 없었으므로 네가 나던 날에 네 몸이 천하게 여겨져 네가 들에 버려졌느니라 내가 네 곁으로 지나갈 때에 네가 피투성이가 되어 발짓하는 것을 보고 네게 이르기를 너는 피투성이라도 살아 있으라 다시 이르기를 너는 피투성이라도 살아 있으라 하고 내가 너를 들의 풀같이 많게 하였더니 네가 크게 자라고 심히 아름다우며 유방이 뚜렷하고 네 머리털이 자랐으나 네가 여전히 벌거벗은 알몸이더라 내가 네 곁으로 지나며 보니 네 때가 사랑을 할 만한 때라 내 옷으로 너를 덮어 벌거벗은 것을 가리고 네게 맹세하고 언약하여 너를 내게 속하게 하였느니라 나 주 여호와의 말이니라 내가 물로 네 피를 씻어 없애고 네게 기름을 바르고 수 놓은 옷을 입히고 물돼지 가죽신을 신기고 가는 베로 두르고 모시로 덧입히고 패물을 채우고 팔고리를 손목에 끼우고 목걸이를 목에 걸고 코고리를 코에 달고 귀고리를 귀에 달고 화려한 왕관을 머리에 씌웠나니 이와 같이 네가 금, 은으로 장식하고 가는 베와 모시와 수 놓은 것을 입으며 또 고운 밀가루와 꿀과 기름을 먹음으로 극히 곱고 형통하여 왕후의 지위에 올랐느니라 네 화려함으로 말미암아 네 명성이 이방인 중에 퍼졌음은 내가 네게 입힌 영화로 네 화려함이 온전함이라 나 주 여호와의 말이니라 그러나 네가 네 화려함을 믿고 네 명성을 가지고 행음하되 지나가는 모든 자와 더불어 음란을 많이 행하므로 네 몸이 그들의 것이 되도다"(겔 16:4-15).

"그들이 애굽에서 행음하되 어렸을 때에 행음하여 그들의 유방이 눌리며 그 처녀의 가슴이 어루만져졌나니 그 이름이 형은 오홀라요 아우는 오홀리바라 그들이 내게 속하여 자녀를 낳았나니 그 이름으로 말하면 오홀라는 사마리아요 오홀리바는 예루살렘이니라 오홀라가 내게 속하였을 때에 행음하여 그가 연애하는 자 곧 그의 이웃 앗수르 사람을 사모하였나니 그들은 다 자색 옷을 입은 고관과 감독이요 준수한 청년이요 말 타는 자들이라 그가 앗수르 사람들 가운데에 잘 생긴 그 모든 자들과 행음하고 누구를 연애하든지 그들의 모든 우상으로 자신을 더럽혔으며 그가 젊었을 때에 애굽 사람과 동침하매 그 처녀의 가슴이 어루만져졌으며 그의 몸에 음란을 쏟음을 당한 바 되었더니 그가 그때부터 행음함을 마지아니하였느니라 그러므로 내가 그를 그의 정든 자 곧 그가 연애하는 앗수르 사람의 손에 넘겼더니 그들이 그의 하체를 드러내고 그의 자녀를 빼앗으며 칼로 그를 죽여 여인들에게 이야깃거리가 되게 하였나니 이는 그들이 그에게 심판을 행함이니라 그 아우 오홀리바가 이것을 보고도 그의 형보다 음욕을 더하며 그의 형의 간음함보다 그 간음이 더 심하므로 그의 형보다 더 부패하여졌느니라

네가 이같이 당할 것은 네가 음란하게 이방을 따르고 그 우상들로 더럽혔기 때문이로다"(겔 23:3-11, 30).

"너희 어머니와 논쟁하고 논쟁하라 그는 내 아내가 아니요 나는 그의 남편이 아니라 그가 그의 얼굴에서 음란을 제하게 하고 그 유방 사이에서 음행을 제하게 하라 그렇지 아니하면 내가 그를 벌거벗겨서 그 나던 날과 같게 할 것이요 그로 광야 같이 되게 하며 마른 땅 같이 되게 하여 목말라 죽게 할 것이며 내가 그의 자녀를 긍휼히 여기지 아니하리니 이는 그들이 음란한 자식들임이니라

곡식과 새 포도주와 기름은 내가 그에게 준 것이요 그들이 바알을 위하여 쓴 은과 금도 내가 그에게 더하여 준 것이거늘 그가 알지 못하도다 그러므로 내가 내 곡식을 그것이 익을 계절에 도로 찾으며 내가 내 새 포도주를 그것이 맛들 시기에 도로 찾으며 또 그들의 벌거벗은 몸을 가릴 내 양털과 내 삼을 빼앗으리라 이제 내가 그 수치를 그 사랑하는 자의 눈 앞에 드러내리니 그를 내 손에서 건져낼 사람이 없으리라"(호 2:2-4, 8-10).

[해석] 하나님과 이스라엘 사이의 언약 관계를 결혼과 연애의 모습으로 비유하고 있는 본문은 우상 숭배를 영적 간음으로 규정하고 있다. 하나님의 깊고 신실하며 영원 무궁하신 사랑에 비해 인간의 사랑은 일시적이고 쾌락적이며 육체적이다. 또한 이스라엘의 심판과 멸망의 이유를 분명하게 보여 주고 있다. 그럼에도 이 비유에서는 이스라엘과 유다의 회개를 촉구하고 있다. 그들이 깨닫고 참되신 하나님께 다시 돌아오는 것만이 최선임을 보여 주고 있다.

9. 두 막대기 비유(겔 37:15-22)

여호와의 말씀이 또 내게 임하여 이르시되 인자야 너는 막대기 하나를

가져다가 그 위에 유다와 그 짝 이스라엘 자손이라 쓰고 또 다른 막대기 하나를 가지고 그 위에 에브라임의 막대기 곧 요셉과 그 짝 이스라엘 온 족속이라 쓰고 그 막대기들을 서로 합하여 하나가 되게 하라 네 손에서 둘이 하나가 되리라 네 민족이 네게 말하여 이르기를 이것이 무슨 뜻인지 우리에게 말하지 아니하겠느냐 하거든 너는 곧 이르기를 주 여호와께서 이같이 말씀하시기를 내가 에브라임의 손에 있는 바 요셉과 그 짝 이스라엘 지파들의 막대기를 가져다가 유다의 막대기에 붙여서 한 막대기가 되게 한즉 내 손에서 하나가 되리라 하셨다 하고 너는 그 글 쓴 막대기들을 무리의 눈 앞에서 손에 잡고 그들에게 이르기를 주 여호와께서 이같이 말씀하시기를 내가 이스라엘 자손을 잡혀 간 여러 나라에서 인도하며 그 사방에서 모아서 그 고국 땅으로 돌아가게 하고 그 땅 이스라엘 모든 산에서 그들이 한 나라를 이루어서 한 임금이 모두 다스리게 하리니 그들이 다시는 두 민족이 되지 아니하며 두 나라로 나누이지 아니할지라.

[내용] 솔로몬 사후 이스라엘은 남북으로 분열되었다. 이는 솔로몬이 이방 나라 공주들과 결혼하여 그들이 섬기는 우상들을 허용한 죄로 인한 하나님의 심판이었다. 북왕국은 200년간 지속해 오다가 우상 숭배 죄로 먼저 심판을 받아 주전 722년 앗수르 (Assyria)에 의해 멸망되었다.

남왕국 유다는 주전 587년에 신바벨론에 의해 멸망당하여 많은 사람들이 바벨론에 포로로 잡혀 와서 생활하고 있었다. 어느 날 하나님께서 에스겔에게 명하시기를 두 막대기를 취하여 하나 위에는 유다, 다른 한 막대기에는 에브라임이라 쓰고 그 막대기들을 서로 연합하여 한 막대기가 되게 하라고 하신다. 이제 저들이 고국으로 귀환할 때는 더 이상 두 나라가 아닌 한 나라가 되고 한 임금이 모두 다스리게 하리니 다시는 두 민족이 되지 아니하며 두 나라로 나뉘지 아니할 것이라고 말씀하신다.

[해석] 이 비유의 목적은 이스라엘의 통일이 하나님께서 하시는 일임을 분명히 밝히고 있다. 두 막대기가 하나로 되는 것을 포로민들에게 직접 보이면서 하나님의 메시지를 전하는 것이다. 시청각적인 효과를 보며, 구체적인 실례를 보여 주고 있다. 이처럼 비유는 강력한 인상을 심어 준다. 평범하게 말로 전하는 것보다 비유는 인상에 깊이 남도록 하나님의 메시지를 전달하고 있다.

이처럼 구약성경에 나오는 비유를 분류해 보면 (1) 이야기식 비유(요담의 비유, 나단의 비유) (2) 설교적 비유(포도원 비유, 영적 간음, 두 막대기 비유) (3) 교훈적 비유(요압 장군의 비유, 부상 당한 선지자 비유 농부의 비유) 등이 있다.

신약성경의 복음서를 읽어 보면 예수님께서 천국을 가르치시는 방법을 두 가지로 나눌 수 있다. 첫째는 비유를 통해 직관적이면서 구체적으로 인간이 경험할 수 있는 실생활을 소재로 해서 알아듣기 쉬운 이야기체로 전하는 것이다. 둘째는 논쟁을 통해 진리를 가르치는 방법이다. 예수께서는 안식일 논쟁, 기적 논쟁, 율법 논쟁, 예수님의 신성 논쟁, 성전 논쟁, 치유 논쟁 등 논쟁의 방법으로 율법에 대한 잘못된 이해를 고치시고, 바른 교훈을 주셨다.

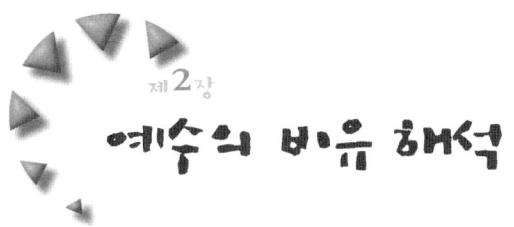

제 2장 예수의 비유 해석

　공관복음서에 나오는 예수의 말씀 가운데 약 3분의 1이 '비유'(譬喩)로 되어 있다. 예수의 교훈과 가르침의 주제가 되는 '하나님 나라'[神國]를 비유 형식으로 가르치고 있는 것이다. 복음서 기자들은 복음이 뭇 인생에게 전파되는 방법으로 '비유'라는 문학 장르(literary genre)를 사용했다. 그래서 비유 연구를 통해 예수의 가르침을 재구성할 수 있다.

　일부 신약학자들이 참가하는 소위 〈예수 세미나〉[3]에서 복음서에 기록된 예수의 가르침이 대부분 사실이 아니고 후대에 기록된 것이라고 한다. 역사상 예수의 말씀에 대해 많은 학자들과 이단, 사이비에서 공격을 했지만, 복음서에서 주시는 하나님의 말씀은 항상 살아 있고 운동력이 있음을 부인할 사람은 아무도 없다. 모든 신학자들은 성령의 도우심으로 다시 하나님의 말씀으로 돌아와야 한다.

　이 책에서는 공관복음서에 나오는 예수의 비유를 하나씩 살펴

봄으로써 하나님 나라를 이해하고자 한다.

2-1 비유의 정의와 사용 이유

비유(parable)란 간단히 말해서 하늘의 언어를 사람의 언어로 표현하는 문학 양식이다. 비유의 기원은 구약성경의 히브리어와 아람어인 마샬(Mashal, 잠언, 수수께끼, 속담, 직유, ~와 같다 to be like)[4]로 히브리 시의 대구법에 나오는 문학 양식이다. 비유라는 단어는 신약성경에서 50회 나오는데, 공관복음에서 48번, 히브리서에 2번(히 9:9, 11:19) 나온다. 그래서 예수의 가르침을 이해하기 위해서는 비유를 잘 해석해야 한다. 방언을 통변(通辯)해야 일반인들이 알

---

3) 〈예수 세미나〉는 신약학자 로버트 펑크(Robert Funk)가 73명의 학자와 함께 시작한 모임으로 복음서에 나타난 원초적인 예수의 말들을 찾아보자는 목적을 가지고 있다. 복음서에 나타난 예수의 말씀을 (1) 그가 말씀한 것 (2) 그가 말씀한 것에 가까운 것 (3) 이런 식으로 말씀하지 않았을 것이나 그의 가르침을 반영하는 것 (4) 그가 말하지 않은 것 등 네 가지로 나누어 색깔을 칠한다. 이들은 대부분의 구절을 (4)번으로 구분하고 있다. 제5복음서라고 하는 도마복음서 연구도 활발히 전개한다. 가장 최근에 〈예수 세미나〉는 1998년 11월에 캐나다 밴쿠버에서 개최되었다. "이 세미나는 규모도 작거니와 대부분 학적 심사원 노릇을 하면서 연구 내용이 출판된 적도 거의 없으나 세속 언론의 입김 지원을 받고 있다. 캐나다의 사해사본 연구가인 복음주의 학자 크레이그 에반스(Craing Evans)는 세속 언론에 호소해 온 〈예수 세미나〉를 가리켜 '선정적인 대중 학문에 불과하다'며 '그 중 영향력이 없는 일부 학자들을 동정하나 주류파에게 나는 거의 동의하지 않는다'고 평했다. 〈예수 세미나〉는 유럽을 비롯한 대부분의 국제학자들에게 존경받지 못하며 진지한 학자들에게 무시당하고 있다. 에반스 교수는 사해사본이 증거해 주는 메시아에 관한 해석을 통해 예수 세미나의 진보주의적 견해를 공격했다"(〈크리스찬투데이〉, 1998년 12월 20일 수요일, 2면).

4) 윤리적 교훈으로서의 잠언(잠 1:1; 왕상 4:32), 속담(삼상 10:12, 4:13), 간결한 노래(민 23:7)를 가리킬 때도 있다. 신약에서도 속담(눅 4:23), 잠언(막 3:23), 역설(막 7:17), 가르침(마 24:32)의 뜻으로 사용되었다.

수 있듯이, 하나님 나라의 비밀도 바르게 해석해야 알 수 있다. 비유는 반드시 전체 의미를 파악하고 해석해야 한다. 각 부분은 근본 진리를 설명하기 위해 사용된 보조 수단이다. 따라서 부분을 지나치게 강조해서는 안 되며 본질(중심적 교훈) 파악에 역점을 두어야 한다. 우리는 알레고리적 해석의 위험을 잘 알고 있다.

예수께서 비유로 말씀하신 데는 두 가지 이유가 있다. 첫째는 하나님의 나라를 누구나 다 알 수 있도록 쉽게 설명하기 위함이며, 두 번째는 천국의 비밀을 지키기 위해서이다.

첫째로 비유를 사용하신 이유를 살펴보자. 예수께서는 어려운 하나님 나라를 알기 쉽게 풀어 설명하셨는데, 비유를 들어 하늘의 비밀을 알려 주신다. 바울 사도도 신비 체험을 간증하면서 삼층천에서 들은 언어가 "말(=인간의 언어)로 표현할 수 없는 말을 들었으니 사람이 가히 이르지 못할 말이로다"(고후 12:4)라고 실토한다. 밧모섬에 유배되어 있던 사도 요한도 천국에 대한 환상을 보고하는데 모두 "~와 같고"라는 비유적 표현을 쓰고 있다(예, 나팔소리 같은 음성, 인자 같은 이, 큰 산과 같고, 물소리와 같고……). 요한계시록 1장 13-17절에 '같고/같은/같더라'라는 표현이 여덟 번 나온다.

"촛대 사이에 인자 같은 이가 발에 끌리는 옷을 입고 가슴에 금띠를 띠고 그의 머리와 털의 희기가 흰 양털 같고 눈 같으며 그의 눈은 불꽃 같고 그의 발은 풀무불에 단련한 빛난 주석 같고 그의 음성은 많은 물 소리와 같으며 그 오른손에 일곱 별이 있고 그의 입에서 좌우에 날선 검이 나오고 그 얼굴은 해가 힘있게 비치는 것 같더라 내가 볼 때에 그의 발 앞에 엎드러져 죽은 자같이 되매 그가 오른손을 내게 얹고 이르시되 두려워하지 말라 나는 처음이요 마지막이니."

공관복음서에 의하면 예수께서 즐겨 사용하신 표현이 "천국은 마치……같으니"라는 것이다. 이를 통해 누구나 이해할 수 있는 소재(가정, 나라, 사회, 농사, 목축, 상업, 군사, 문화, 재능, 성격 등)를 택하여 천국을 묘사하고 있다. 시편에서는 이런 언어의 특징이 다음과 같이 쓰여 있다. "날은 날에게 말하고 밤은 밤에게 지식을 전하니 언어도 없고 말씀도 없으며 들리는 소리도 없으나 그의 소리가 온 땅에 통하고 그의 말씀이 세상 끝까지 이르도다"(시 19:2-4).

사실 인간의 말과 언어[口音]란 제한적이어서 추상명사(사랑, 진리, 정의, 아름다움, 멋 등)나 형용사/부사(미지근한, 울긋불긋, 을씨년스러운, 사뿐히 등) 혹은 시적 언어(어둔 밤 마음에 잠겨, 잎새에 이는 바람에도 나는 괴로워했다 등)는 번역이 불가능하며 완벽한 설명이 되지 않는다. 언어 자체도 종족마다, 시대마다, 지방마다, 계층마다 각기 달리 쓰인다. 그리고 의사소통을 하려면 상당한 노력과 시간이 필요하다. 같은 문화권 내에도 세대 차이가 나서 언어 이해가 다르며, 부부 사이에도 말이 통하지 않는 요소들이 많다. 또 듣는 사람의 태도에 따라서 같은 내용이 다양하게 이해된다.

두 번째 이유는 천국의 비밀을 누구에게나 공개하지 않고 오직 마음과 귀에 할례받은 자만 듣고 깨닫도록 하기 위함이다. 예수께서는 자주 "들을 귀가 있는 자는 들으라"(Who hath ears to hear, let him hear! 마 11:15, 13:9, 43; 막 4:9, 23, 눅 15:35)고 하셨다. 이는 우리가 하나님의 말씀을 듣기 위해서는 마음과 귀에 할례를 받고(신 10:16;

렘 4:4, 9:26; 롬 2:29), 믿음과 순종과 사랑의 태도를 갖고, 성령의 도우심을 받아야 한다는 의미이다. 엘리 제사장이 실로에서 사역하던 시절에 성소에서 사무엘만 하나님의 음성을 들었다(삼상 3:1-14). 예배드리던 이사야가 천군 천사의 찬양소리를 들으며, 하나님의 음성을 듣는다(사 6:1-13). 예수께서 저녁시간에 제자들과 '교제를 위한 대화의 시간' (이를 '키두쉬'[5]라 함)을 가질 때 낮에 말씀하신 비유의 뜻을 묻는 제자들에게 대답하여 이르시되 '천국의 비밀을 아는 것이 너희에게는 허락되었으나 저희에게는 아니되었나니…… 그러므로 내가 저희에게 비유로 말하기는 저희가 보아도 보지 못하며 들어도 듣지 못하며 깨닫지 못함이니라' (사 6:9-10; 막 4:12-13)고 밝히셨다.[6]

---

[5] 키두쉬(Kiddush)란 유대인 사회에서 랍비와 제자들이 저녁에 모여서 음식을 나누며 대화하는 모임이다. 주께서도 자주 이런 모임을 가지셨는데, 십자가를 지신 유월절 전날에 가진 모임에서 주의 만찬을 제정해 주신 것이다. 최후의 만찬이란 뜻이 마지막 키두쉬였다는 말이다.

[6] 마태복음 13장에 나타난 비유 사용의 이유에 대해 다케(F.J.Dake)는 그의 관주 성경에서 7가지를 지적하고 있다.
① 진리를 흥미있는 형태로 계시해 주고 많은 흥미를 일으켜 준다(13:10-11,16).
② 새로운 진리를 흥미를 가진 청중들에게 알려 준다(13:11-12, 16-17).
③ 신비한 진리를 이미 알고 있는 사물들과 비교함으로써 알게 해준다(13:11).
④ 관심 없는 청중들에게 진리를 감추고 내심 반역케 한다(13:11-15).
⑤ 진리를 사랑하는 자들에게는 진리를 더하게 하고 더욱 사모하게 한다(13:12).
⑥ 진리를 미워하고 원치 않는 사람들에게서는 그것을 빼앗는다(13:12).
⑦ 구약의 예언을 성취케 한다(13:14-17, 35).

2-2 비유의 내용

앞으로 살펴보겠지만 예수의 비유는 복음을 담고 있다. 최초의 복음서인 마가복음은 "하나님의 아들 예수 그리스도의 복음의 시작이라"(The beginning of the gospel of Jesus Christ, the Son of God, 막 1:1)고 시작하고 있다. 세례 요한의 사역을 건너뛰면 마가복음 1장 14절로 연결이 된다. "요한이 잡힌 후 예수께서 갈릴리에 오셔서 하나님의 복음을 전파하여(preaching the gospel of the kingdom of God) 이르시되 '때가 찼고 하나님의 나라가 가까이 왔으니 회개하고 복음을 믿으라' 하시더라"(막 1:14-15). 이 구절에서 비유의 네 가지 내용을 찾을 수 있다. 1) 때에 관한 주제(종말 비유) 2) 하나님의 나라에 관한 가르침(천국 비유) 3) 회개에 관련한 비유 4) 복음을 믿는 주제를 다룬 비유 등으로 나눌 수 있다. 비유의 중심 내용은 한마디로 요약하면 '하나님의 나라' 이다.

공관복음서를 자세히 살펴보면 예수의 가르침의 주제는 항상 '하나님의 나라' [神國]이다. 마태복음은 히브리인들의 용어인 '하늘나라' [天國]를 쓰고 있다. 마태복음은 당시 히브리어와 아람어에 익숙한 유대인들을 위해 쓰여진 복음서이기에 '하늘' 이라는 표현이 많이 나온다[하늘에 계신 우리 아버지, 천부(Heavenly Father), 천지의 주재이신 아버지, 막 11:25]. 유대인들은 그들의 신앙 전통(십계명 3계명) 때문에 하나님의 이름을 직접 부르기보다는 '주' (Adonay)라든가 '하늘' (Shamaim)이라는 간접적 표현을 사용한다. 그래서 '하나님 나라' 와 '하늘나라' 는 같은 말이다.

마태복음에는 '하늘나라'가 모두 32회 나오며, '하나님 나라'도 4회 나온다. 마가복음에서는 '하나님 나라'가 14회, 누가복음에서는 32회, 요한복음에서는 3회, 사도행전에서는 6회가 나온다. 요약하면 공관복음서(마태, 마가, 누가복음)에서는 하나님/하늘나라가 82회 나온다. 이에 비해 요한복음에는 오직 3회(3:3, 5, 18:36)만 나온다. 그러나 예수를 왕으로 15회 정도 묘사함으로 '하나님 나라'를 간접적으로 표현하고 있다.

우리가 매일 암송하는 주기도문에서 하나님과 인간의 관계성을 말하는 대목의 주제도 하나님 나라이다. "이름이 거룩히 여김을 받으시오며 나라가 임하시오며 뜻이 하늘에서 이루어진 것같이 땅에서도 이루어지다." 즉 주의 이름이 거룩히 불려지고, 경배되고, 영광 돌려 하나님의 뜻이 이뤄진 곳이 하늘나라이고, 하나님의 뜻이 아직 이뤄지지 않은 곳이 땅이라는 말이다. 주기도문의 마지막 부분인 송영(doxology)의 "나라와 권세와 영광이 아버지께 영원히 있사옵나이다. 아멘"에서도 하나님의 왕 되심을 찬양하며 모든 영광을 하나님께 돌리고 있다.

하나님의 나라는 시간과 공간을 초월하여(then and there) 실존적인 용어인 지금 여기(now and here)에 하나님의 뜻이 이뤄지는 상태이다. 시간과 공간의 제한을 받는 인생들이 영생과 천국에 대한 호기심을 가지는 것은 당연하다. 그래서 자고로 인생은 불로초(不老草)를 찾으려고 하며, 우주에 대한 집요한 관심을 가지고, 인간 복제(cloning)에 대해 계속 연구를 하고 있다. 예수 당시 제자들은 미래의 '때'에 대해 상당한 관심을 가지고 있었다(마 24:3; 눅 17:20). 그럴 때마다 예수의 답변은 미래에 관한 것은 하나님 아버지께서 자기의 권한에 두셨으니 우리의 알 바가 아니라고(행 1:6) 하셨다. 무소부재하시고 무한한 공간의 주인이 되시는 예수의 가르침은 "하나님의 나라는 볼 수 있게 임하는 것이 아니요 또 여기 있다 저기 있다고도 못하리니 하나님의 나라는 너희 안에 있느니라"(눅 17:21)고 하신다. 하나님 나라의 실현은 미래의 약속일 뿐만 아니라 현재에도 천국을 미리 맛볼 수 있다는 말이다.

성경 전체에서 보여 주는 하나님 나라는 어떤 제한된 영토나 영역의 뜻을 넘어서서 '하나님의 주권 혹은 왕권 통치'(kingly rule or sovereignty of God) 자체를 의미한다. 하나님의 나라는 시간과 공간의 뜻을 넘어 하나님의 뜻이 실현되고 하나님의 주권이 이뤄지는 상태이다. 예수의 비유는 약 45개(기적과 관련된 비유를 합치면 72개)로 잡는데 여기에서 하나님은 왕, 아버지, 농부, 목자, 군대장관, 선생, 주인, 남편 등으로 등장하면서 하나님의 '신적인 통치'가 주제를 이룬다. 이 배경은 구약성경이다. 구약에서도 하나님의 주권이 있는 영역을 하나님의 나라로 가르치고 있다.[7] 공관복음서에서 세례 요한과 공생애를 막 시작하신 예수 그리스도의 설교 주제가 똑같이 하나님 나라이다. "회개하라 천국이 가까이 왔느니라"(마 3:2; 4:23; 막 1:15).

---

7) 존 브라이트, 김철손 역, 《하나님의 나라》, 서울: 대한기독교서회, 1981.

나라의 3대 구성요소가 영토, 국민, 주권이듯이 하나님 나라도 새로운 땅(에덴동산, 젖과 꿀이 흐르는 땅, 뿔라, 메시아 나라 등), 하나님 나라의 백성, 하나님의 주권으로 살펴보자.

첫째로, 성경에 나오는 땅의 개념은 하나님께서 함께하시는 자리이며, 하나님의 구원 역사가 이뤄지고 성취되는 곳이다. 그 대표적인 것이 '젖과 꿀이 흐르는 땅'이다. 구약성경에서 이 용어는 20회 나오는데 신앙의 족장들에게 약속한 땅이며(창 12:7, 13:14, 15:7-8, 17:8, 26:2 이하, 28:13 이하, 35:12 등), 구체적으로는 비옥한 헤브론 지역을 말한다(민 14:7-8).

바란 광야 가데스-바네아(Kadesh-barnea)에서 모세가 각 지파의 두령(頭領)으로 구성된 12명의 정탐꾼을 가나안 땅으로 보낼 때, 이들이 헤브론 지역인 에스골 골짜기에서 포도, 무화과, 석류를 가지고 왔다. 포도송이 하나가 어찌나 크고 무거웠든지 두 정탐꾼이 메고 왔을 정도였다(민 13:21-24). 족장들의 고향이 헤브론이다(창 13:18, 14:13, 24, 18:1, 23:2, 25:7-10, 35:27-28, 37:14, 46:1 등). 최초의 족장들인 아브라함-사라, 이삭-리브가, 야곱-레아의 묘가 바로 헤브론에 있다. 그래서 헤브론은 여러모로 보아 이스라엘의 고향 땅이다. 이스라엘 사람들이 가나안 지역에 정착할 때 헤브론 지역은 갈렙이 속한 유다 지파에 분배된다.

둘째로, 하나님 나라의 백성이다. 이스라엘은 본래 하나님과 언약(=계약, covenant)을 맺은 선민(選民)이요, 성민(聖民)이다. 하나님께 속한 백성은 세상 사람과 구별되는 거룩한 사람이다. 레위기

20장 24-26절에 보면, 하나님의 소유된 백성은 구별되었고 거룩한 생활을 해야 한다. 베드로전서 2장 9절에도 하나님 나라의 백성은 "택하신 족속이요 왕 같은 제사장들이요 거룩한 나라요 그의 소유된 백성이니"라고 했다. 하나님의 백성은 하나님의 뜻대로 행하는 사람들이다(마 7:21; 요일 2:17; 약 2:26).

셋째로, 하나님의 주권이다. 하나님의 왕권 혹 주권은 영토와 백성의 의미를 넘어선 포괄적인 뜻을 가지고 있다. 그의 주권은 영원하며 무궁하고 전능하다(시 45:6, 145:1-13). 이 나라는 공평과 정의로 다스려진다(사 9:7). 성령 안에서 의와 평강과 희락이다(롬 14:17). 절대주권으로서 권능이 있다(고전 4:20). 그러므로 하나님의 백성들은 이 주권에 절대 순종함으로 하나님의 나라를 유업으로 받을 수 있다(고전 6:9-11; 갈 5:22-25; 히 11:8). "뜻이 하늘에서 이뤄진 것같이 땅에서도 이루어지이다"(주기도문).

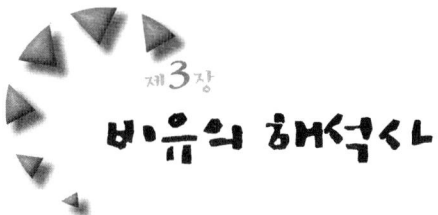

3-1 초대교회 시대

3-1-1 이레니우스의 해석 방법

리용(Lyons)의 감독이었던 이레니우스(Irenaeus, 140~200, 어릴 때 폴리캅의 순교를 지켜보았던 것으로 미루어 서머나 태생일 것임)는 정경(canon)의 범위를 확정하고 표준적인 주석을 씀으로써 신앙의 규제와 교회의 규범을 삼고자 했다. 그는 영지주의와 마르시온에 강력하게 대응하여 이단 퇴치에 심혈을 기울였다(Against Heresies).

그는 영지주의가 선호한 알레고리(allegory, 풍유)적 해석을 거부했다. 대신에 유형론(typology)을 해석 방법으로 채택하여 구약의 사건과 가르침이 신약에 일어날 사건의 예표가 된다고 주장했다. 예를 들면, 출애굽기 15장 27절(민 33:9)에 나오는 엘림의 샘물 열둘은 신약의 12사도를 예표한다는 것이다. 고린도전서 15장 20-22절에 나오는 제2의 아담으로서의 그리스도 해석도 유형론이다. 출

애굽 사건은 그리스도의 구속 사업에 대한 예표인 것이다. 그럼에도 불구하고 비유에 대한 해석에서는 알레고리적인 해석을 일부 수용하면서도 유형론적 중심의 해석을 하고 있다.

포도원 농부의 비유(마 20:1-16)의 경우, 첫 번째(이른 아침) 부름을 받은 농부는 태초에 부름을 받은 사람, 두 번째(오전 9시) 부름을 받은 농부는 구약시대에 부름을 받은 사람, 세 번째(정오) 부름을 받은 사람은 예수 당시에 부름을 받은 사람, 네 번째(오후 3시) 부름을 받은 사람은 이레니우스 당시에 부름을 받은 사람, 마지막(오후 5시)으로 부름을 받은 사람은 마지막 때에 부름 받을 사람으로 해석하고 있다. 포도원은 의로움을, 포도원 주인은 하나님의 영을 그리고 삯으로 지불된 데나리온은 하나님의 아들에 관한 지식을 각각 나타낸다고 해석하고 있다. 이 비유의 중심은 하나님의 공평한 사랑을 말해 준다.[8] 밭에 감추인 보화(마 13:44) 비유에서는 밭이 성경이고, 보화가 그리스도라고 하여 알레고리적인 해석을 한다.[9]

또한 선한 사마리아 사람의 비유를 성령과 예수의 관계를 논하는 부분에서 언급하고 있다. 그는 관찰하기를 사람은 하나의 고발자를 가지고 있는 반면에, 하나의 지지자를 가지고 있다는 것이다. 주님은 그 사람을 성령에 맡기셨다. 사람이 강도를 만났으나 하나님은 그에게 연민을 느껴 그의 상처를 싸매어 주고 두 데나리온을 주었다. 그래서 우리는 성령으로 아버지와 아들의 상을 받아서 우리에게 위탁된 데나리온을 충실히 감당하여 증가된 것을 주님께

---

8) Irenaeus, *Against Heresies*, IV. xxxvi. p. 7.
9) *Ibid.*, IV. xxvi. p. 1.

드려야 한다는 것이다.[10]

이레니우스는 비유들을 설명하여 기독교 신앙을 위한 호교론으로 발전시키려고 했다. 어거스틴도 알레고리적인 해석을 했다. 누가복음 10장의 참된 이웃 비유에서 '어떤 사람'을 아담으로 보고, '예루살렘'은 평강의 하늘의 도시이며 아담이 여기서 떨어졌다고 해석한다. '여리고'는 달을 뜻하고, 우리는 죽어야 할 운명이라고 해석했다. '강도들'은 마귀와 그 부하들이고, '옷을 벗겼다'는 것은 아담이 영생을 상실한 것을 말하며, '때렸다'는 것은 그를 죄 짓도록 설복했다는 뜻이라고 해석한다. '거반 죽은 것을 버리고 갔다'는 것은 사람이 육체적으로는 살아 있으나 하나님을 알지 못하고 죄에 억압되어 살고 있는 한 그의 영혼은 죽은 것이어서 거반 죽은 것이라고 했다. '제사장과 레위인'은 구약의 제사 제도와 그들의 활동을 말하는 것으로 구원을 위해 아무런 유익도 주지 못함을 뜻한다고 했다. '사마리아인'은 보호자를 뜻하므로 주님 자신을 말하고, '상처를 싸매 준다'는 것은 죄를 억제한다는 것이며, '기름'은 선한 소망의 위로이며, '포도주'는 뜨겁게 열심히 일할 것을 권면한 것이라고 하였다. '짐승'이란 예수님의 육체를 말하고, '짐승에 태운다'는 것은 그리스도의 성육신에 대한 신앙이라고 했다. '주막'은 교회로서 나그네 인생들이 쉬어가는 곳이라고 했다. '이튿날'이란 주님의 부활 후를 뜻하고, '두 데나리온'은 사랑의 두 계명이거나 이 생과 오는 세상에서의 생명에 대한 약속이며, '주막 주인'은 사도 바울이라고 했다.[11] 이는 본문

---

10) *Ibid.*, III. xvii. p. 3.

의 정황을 완전 무시한 위험한 해석이다.

3-1-2 안디옥 학파(Antiochene school)

소위 '황금의 입'(golden mouth)이라 불리는 요한 크리소스톰(John Chrysostom, 347~407년)은 수리아 안디옥에서 자라면서 어린 나이에 수도원 생활을 했고, 법학과 수사학(당시 명웅변가인 Libanius의 문하생)을 배웠다. 장성하여 안디옥 교회의 집사(381~386년), 목회자(386~398년)를 거쳐 콘스탄티노플(Constantinople, 본래 이름은 Byzantium, 현재는 Istanbul)의 감독으로 저 유명한 소피아 교회(St. Sophia Church, 지구상에 남아 있는 교회 중 가장 오래 된 교회요 초대 교회 때 가장 큰 교회, 381년 2차 교회 회의를 개최하여 삼위일체 교리의 기초를 놓음)를 담임했다 (398~407년). 그의 명 설교를 들으려고 매주일 왕을 비롯하여 8천 명 이상의 성도들이 교회당을 가득 채웠다. 소피아 교회는 설교단과 회중석의 높이 차이가 거의 없으며, 크리소스톰은 예배시 회중석에 함께 앉아 있다가 설교 때만 강단에 올라갔다고 전해지고 있다.

그는 주로 본문 설교 및 강해 설교를 하였으며, 성경의 한 책을 골라 서론, 강해, 적용(도덕적 훈계, moral exhortations)을 하였다고 한

---

11) 그러나 다드(C.H. Dodd)는 이 우의적 해석 방법을 비판하고 있다. 즉 그에 의하면, 비유란 그것이 단순한 직유이든 보다 세밀한 직유이든 아니면 긴 이야기이든 간에 단 하나의 점을 비교하고 있다는 것이다. 세부적인 것은 독립된 의미를 갖고 있지 않다고 하였다. 반대로 우의(Allegory)는 모든 세부적인 것들이 제각각 의미를 가진 은유라고 하였다. 그러면서 그는 씨 뿌리는 자의 비유는 농부에게는 많은 헛된 수고가 있으므로 씨 뿌린 것이 다 싹나지 않아도 만족한 것을 가르친 것이라고 하였다. *The Parables of the Kingdom*, 1936.

다.[12] 그의 비유 해석은 역사적 · 신학적 · 문학적 방법에 근거한다. 그는 밭에 감추인 보화를 찾는 심정으로 본문을 철저히 연구하여 영적인 의미를 찾아 목회적인 설교를 했던 것이다. 그의 해석 방법은 후에 루터와 칼빈에게 지대한 영향을 주었다.[13]

안디옥 학파의 데오도레(Theodore of Mopsuestia, 350~428년)는 성경 언어의 역사적 의미를 해명하는 데 공헌했다. 그는 문법적이고 언어적인 분석을 심각하게 연구하여 본문의 정확한 뜻을 파악하는 데 노력했다. 그리고 알렉산드리아 학파에서 선호한 영성적 알레고리(spiritualizing allegory) 해석에 반대하여 성경에 나오는 설화들을 역사로 받아들였다. 영감은 어떤 구체적인 역사 안에서 일어난다는 것이 그의 해석 원리였다. 그는 예수의 비유 해석을 보다 유형론에 근거해 해석하였다. 유형론이란 구약성경이 신약의 사건들을 예시(豫示)하기에 유대적인 역사적 배경에서 비유를 해석해야 한다는 것이다(By the proper use of typology, one could appreciate both the historicity of the Old Testament passage and its application to the Christian era). 다시 말하면, 구약에 나타난 어떤 인물, 사건 또는 사물이 신약과 일치될 수 있다는 해석 방법이다.

그는 크리소스톰과 절친한 친구였으며 한때 같은 수도원 생활을 했다. 그리고 길리기아(Cilicia) 지방에 있는 몹수에스티아의 감

---

12) J.P. Migne, *Patrologiae Cursus Completus: Series Graeca*, xvii-xviii.
13) Donald K. McKim (ed), *Historical Handbook of Major Biblical Interpreters*, Downers Grove, Ill: InterVarsity Press, 1998, pp. 29-34.

독으로 여생을 마쳤다. 마리아를 '하나님의 어머니'(Theotokos)로 만든 에베소 회의(the Council of Ephesus, 431년)는 안디옥 학파의 최고 원수인 알렉산드리아 학파의 시릴(Cyril of Alexandria)이 주도하였다. 여기서 데오도레는 네스토리우스의 영적인 아버지로 정죄를 받았으나 동방 기독교에서는 그를 최고의 성경 주석가로 인정하며 존경해 오고 있다.[14]

3-1-3 알렉산드리아 학파

알렉산드리아 학파의 클레멘트(Clement of Alexandria, 150~215년)는 알렉산드리아 학파의 알레고리적 해석 방법의 기초를 놓았다. 대표적으로 선한 사마리아 사람의 비유를 살펴보면 영생을 얻는 전제 조건으로 두 계명을 율법사가 지적하는데 클레멘트는 두 계명을 분석하여 두 번째 계명을 언급하면서 선한 사마리아 사람의 비유를 알레고리적으로 해석했다.[15] 그는 구약에 등장하는 악기들을 영해하여 하프(harp)는 그리스도로, 파이프(pipe)는 성령으로, 새 노래는 신앙으로 이해하였다.

오리겐(Origenes)은 성경을 알레고리적으로 해석함으로써 도덕

---

14) Ibid., pp. 65-69.
15) Clement, *Who is the Rich Man That Shall Be Saved?* xxix. 우화(allegory)는 헬라문학 형식으로 호머 시대부터 내려오는 것인데 "보이는 사물로써 보이지 않는 사실을 묘사하는 문학적 기교"라고 정의할 수 있다. 전경연,《예수의 비유》, '해석학적 연구' p. 5, 서울 ; 대한기독교서회, 1980. 즉 우화란 어떤 진리나 격언을 설명하기 위하여 꾸며낸 이야기라고 말한다(삿 9:8-15; 왕하 14:9). 우화의 근본 사명은 이솝(Aesop) 우화에서 볼 수 있듯이 외형적으로는 비유와 유사하지만 고상한 주제를 취급하고 있지 않을 뿐 아니라 있을 수 없는 저차원적 허구로 되어 있다.

적, 정신적 교본을 삼았다.16) 그는 지옥을 성도들의 심리적인 고통이라고 설명했다. 또 바로가 산파들에게 남자 아이는 죽이고 여자 아이는 살리라고 한 명령(출 1:16)에서 남자 아이는 이성과 지성이라고 했고, 여자 아이는 육신의 정욕이라고 했다. 또 벳바게에서 두 제자를 보내면서 예수께서 예루살렘으로 입성(마 21:1 이하)하신 것에 대해서도 예수님은 말씀, 예루살렘은 영혼으로 해석하여 하나님의 말씀이 영혼으로 들어간다고 해석하여 역사적인 사건을 흐려버렸다. 또 세례 요한이 고백한 "나는 그의 신발끈을 풀기도 감당하지 못하겠노라"(요 1:27)에 대해서는 예수님의 성육신과 죽으신 후에 지옥에 내려가신 것으로 해석하여 본질을 흐렸다. 베데스다 연못가의 이적 사건(요 5장) 중 다섯 행각을 '모세오경'으로 해석하며, 가나의 혼인 잔치에서 두세 통 드는 물통(요 2:1-11)을 삼위일체로 보았다. 이런 알레고리적인 해석은 헬라 문학에서 유행하던 방법이다.17)

3-2 중세시대

중세시대는 교부들의 주석을 모아 집대성하는 데 주력하여 성

---

16) 예를 들면, 선한 사마리아인의 비유를, 여리고로 내려가는 사람 = 아담, 예루살렘 = 낙원, 여리고= 세상, 강도들 = 적대적인 세력 및 대적들(요 10:8), 상처 = 불순종 또는 죄, 제사장 = 율법, 레위 = 선지자, 선한 사마리아인 = 그리스도, 짐승 = 그리스도의 몸, 주막 = 교회, 두 데나리온 = 성부와 성자를 아는 지식, 주막 주인 = 교회를 맡은 천사, 선한 사마리아인의 되돌아옴 = 그리스도의 재림 (Origen, *Commentary on Luke* 10:30-35, Homily XXXIV).

17) R.P.C. Hanson, *Allegory and Event*, Richmond: John Knox Press, 1959, pp. 97-129.

경 해석의 기준을 교회의 권위로 확립하였다. 세 가지로 정리하면 첫째, 성경의 무오론(無誤論)이 확립되었다. 이 이론은 이원성적(二元性的) 그리스도론으로 뒷받침되었다. 즉 그리스도는 신성(神性)과 인성(人性)을 지닌 인격이다. 그러나 그의 인성은 원죄에서 자유했다. 이처럼 성경도 비록 인간의 손에 의해서 쓰여졌으나 영감에 의한 것이므로 무오하다는 것이다. 둘째, 성경의 이원적 해석을 시도했다. 하나는 문자 내지 문법적인 자의(字意)대로의 해석이요(sensus litteralis), 다른 하나는 문자 뒤에 숨은 이른바 영적인 의미(sensus spiritualis)를 찾는 것인데 오리겐의 알레고리적 해석을 발전시켰다. 영적 의미를 지나치게 강조하면 위험할 수 있다. 셋째, 성경을 교회 또는 윤리생활의 교본(敎本) 내지 율법의 책으로 성격화했다. 중세시대가 무르익을 때 본문의 4중 의미 해석, 즉 문자적(littera), 우화적(allegoria), 도덕적(moralis), 그리고 종말적(혹 영적, anagogia) 해석이 보편화되었다.

3-3 교회개혁 시대

개혁가들은 철저한 본문 중심의 연구를 발전시켜 성경 연구에 큰 전환을 가져왔다. 그리고 교권에서 자유함을 받아 성경 본래의 의미를 찾으려고 노력했다. 또 중세시대의 4중적 해석을 지양하고 문자적인 해석과 영적 해석을 적절한 방법으로 조화시켜 성경을 주해하였다. 이는 초대교회 시절의 안디옥 학파의 전통을 이어가는 것이다. 개혁가들은 신학의 원천인 성경의 원래의 말씀으로 되돌아갈 것을 촉구했다.

에라스무스(Erasmus)는 〈수용원문〉(Receptus Textus)의 전통을 이어받아, 신약 헬라 원본을 정리하여 인쇄 발간함으로(1516년) 성경 원문 역사에 지대한 공헌을 하였다. 그 이듬해인 1517년에 그는 화형당했고, 같은 해 10월 31일에 당시 가톨릭의 신부였던 마틴 루터가 바르트부르크(Wartburg) 성당 앞에 95개 조에 달하는 항의문을 내걸고 교회 개혁을 시작했다. 루터가 이를 독일어로 번역하여 1522년에 신약성경을 출판하였다. 후에 영어로 번역된 킹 제임스 역(KJV, 1611년)은 이런 개혁 성경을 근본으로 삼았다. 스테파누스(Stephanus)는 성경을 널리 읽히기 위해 성경의 장과 절을 구분하기도 하였다(1551년).

루터는 "성경은 스스로 해석한다"는 전제 아래 성경 연구의 학문적인 해석에 초석을 놓았다. 이 전제는 중세 교회의 권위와 전통에 매인 해석이 아니라 성경의 자의적(恣意的) 해석을 하겠다는 일종의 독립선언과도 같았다. 루터의 해석 방법은 문자적(문법적) 해석 방법이나 비유 해석에 있어서는 알레고리적인 방법을 사용하고 있다. 그 자신이 원숭이 장난이라고 혹평한 알레고리적인 방법을 수용한 것은 비유의 특성 때문일 것이다. 그는 윤리적인 도전과 도덕적인 명령을 설명하기 위해 어떤 비유들을 사용한다.

안식일 준수에 대한 설교에서 그는 선한 사마리아 사람의 비유를 언급한다. 이 비유는 우선적인 일을 우리에게 가르쳐 준다는 것이다. 어떤 사람이 빈곤하고 위험한 상황에 처한 이웃을 보았을 때 제사장과 레위 사람처럼 그냥 지나가지 말아야 하며 거기서 죽도록 버려두지 말아야 한다는 것이다. 안식일을 순수하게 지키려고 가장하기에 사람은 그의 형제를 살인하는 자가 될 수 있다. 차라리 사마리아 사람처럼 그를 도와 상처를 치료해 주어야 하며 그를 짐승 위에 태워서 주막으로 데려가야 한다. 율법과 은혜, 그리고 죄와 은혜에 관한 토론에서 루터는 이 비유가 적합하다고 한다. 루터가 알렉산드리아 학파와 다른 점은 복음, 오직 믿음, 선행 등을 강조하기 위해 알레고리적인 방법을 사용하고 있다는 것이다.

칼빈은 비유의 해석보다는 성경 자체의 의미를 더 중요하게 여겼다. 특히 칼빈은 비유 해석에서 알레고리적인 해석을 배격했다.[18] 그는 그리스도 중심의 성경 해석을 발전시켰다. 그리고 성경 안의 율법과 복음 또는 하나님의 진노와 은총을 엄격히 구별했다. 루터는 히브리서, 야고보서, 유다서 및 요한계시록을 신약에서 다루지 않았고, 칼빈은 요한계시록을 주석하지 않았다. 성경에는 알레고리적인 의미가 없고 성경 안에 있는 비유들은 곧바로 중심적인 주제를 드러내고자 한다. 마치 활을 쏘면 쏜 화살이 곧바로 과녁을 향해 날아가듯이 말이다. 문자 그대로 직선적인 해석이 필요하다. 예를 들면 다음과 같다.

(1) 사마리아 사람의 비유: 주목적은 이웃에 관한 우리의 의무를 말하려는 것이다. 이웃 사랑은 친구나 친척에게 국한된 것이 아니라 모든 인류에게 해당된다는 것을 뜻하고 있다. 자유 의지에 바탕을 둔 알레고리적인 해석은 바른 해답을 주지 못한다. 알레고리적으로 해석한다는 것은 마치 장사꾼들이 마음대로 요리해 버

---

18) 쉬틀마허, 《신약성서 해석학》, p. 95 이하, 그랜트, 《성서 해석의 역사》, p. 100 이하.

려 먹지 못할 음식을 만들어 내는 것과 같다고 혹평한다.[19]

(2) 열 처녀의 비유: 이 비유는 앞으로 가야 할 믿음의 여행을 위해서 단순히 참음과 준비를 가지고 충실하게 깨어 있는 생활을 가르치고 있다. 충실한 마음이라는 마음속에 켜놓은 불빛으로 항상 보충하고 새롭게 하는 힘이 필요하다. 준비와 인내가 이 비유의 목적이다.

(3) 부자와 나사로의 비유: 사치와 쾌락으로 방종하는 동안 가난한 사람과 비참하게 굶주리는 사람을 돌보아주어야 한다는 교훈을 주고 있다. 아브라함의 품을 은유적으로 해석할 필요는 없다. 아브라함을 말하게 된 것은 믿음의 자녀들이 이 세상에서는 유랑민이지만 아브라함의 믿음을 따르면 그들을 기다리는 축복을 차지하게 된다는 것이다. 지옥에서 부자가 눈을 들었다는 것은 상징적인(figurative) 뜻을 가진다. 그곳은 영혼의 세계이다. 영혼의 세계에서는 손가락이나 눈과 같은 것을 가졌을 리가 없다. 주님께서는 우리의 미래의 삶에 대해서 우리가 잘 이해할 수 있는 방법으로 묘사하시려고 그림을 보듯이 설명하셨다.

루터와 칼빈은 알레고리적인 해석의 전통에서 벗어나 성경 자체의 뜻을 규명하기 위한 언어적 연구와 내용 추구에 집중했다. 개혁가들의 영향으로 성경 자체에 모든 권위를 돌림으로써 성경의 문자주의(Biblicism)를 낳아 이른바 축자영감설의 기초를 마련했

---

19) J. Calvin, *Commentary on a harmony of Matthew and Luke*.
20) 보다 자세한 것은 김철손, 박창환, 안병무, 《신약성서개론》, 서울: 기독교서회, 1972, pp. 15-21 참고.

고, 다른 면에서는 성경의 역사 비판학의 길을 열어 놓았다.[20]

3-4 현대 시대

이전까지 알레고리적인 해석으로부터 결정적으로 결별하고 현대적 비유 해석을 개척한 사람은 율리허(A. Jülicher)이다. 그는 알레고리적인 해석은 원래의 예수의 비유들과는 전혀 무관한 것이라고 신랄하게 비판하였다. 그의 해석 방법은 다음과 같다. (1) 공관복음서의 비유는 직유(similitude)이지 알레고리가 아니며 그 하나 하나는 오직 하나의 비교점(tertium comparationis)만을 가진다. (2) 예수가 이러한 직유를 사용한 이유는 자신의 가르침을 대중에게 평이하고 실감나도록 전하려 했기 때문이다. (3) 그러므로 비유 연구는 한 요점에 집중해야 한다.[21]

이러한 원리를 기초로 율리허는 각 비유의 요점을 일반적인 도덕적 진리로 보고 이러한 방향으로 비유 해석을 시도하였다. 착한 사마리아 사람 비유도 종교적, 도덕적 교훈으로 해석한다.

브루스(A.B. Bruce)는 알레고리적인 방법을 배격한다.[22] 그에 의하면, "비유에서 취재한 인간 사회의 여러 가지 정황은 무슨 영적

---

21) Adolf Jülicher, *Die Gleichnisreden Jesu*, vol. 1, Freiburg: Mohr, 1899. pp. 203-322. 전경연, 《예수의 비유》(1962년) 저서는 율리허의 이러한 단일성의 원칙에 충실한 비유 해석이었다.
22) A.B. Bruce, *The Parabolic Teaching of Christ*, New York: A.C. Armstrong and Son, 1908, pp. 29, 279.

비유를 표현하기 위한 재료가 아니고 팔레스타인의 아무 데서나 찾을 수 있는 평상적인 상황이다"라는 것이다. 누가복음 15장의 비유에 나오는 세 개의 숫자(100마리 양, 은전 10개, 두 아들)은 모두 신비적인 의미가 없는 자연적인 숫자라는 것이다. 100마리는 목자 한 사람이 관리하기에 적합한 자연적인 숫자이며, 은전 열 개는 가난한 여인이 보통 가질 수 있는 액수이며, 두 아들은 두 가지 성격을 대조시키기에 도움이 되는 평범한 가정의 예라는 것이다. 그는 비유를 실생활의 이야기로 읽으면서 거기서 인간적인 정서를 느끼고 그 정서를 통하여 자연세계와 영적 세계의 연관성을 삼으려 했다.

다드(C.H. Dodd)는 양식사와 연관하여 비유의 삶의 정황(Sitz im Leben)에 대해 연구하면서 비유는 1) 예수의 사역의 실제 상황 2) 이것들이 문서로 확정되기 전에 선교, 공동 집회, 교육 시간 등을 통해 예수의 말씀을 선포하고, 선교하고, 가르친 초대 교회의 정황 속에서 해석되어야 함을 지적했다.[23]

예레미야스(J. Jeremias)는 율리허와 다드의 업적을 기초로 '초대 교회로부터 예수에게로'라는 구호 아래 '예수 자신의 말'(ipsissima vox Jesu)에 도달하려고 추구한다. 특히 그는 〈도마복음서〉가 보존하고 있는 공관복음서의 비유의 도움을 받아 비유들의 원래의 역사적 자리를 찾고자 한다.

유승원 교수는 한국 내의 예수 비유 연구사를 다음과 같이 요

---

23) C.H., Dodd, *The Parables of the Kingdom*, London: Nisbet, 1952, p. 24.

약하고 있다.[24]

전경연의 《예수의 비유》(1962년)는 아돌프 율리허의 입장(역사적 예수의 비유 연구에는 알레고리의 요소가 전혀 없다)을 대변해 주고 있으며, 예레미야스의 《예수의 비유》(허혁 역, 1974년)는 한국 내 역사적 비유 해석의 길잡이가 되어 있다. 이후 비유 연구는 역사적 예수의 선포와 가르침을 재구성하려는 역사적 객관적 탐구에서부터 시작하여 현대 독자의 반응이 역사적 재구성에 동참하게 하는 주관적 독법에 이르기까지 다양한 스펙트럼을 보였다. 비유의 목적과 메시지의 파악은 예수의 활동과 가르침을 이해하는 초석이 된다.

김득중은 《복음서의 비유들》(1988년)에서 예수의 비유가 적대자들과의 갈등 관계, 그리고 그들과의 논쟁 중에 도입되어 종말론적 희망을 견고하게 붙잡는 수사학적 도구가 되고 있다는 점을 밝혔다. 이와 같이 갈등 구조와 종말론적 낙관을 비유의 목적으로 해석한 저서가 최갑종의 《예수님의 비유 연구》(1993년)인데, 이 저서에서 저자는 예수의 비유의 주인공이 예수 자신이었다는 기독론적 입장에 충실하고 있다. 김창락의 《귀로 듣는 비유의 세계》(1999년)는 청자와의 관계를 주목한다. 저자는 예수의 하나님 나라 운동의 맥락에서 비유를 조명하여 현대 독자와의 접촉점을 창조하려고 했다.

문학-역사 비평을 복음서 연구의 도구로 사용하여 독자성을 확보한 오덕호는 역사적 예수 차원의 비유보다는 성경의 최종 본문

---

24) 이 글은 다음 인터넷 자료에서 인용함. www.theologia.kr (허호익의 신학마당), 성서신학.

이 의도했던 독자(authorial reader)의 입장을 위한 비유의 해석에 초점을 두었다. 이 경우 율리허의 경우와는 반대로 복음서의 비유에 첨가된 알레고리적 해설들이 더 중요하게 여겨질 수 있었다. 조태연의 비유 해석은 역사적 예수의 환경인 갈릴리 농촌 마을의 사회, 경제적 구조 속으로 들어가되, "시간의 경과를 볼 때 비유(재건된 원형)가 제시하는 장면의 이전과 이후로 확장함으로써 개별적 비유보다는 온전한 '서사성'을 확보하려 한다. 즉 역사적 예수의 시점으로 진입해 들어가는가 하면 동시에 해석자의 사유의 틀에서 재건된 비유들이 상호 연관 속에서 하나의 구조로 종합되기도 한다. 조태연은 스스로 이에 대해 "동양적 사유의 틀 안에서 발전시키는 해석학적 대화"라고 명명했다. 김덕기는 《예수 비유의 새로운 지평: 프랑스 구조주의와 문학사회학 방법에 근거한 예수 비유의 정치적 윤리적 해석》(2001년)에서 20세기 말의 다양한 첨단 비유 해석 이론들을 자세히 소개, 비판하기도 했다.

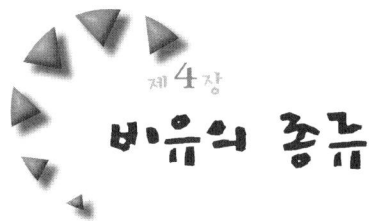

제4장 비유의 종류

성경에 나타난 비유를 분석해 보면 몇 가지 유형을 발견할 수 있다.[25]

4-1 설화(narrative)

본받아야 할 행위를 과거 시제로 간단히 묘사하는 모범적인 이야기(example story) 형식이다. 순수한 이야기로 발단, 전개, 절정, 대단원이 있고, 플롯(plot)의 진행이 있다(참된 이웃 = 선한 사마리아인, 잃은 양, 포도원의 일꾼, 부자와 나사로, 열 처녀(들러리)의 비유).

4-2 직유(similitude)

---

25) 이상훈, 《해석학적 성서 이해》, 서울: 대한기독교서회, 1992, pp. 86-87

'~와 같다' 처럼 현재 시제 동사를 사용하여 기본적으로 다른 대상을 간단하게 비교하는 것이다. 자연 현상이나 일상생활에서 소재를 삼는 단순한 비유이다. 이 형태는 하나님 나라를 일상생활의 일반적 활동에 비교한다. 동사를 여러 개 사용하며 현재 시제를 주로 사용한다. "천국은 마치 ~와 같으니"와 같은 문구를 즐겨 사용한다. '겨자씨 비유'(막 4:30-32; 마 13:31-32), '빵을 부풀게 하는 누룩'(마 13:33), '밭에 감추인 보화'(마 13:44), '그물 비유'(마 13:47-48) 등이다. 또한 '산 위에 세운 도시'(마 5:14), '양을 이리 가운데 보내는 것과 같다'(마 10:16). 또한 '떡을 달라면 돌을 주고 생선을 달라면 뱀을 줄 수 있느냐?'(마 9:9-10), '모든 육체는 풀이요 그 모든 아름다움은 들의 꽃과 같으니'(사 40:6-7) 등이 있다. 직유는 단순히 유사점을 말한다. 즉 비교되는 두 사물의 일치성을 말한다.

4-3 은유(metaphore)

과거 시제로 은유적인 의미를 가지고 완결짓는 형태이다. 엄밀한 의미의 비유(parables proper)인데 대부분의 비유가 여기에 속한다. 객어(客語)로 되어 있든지 두 낱말이 한 서술 동사로 연결되어 있는 짧막한 진리의 말이다. 흔히 잘 아는 사상이나 교훈에 적용하는 것이다. 보이지 않는 과정을 상상력을 동원하여 보이는 것으로 표현한다. 비교의 뜻이 암시되어 있다. '돌아온 탕자'(눅 15:11-32), '회개한 아들'(마 21:28-32) 등이다.

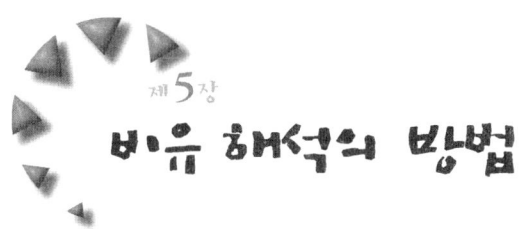

제5장 비유 해석의 방법

    이 책에서는 본문에 충실한 해석을 시도한다. 먼저 비유의 배경과 내용을 살피고, 비유의 목적과 의미를 살핀 후, 비유의 적용에 대해 살펴보는 것이다. 어떤 장에는 같은 주제가 다른 비유를 통해 전달되는데 총체적으로 살피면 전체 의미가 확실하게 전달된다.

    예를 들어 누가복음 15장을 살펴보자. 흔히 알려진 대로 '잃어버린 양', '잃어버린 드라크마', '잃어버린 아들'로 제목을 잡는데, 본문의 목적과 의도를 살펴보면 '다시 찾은 양', '다시 찾은 동전', '회개한 다시 찾은 아들'임을 알 수 있다.

    누가복음 15장 1-2절에서 모두 세리와 죄인들이 말씀을 들으러 예수께로 가까이 나아오게 되었다. 당시 세리란 로마 정권의 앞잡이로 백성들에게 무거운 세금을 부과하여 자국민들을 괴롭힌 자들이며, 죄인이란 하나님의 법도를 무시하고 이방인처럼 사는 자들을 말한다. 이들은 당시 경건한 유대인들에게는 미움의 대상이 되어 장로의 법으로 이들과 교제를 나누는 것을 금지하고 있었다. 주님께서는 이들이 주님께로 나왔다는 사실 자체를 그들의 회개로 인정하시고 받아들이셨다. 이때 바리새인과 서기관들이 "이 사람이 죄인을 영접하고 음식을 같이 먹는다"라고 비판하였다.

여기에 대한 응답과 설명으로 세 가지 비유를 말씀해 주신 것이다. 첫째 비유에서는 어떤 사람이 양 백 마리를 길렀는데 그 중 한 마리를 잃어버렸다. 그래서 아흔아홉 마리를 들에 두고 잃어버린 양을 찾아다니다가 마침내 찾았다(heurisko). 너무 기뻐서 다시 찾은 양을 어깨에 메고, 집에 와서 벗과 이웃을 불러 모으고 "나와 함께 즐기자. 나의 잃은 양을 찾았노라" 하면서 잔치를 벌였다. 우리가 상식적으로 생각해도 잔치를 벌이면 양 한 마리의 가격보다 더 많은 돈이 드는데 이 주인은 그것과 관계없이 기뻐하였다는 것이다. 그런데 누가복음 15장 7절에서 주님께서는 중요한 메시지를 전하셨다. "내가 너희에게 이르노니 이와 같이 죄인 하나가 회개하면 하늘에서는 회개할 것 없는 의인 아흔아홉으로 말미암아 기뻐하는 것보다 더하리라."

본문의 핵심은 여기에 있다. 잃어버린 양을 그냥 찾은 것이 아니고 앞으로 주인의 뜻에 전적으로 순종하여 다른 길로 혼자 이탈하는 일이 없도록 할 것이라는 의지를 보인 것이다. 이를 죄인의 회개와 결부하여 하늘에서는 회개할 것 없는 의인 아흔아홉을 인하여 기뻐하는 것보다 하나님께서 더 기뻐하실 것이라고 한다. 이는 세리와 죄인들이 주님의 말씀을 들으러 오는 자체를 귀하게 여기고 저들도 구원을 받아야 하지 않겠느냐는 말씀이며, 바리새인과 서기관들은 하나님처럼 이를 함께 기뻐하고 환영해야 함을 강하게 가르쳐 주신 것이다.

여기서 '찾았다'(heure, have found; 원형 heurisko)는 단어와 관계된 한 예화가 있다. 헬라시대에 왕이 순금 왕관 하나를 만들게 했다. 무게와 부피를 정확히 알 수 있다면 금속마다 고유의 무게가 있기에 순금 여부를 알 수 있는데 왕관은 모양이 들쑥날쑥하여 부피를 알 수 없었다. 그래서 당대의 물리학자 아르키메데스에게 부탁하였다. 이것을 연구하던 그가 너무 골치가 아파서 시키뉴스 공중 목욕탕에 들어가니 물이 출렁출렁 흘러넘치고 있는데 사람들이 마침 아무도 없었다. 이때 '아, 흘러넘친 물이 내 몸의 부피가 되고, 그 부피만큼 물의 무게가 가벼워지고 있구나' 하며 자기도 모르게 두 손을 번쩍 들고 '휴레카'(heureka, I have found it!) 하고 외쳤다. 그는 옷 입는 것도 잊어버리고 길거리로 뛰쳐나가 "휴레카, 휴레카" 하고 기뻐했다고 한다. 하나님께서도 죄인 하나가 회개하여 다시 하나님의 품에 돌아오면 이렇게 기뻐하시는 것이다.

두 번째 비유도 마찬가지이다. 이번에는 여인이 등장한다. 열 드라크마(지금도 그리스에 가면 동전 단위로 씀)가 있었는데 하나를 잃어버렸다. 그래서 등불을 켜고 집을 대청소하며 부지런히 찾았다. 마침내 찾은즉(heure) 벗과 이웃을 불러 모으고 말하되 "나와 함께 즐기자. 잃은 드라크마를 찾았노라" 하면서 기쁨을 나누었다. 이 비유도 이와 같이 결론을 맺는다. "내가 너희에게 이르노니 이와 같이 죄인 한 사람이 회개하면 하나님의 사자들 앞에 기쁨이 되느니라"(눅 15:10). 하나님께서 하늘의 천군 천사들과 잔치를 하며 한 죄인의 회개를 이렇게 기뻐하신다는 것이다.

세 번째는 두 아들에 관한 비유이다. 어떤 사람에게 두 아들이 있었다. 그런데 둘째아들이 아버지에게 요청하기를 "아버지여, 재산 중에서 내게 돌아올 분깃을 내게 주소서" 하였다. 당시 유대 관습에 아버지가 돌아가시기 전에 재산을 분배해 달라는 것은 불효이다. 또한 비록 사정이 있어 미리 유산을 받았지만 아버지 생전에 한 푼이라도 쓰면 이는 아버지와 완전히 인연을 끊는 행위로 큰 불효에 속했다. 둘째아들은 며칠이 못 되어 재물을 다 모아 가지고 먼 나라로 가서 거기서 허랑방탕하여 그 재산을 허비하였다. 여기서 이 재물을 반드시 창기와 함께 허비했다는 인식은 뒤에 맏아들이 아버지에게 불평할 때 내뱉은 말(눅 15:30)이지 실제 본문에서는 어떻게 허랑방탕하였는지 나오지 않는다.

다 허비한 후 그 나라에 크게 흉년이 들었고 그는 궁핍하여 일자리도 찾지 못해 백성 중 하나에게 붙어 살게 되었다. 그리고 들로 보내어져 돼지를 치게 되었는데 유대인에게 돼지는 가증스러운(abominable) 동물로 여겨지나 헬라인들은 제우스 신이 좋아하는 짐승으로 생각하여 돼지를 제물용으로 많이 키웠다. 그가 돼지 먹는 쥐엄열매로 배를 채우고자 하나 이것마저도 주는 자가 없었다. 궁즉통(窮卽通)[26]이라고 해외에서 밑바닥 신세가 되면 고국 생각, 가족 생각이 나게 되어 있다. 이에 그는 스스로 '돌이켜 가로되' "내 아버지에게는 양식이 풍족한 품꾼이 얼마나 많은고? 나는 여기서 주려 죽는구나. 내가 일어나 아버지께 가서 이르기를 '아버

---

26) 주역에 의하면, 궁즉변(窮則變)-변즉통(變則通)-통즉구(通則久)라고 했다. 즉 궁하면 변하고, 변하면 통하고, 통하면 오래 지속할 수 있다는 말이다. 이는 어떤 일에서 갈 때까지 가면 반드시 빠져 나갈 길이 있게 마련이고 변하게 마련이란 뜻이다.

지여 내가 하늘과 아버지께 죄를 얻었사오니 지금부터는 아버지의 아들이라 일컬음을 감당치 못하겠나이다. 나를 품꾼의 하나로 보소서' 라고 말씀을 드리고 차라리 아버지 집의 품꾼이나 되어 먹는 문제는 해결하자"라고 했다. 그리고 그러한 심정으로 고향 땅으로 돌아왔다.

종은 신발도 신지 않고 모든 액세서리(가락지, 목걸이 등)도 없으며, 복장도 달랐다. 이를 멀리서 바라본 아버지는 곧 아들을 알아보고 측은히 여겨 달려가 목을 안고 입을 맞추니 이에 아들이 회개를 하였다. "아버지여 내가 하늘과 아버지께 죄를 지었사오니 지금부터는 아버지의 아들이라 일컬음을 감당하지 못하겠나이다" (눅 15:21). 이 세 번째 비유에서는 앞서 7절과 10절처럼 죄인 하나가 회개하면 하늘에 계시는 아버지께서 기뻐하신다는 내용이 비유의 마지막절인 32절 다음에 있어야 하는데 22-32절에서 길게 자세히 설명하고 있다. 아버지께서는 당장 종들에게 명하여 제일 좋은 옷을 내어다가 입히고, 손에 가락지를 끼우고 발에 신을 신기라고 한다. 이는 아들로 신분을 회복하여 환영한다는 뜻이다. 그리고 살진 송아지를 잡고 잔치를 벌였다. 음악과 춤이 있었으며 기뻐하는 소리가 멀리까지 들릴 정도였다. 이 잔치 석상에서 아버지가 "이 내 아들은 죽었다가 다시 살아났으며 내가 잃었다가 다시 얻었노라(개역성경에는 '얻었노라'로 번역되어 있는데 이는 6절과 9절처럼 '찾았노라' (heurethe)로 번역하는 것이 바르다)하니 저희가 즐거워하더라"(24, 32절).

이 세 가지 비유의 공통점은 잃었던 죄인이 회개하여 하나님께 다시 돌아왔을 때 하나님의 기쁨이 얼마나 큰가를 깨닫고 우리도 과거에는 잘못하고 비난받는 행위를 했으나 회개하고 다시 돌아왔을 때는 과거를 묻지 않고 진심으로 환영하고 받아들이는 것이 하나님의 기쁨에 참여하는 것임을 교훈하고 있다.

예수께서 승천하시면서 "그러므로 너희는 가서 모든 족속으로 제자를 삼아 아버지와 아들과 성령의 이름으로 세례를 베풀고 내가 너희에게 분부한 모든 것을 가르쳐 지키게 하라"(마 28:19-20)고 당부하신 말씀대로 이제는 천하 만민이 복음을 깨닫도록 가르쳐 지키게 하기 위해 천국 비유를 소개하려고 한다. 오늘날 이 비유들이 어떤 메시지를 담고 있는지를 염두에 두고 글을 쓰려고 한다. 성경 본문은 《성경전서 개역개정판》으로 하되 중요한 단어나 문구는 히브리어, 헬라어 원전으로 확인하며, 영어 번역으로는 흠정역(Authorized Version)인 《킹 제임스 성경》(King James Version)[27]을 사용한다.

---

27) 《킹 제임스 성경》은 초대 교회부터 내려온 가장 권위 있는 수용사본(TR= Textus Receptus)에 근거한 성경으로 사도 바울의 안디옥 교회가 전해 준 '다수 사본' 전통을 따르고 있다. 1611년에 초판이 번역된 이래 15번 수정한 결과 최종판 1769년 번역을 전 세계적으로 사용하고 있다. 틴데일, 루터, 칼빈, 웨슬리, 무디, 스펄전 등 개혁자들과 대각성 운동가들, 찬송가 작가들이 모두 《킹 제임스 성경》을 사용했으며, 지금까지 전세계에 출간된 성경의 90% 이상이 바로 《킹 제임스 성경》이다. (정동수, 박노찬 편역, 천주교는 기독교와 다릅니다. 서울: 두루마리, 1998, pp. 12-13.) 말씀보존학회(대표 이송오)에서 말하는 킹 제임스 역의 절대 옹호(Peter S. Ruckman of Pensacola, Florida와 Gail Riplinger)와는 차별이 있음을 밝힌다. 이들은 성경 원어인 히브리어, 헬라어, 아람어보다는 영어를 더욱 우위에 둔다.

경건의 훈련을 위해 묵상을 위한 질문들, 관련 찬송가(새로 나온 찬송과 통합 찬송가를 동시에 밝힘), 묵상을 위한 기도문을 실어 보았다. 가능한 한 각주를 다는 것은 생략했고 참고 자료도 꼭 필요한 것만 실었다.

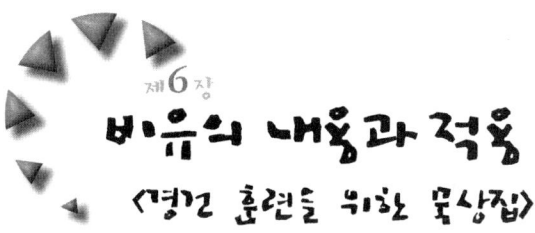

6-1 "천국이 가까웠느니라"(마 3:1-2, 4:17)

"그때에 세례 요한이 이르러 유대 광야에서 전파하여 말하되 회개하라 천국이 가까이 왔느니라 하였으니."

"이때부터 예수께서 비로소 전파하여 이르시되 회개하라 천국이 가까이 왔느니라 하시더라."

세례 요한의 설교 주제인 회개의 이유는 천국이 가까웠다는 것이다. 마태복음 3장 2절과 4장 17절은 각각 세례 요한과 예수의 설교를 요약하고 있는데, 순서도 틀리지 않고 똑같은 단어를 사용하고 있다(헬라어 원문). "회개하라, 천국이 가까웠느니라"(Repent: for the kingdom of heaven is at hand). 최초의 복음서인 마가복음 1장 15절에서는 하늘나라 대신에 하나님 나라로 되어 있고, 두 마디가 첨가되어 있다. "때가 찼고 하나님의 나라가 가까웠으니 회개하고 복음을 믿으라"(The time is fulfilled, and the kingdom of God is at hand: repent ye, and believe the gospel)고 되어 있다. 누가복음에서는 이 내용이 없다.

마태복음에 의하면 "회개하라, (왜냐하면) 천국이 바로 곁에 있다"란 뜻으로 회개의 필연성을 말하며, 마가복음에 의하면 "하나님의 나라가 이미 시작되었다. (그러므로) 회개하고 (하나님의) 복음을 믿어라"로 되어 있다. 회개의 당위성을 말하고 있는 것이다. 여기서 회개하라(metanoia, 히브리어는 shuv)는 의미는 하나님께로 돌아간다는 말이다. 인간의 가치관과 세계관을 포기하고 하나님의 생각과 뜻을 수용한다는 말이다. 인생의 관심을 '천국'으로 돌리라는 의미이다. 지금까지 천국에 대해 관심을 가지지 않았는데 이제 마음을 돌려 하나님 나라에 관심을 두는 것이 회개이다. 또한 최우선권을 천국에 두라는 말이다.

여기서 사용되는 동사 '가까왔느니라'(engiken 엥-기켄, 3인칭 단수 현재 완료형)는 이미 시작됨을 말한다(새번역: '가까이 왔다', 공동번역: '다가왔다', 표준새번역: '가까이 왔다', 개역개정판: '가까이 왔느니라'). 영원자가 시간 세계에 오신 시점부터 이미 천국은 이 땅에 실현되었다(……is at hand). "천국이 도래했느니라"로 번역함이 좋을 것 같다. 메시아 시대가 이미 시작됨을 선언한 이 내용으로 당시 많은 유대인들 사이에 새로운 생활 운동이 일어났다. 세례를 받은 무리가 세례 요한에게 "우리는 무엇을 하리이까?"라고 질문하니 (눅 3:11-14), 옷 두 벌 있는 자는 옷 없는 자에게 나눠 주며, 먹을 것이 있는 자도 없는 자에게 나눠 주며, 세리는 정한 세 외에 강제로 거두지 말며, 군인은 강포하여 착취하지 말고 받는 임금으로 착실히 살아갈 것을 가르치고 있다. 작은 것부터 고쳐나가며 하나님의 백성으로서의 새로운 출발을 촉구하고 있다.

마태복음에서는 지상에서 예수의 공생애 사역을 세 가지로 요약하고 있다(마 4:23-25, 9:35). 즉 가르치는 사역(teaching ministry), 병 고치는 사역(healing ministry), 말씀 선포의 사역(preaching ministry)이다. 이 사역의 목적은 한 영혼이라도 회개시켜 구원받게 하는 데 있다. 12제자들을 부르신 이유도 천국 복음 사업에 동참하게 하기 위해서였다. "예수께서 그의 열두 제자를 부르사 더러운 귀신을 쫓아내며 모든 병과 모든 약한 것을 고치는 권능을 주시니라"(마 10:1). 이들을 보내 전도여행을 하도록 하면서 "가면서 전파하여 말하되 '천국이 가까웠다'(The kingdom of heaven is at hand) 하고 병든 자를 고치며 죽은 자를 살리며 나병환자를 깨끗하게 하며 귀신을 쫓아내되 너희가 거저 받았으니 거저 주라……"(마 10:7-8)고 말씀하셨다. 이 천국 복음은 세상 끝날까지 선포되어야 한다. "이 천국 복음이 모든 민족에게 증언되기 위하여 온 세상에 전파되리니 그제야 끝이 오리라"(And this gospel of the kingdom shall be preached in all the world for a witness unto all nations; and then shall the end come. 마 24:14).

'천국이 가까웠느니라'는 말처럼 강한 메시지는 없다. 하나님의 왕권이 실현됨을 알리는 이 선포는 회개운동을 일으키며, 잠자는 영혼을 깨우고 나태한 심령을 부지런하게 만든다. 부활의 주님은 천국 복음을 온 민족에게 전하며 가르치는 자와 함께하시겠다고 약속하셨다. "예수께서 나아와 말씀하여 이르시되 하늘과 땅의 모든 권세를 내게 주셨으니 그러므로 너희는 가서 모든 족속으로 제자를 삼아 아버지와 아들과 성령의 이름으로 세례를 베풀고 내가 너희에게 분부한 모든 것을 가르쳐 지키게 하라(Teaching them to observe all things whatsoever I have commanded you) 볼지어다 내가 세상 끝날까지 너희와 항상 함께 있으리라 하시니라"(마 28:18-20).

* 묵상을 위한 질문
(1) 회개에 합당한 생활이란?
(2) 천국이 지금-여기에 이미 실현됨을 어떻게 알 수 있는가?
(3) 예수의 지상 사역의 주제는?

* 관련 찬송가
438장(통합 495장, 내 영혼이 은총 입어 중한 죄짐 벗고 보니)
279장(통합 337장, 인애하신 구세주여 내 말 들으사)
505장(통합 268장, 온 세상 위하여 나 복음 전하리)

* 묵상 기도
"하나님 아버지, 복음의 진리를 깨닫게 하시니 감사합니다. 천국이 가까웠음을 알게 하시며 천국 시민으로 부끄러움이 없는 삶을 살게 하옵소서. 회개에 합당한 열매를 맺게 하시사 하나님을 경외하며, 이웃을 내 몸과 같이 사랑하게 해주시옵소서. 이 생명 다하도록 천국 복음을 널리 전하게 하시고 주님의 사랑을 실천하게 도와주시옵소서. 계속 천국의 비밀을 깨닫게 해주시기를 생명의 근원이신 예수님의 이름으로 기도드립니다. 아멘."

6-2 "너희는 먼저 하나님의 나라와 그 의를 구하라"(마 6:25-34)

"그러므로 내가 너희에게 이르노니 목숨을 위하여 무엇을 먹을까 무엇을 마실까 몸을 위하여 무엇을 입을까 염려하지 말라 목숨이 음식보다 중하지 아니하며 몸이 의복보다 중하지 아니하냐 공중의 새를 보라 심지도 않고 거두지도 않고 창고에 모아들이지도 아니하되 너희 하늘 아버지께서 기르시나니 너희는 이것들보다 귀하지 아니하냐 너희 중에 누가 염려함으로 그 키를 한 자라도 더할 수 있겠느냐 또 너희가 어찌 의복을 위하여 염려하느냐 들의 백합화가 어떻게 자라는가 생각하여 보라 수고도 아니하고 길쌈도 아니하느니라 그러나 내가 너희에게 말하노니 솔로몬의 모든 영광으로도 입은 것이 이 꽃 하나만 같지 못하였느니라 오늘 있다가 내일 아궁이에 던져지는 들풀도 하나님이 이렇게 입히시거든 하물며 너희일까보냐 믿음이 작은 자들아 그러므로 염려하여 이르기를 무엇을 먹을까 무엇을 마실까 무엇을 입을까 하지 말라 이는 다 이방인들이 구하는 것이라 너희 하늘 아버지께서 이 모든 것이 너희에게 있어야 할 줄을 아시느니라 그런즉 너희는 먼저 그의 나라와 그의 의를 구하라 그리하면 이 모든 것을 너희에게 더하시리라 그러므로 내일 일을 위하여 염려하지 말라 내일 일은 내일이 염려할 것이요 한 날의 괴로움은 그 날로 족하니라."

마태복음에는 5개의 교훈집이 수록되어 있다. 5-7장에 산상수훈, 10장에 전도에 대한 교훈, 13장에 천국 비유, 18장에 제자의 도리, 24-25장에 종말에 대한 교훈 등이 있다. 산상수훈(山上垂訓, 혹 산상보훈 Sermon on the Mount)이란 한문 뜻은 '산 위에서 하신 주옥 같은 교훈' 이란 뜻이다. 사실 갈릴리에 가 보면 이 말씀을 하신 현장이 산이라기보다는 언덕이다. 그러나 예수님 당시에는 언덕도 산이라고 표현했다.

산상수훈이 담긴 마태복음 5-7장의 주제는 '하늘나라' 이다. 여기서 이 용어가 10회 이상 나오고 있다. 그리스도인은 하늘나라에 제일 관심을 가지고 꼭 천국에 들어갈 수 있도록 노력을 해야 한다. 천국의 주인공은 누구인가? 심령이 가난한 사람(the poor in spirit, 5:1), 의를 위하여 핍박을 받는 사람(they who are persecuted for righteousness'sake, 5:10), 그의 의(義)가 서기관과 바리새인보다 더 나은 사람(your righteousness shall exceed the righteousness of the scribes and Pharisees, 5:20), 하나님의 온전하심을 목표로 매일 온전하려고 노력하는 자(Be ye perfect, even as your Father which is in heaven is perfect, 5:48), 좁은 문을 택한 자(enter ye in at the strait gate, 7:13), 아름다운 열매를 맺는 자(Even so every good tree bringeth forth good fruit, 7:16-20), 하늘에 계신 아버지의 뜻대로 행하는 자(he that doeth the will of My Father which is in heaven, 7:21), 말씀을 듣고 실천하는 자(whosoever heareth these sayings of Mine, and doeth, 7:24-25)가 천국에 들어간다.

산상수훈 이외에 천국에 들어가는 자는 '어린아이같이 겸손한 자' (18:3), 천국 잔치 예복을 준비하고 입는 자(22:10-14), 회개에 합당한 열매를 맺는 자(3:8), 믿음으로 사는 자(9:22, 15:28), 전도 받고 회개하는 자(12:41), 옥토밭을 가진 자(13:23), 자기를 부인하고 자기 십자가를 지고 예수를 따르는 자(16:24), 끝까지 견디는 자(24:13),

신랑 예수를 맞이할 준비를 평소에 하는 자(25:10), 지극히 작은 일에 충성하는 자마 (25:21), 어린 소자에게라도 정성껏 사랑을 베푸는 자(25:40) 등이라고 복음서는 분명하게 가르치고 있다.

우리는 지금 어디에 가장 많은 관심을 가지고 있는가? 천국의 주인공으로 살고 있는가, 아니면 이방인처럼 세상의 온갖 염려와 근심으로 전능하신 하나님을 보지 못하고 지내는가? 먹고 마시는 문제로 염려하는 자에게 주께서 공중의 나는 새와 들에 피는 백합화를 비유로 말씀하셨다. 사람과는 비교되지 않는 동식물들도 하나님께서 먹여 주시고 입혀 주시는데 하물며 만물의 영장인 사람이 하나님을 의지하지 않고 먹고 입는 문제를 걱정하니 될 말인가? "너희는 먼저 하나님의 나라와 그의 의를 구하라 그리하면 이 모든 것을 너희에게 더하시리라"(But seek ye first the kingdom of God, and His righteousness; and all these things shall be added unto you, 마 6:33).

가장 우선순위가 하나님 나라와 그 의를 구하는 것이다. 여호와를 자기 목자로 삼으면 부족함이 없다. 한문의 '의'(義 = 羊 + 我)라는 말은 '나는 주님의 어린 양입니다' 라는 고백이다. 하나님께서는 여호와를 자기의 목자로 삼는 자의 영혼을 소생케 하시며, 자기 이름을 위하여 의의 길로 인도하시기 때문이다(He restoreth my soul: He leadeth me in the paths of righteousness for His name's sake, 시 23:3).

의에 주리고 목마른 자, 혹은 의를 위하여 핍박을 당하는 사람은 복 있는 사람이다(마 5:6, 10). 예수께서 주기도문을 가르치시면서 하나님의 이름, 하나님의 나라, 하나님의 뜻을 먼저 구한 후 "오늘날 우리에게 일용할 양식을 주옵시고"라고 간구한다. 우선순위가 바뀌면 모든 것이 무질서해진다. 그러나 먼저 하나님의 나라와 의를 구하면 다른 모든 것은 따라오게 되어 있다. 천국의 주인공은 하나님 나라와 그 의에 최우선권을 두는 사람이다.

하나님 나라는 미래의 영광스러운 상태에서 영생하는 나라를 지칭할 뿐 아니라, 그리스도가 머리인 현존하는 영적 공동체인 교회를 말한다. 하나님의 나라의 모형으로 주신 곳이 교회이다. 교회는 하나님의 뜻이 이뤄지는 곳이다. 그래서 교회는 하나님의 뜻대로 살아야 한다. "하나님의 뜻대로 하는 근심은 후회할 것이 없는 구원에 이르게 하는 회개를 이루는 것이요 세상 근심은 사망을 이루는 것이니라"(For godly sorrow worketh repentance to salvation not to be repented of: but the sorrow of the world worketh death. 고후 7:10).

* 묵상을 위한 질문
(1) 나의 최우선 관심은 무엇인가?(하루를 어떻게 시작하는가? 신문을 들면 무엇부터 읽는가? 인터넷이나 TV를 틀면 무엇부터 시청하는가? 여가 선용의 우선순위는?)
(2) 나는 지금 천국의 주인공으로 살고 있는가?
(3) 세상적인 염려와 근심을 어떻게 떨쳐버릴 수 있는가?

* 관련 찬송
588장(통합 307장, 공중 나는 새를 보라 농사하지 않으며)

373장(통합 503장, 고요한 바다로 저 천국 향할 때)
292장(통합 415장, 주 없이 살 수 없네 죄인의 구주여)

* 묵상 기도
"오, 주님, 이방인처럼 일상생활과 미래에 대해 염려하고 근심한 것을 용서해 주소서. 하나님의 뜻대로 근심하는 방법을 가르쳐 주시사 생명의 길로 인도하여 주시옵소서. 모든 무거운 짐을 십자가 앞에 내려놓게 하시고 주께서 주시는 안식과 평화를 얻게 하시옵소서. 시간과 물질이 아니라 주님을 우선순위로 삼아 주의 풍성한 축복을 받게 하옵소서. 귀한 말씀을 주신 예수님의 이름으로 기도드립니다. 아멘."

6-3 "그의 열매로 그들을 알리라" (마 7:13-23)

"구하라 그리하면 너희에게 주실 것이요 찾으라 그리하면 찾아낼 것이요 문을 두드리라 그리하면 너희에게 열릴 것이니 구하는 이마다 받을 것이요 찾는 이는 찾아낼 것이요 두드리는 이에게는 열릴 것이니라 너희 중에 누가 아들이 떡을 달라 하는데 돌을 주며 생선을 달라 하는데 뱀을 줄 사람이 있겠느냐 너희가 악한 자라도 좋은 것으로 자식에게 줄 줄 알거든 하물며 하늘에 계신 너희 아버지께서 구하는 자에게 좋은 것으로 주시지 않겠느냐 그러므로 무엇이든지 남에게 대접을 받고자 하는 대로 너희도 남을 대접하라 이것이 율법이요 선지자니라 좁은 문으로 들어가라 멸망으로 인도하는 문은 크고 그 길이 넓어 그리로 들어가는 자가 많고 생명으로 인도하는 문은 좁고 길이 협착하여 찾는 자가 적음이라 거짓 선지자들을 삼가라 양의 옷을 입고 너희에게 나아오나 속에는 노략질하는 이리라 그들의 열매로 그들을 알지니 가시나무에서 포도를, 또는 엉겅퀴에서 무화과를 따겠느냐 이와 같이 좋은 나무마다 아름다운 열매를 맺고 못된 나무가 나쁜 열매를 맺나니 좋은 나무가 나쁜 열매를 맺을 수 없고 못된 나무가 아름다운 열매를 맺을 수 없느니라 아름다운 열매를 맺지 아니하는 나무마다 찍혀 불에 던져지느니라 이러므로 그들의 열매로 그들을 알리라 나더러 주여 주여 하는 자마다 다 천국에 들어갈 것이 아니요 다만 하늘에 계신 내 아버지의 뜻대로 행하는 자라야 들어가리라 그날에 많은 사람이 나더러 이르되 주여 주여 우리가 주의 이름으로 선지자 노릇 하며 주의 이름으로 귀신을 쫓아 내며 주의 이름으로 많은 권능을 행하지 아니하였나이까 하리니 그때에 내가 그들에게 밝히 말하되 내가 너희를 도무지 알지 못하니 불법을 행하는 자들아 내게서 떠나가라 하리라."

마태복음 7장 후반부에서 천국 시민을 세 가지 형태로 소개하고 있다. 첫째로, 좁은 문으로 들어가는 사람이다. 생명으로 인도하는 문은 좁고 길도 험해서 찾는 자가 적다(Enter ye in at the strait gate: for wide is the gate, and broad is the way, that leadeth to destruction, and many there be which go in thereat. Because strait is the gate, and narrow is the way, which leadeth unto life, and few there be that find it. 마 7:13-14). 좋은 대학에 들어가기란 쉽지 않다. 좋은 학교일수록 학생을 뽑는 기준이 까다롭고 경쟁률이 높다.

최선을 다해 고난을 참고 노력을 해야 좋은 결과를 얻을 수 있다. 천국에 들어가는 기준도 마찬가지이다. 천국에 들어가는 유일한 문인 예수 그리스도는 우리의 좁은 문(양의 문, 요 10:7-10)이어서 어려움이 있더라도 끝까지 예수를 따라가면 영생의 축복을 받는다. 때로 십자가도 져야 하고 고난의 쓴 잔도 마셔야 한다. 그러나 주님께서 함께 십자가를 져 주시며, 고난의 길에 동행하시니 그 길이 결코 어렵지 않다. 주님의 가르침은 고난과 좁은 문을 피하게 해달라고 기도하지 않고, 다만 그 길을 끝까지 갈 수 있는 인내와 믿음과 용기를 달라고 기도하게 하신다. "나는 마음이 온유하고 겸손하니 나의 멍에를 메고 내게 배우라 그리하면 너희 마음이 쉼을 얻으리니 이는 내 멍에는 쉽고 내 짐은 가벼움이라"(For My yoke is easy, and My burden is light. 마 11:29-30).

둘째로, 좋은 열매를 맺는 사람이다. "그들의 열매로 그들을 알지니 가시나무에서 포도를, 또는 엉겅퀴에서 무화과를 따겠느냐 이와 같이 좋은 나무마다 아름다운 열매를 맺고 못된 나무가 나쁜 열매를 맺나니 좋은 나무가 나쁜 열매를 맺을 수 없고 못된 나무가 아름다운 열매를 맺을 수 없느니라"(Ye shall know them by their fruits. Do men gather grapes of thorns, or figs of thistles? Even so every good tree bringeth forth good fruit; but a corrupt tree bringeth forth evil fruit. A good tree cannot bring forth evil fruit, neither can a corrupt tree bring forth good fruit. 마 7: 16-18). 나무의 열매를 보아 그 나무가 좋은지 나쁜지 확실히 알 수 있다. 겉으로 보기엔 참 좋은 나무인 것 같으나 열매는 형편없는 경우가 있다. 반대로 겉으로 보기엔 초라하고 좋은 나무같이 보이지 않으나 좋은 열매를 맺는 나무가 있다. 성도도 심는 대로 거둔다는 진리를 항상 기억해야 한다. 콩 심어 놓고 팥을 기다리는 요행 심리를 과감히 제거해야 한다. 육으로 난 것은 육이지만 성령으로 난 것은 영이다(That which is born of the flesh is flesh; and that which is born of the Spirit is spirit. 요 3:6).

자기의 육체를 위해 심는 자는 육체로부터 썩어질 것을 거두고, 성령을 위하여 심는 자는 성령으로부터 영생을 거둔다(갈 6:8). 좁은 문으로 들어가는 것과 마찬가지로 좋은 열매를 맺는 일은 인내와 정직, 성실과 겸손, 지혜와 믿음이 있어야 한다. "우리가 선을 행하되 낙심하지 말지니 피곤하지 아니하면 때가 이르매 거두리라"(And let us not be weary in well doing: for in due season we shall reap, if we faint not. 갈 6:9)의 말씀대로 좋은 열매를 맺도록 선한 씨앗을 꾸준히 뿌리며, 좋은 영양분을 공급받도록 하자.

셋째로, 하나님 아버지의 뜻대로 사는 사람이다. 하나님의 뜻대로 살지 않고 입으로만 '주여, 주여' 부르짖고 심지어 주의 이름을 빌려 선지자 노릇 하고 귀신을 쫓아내고 많은 권능을 하는 모든 행위가 불법을 행하는 것이다(마 7:22-23). "나더러 주여 주여 하는 자마다 천국에 들어갈 것이 아니요 다만 하늘에 계신 내 아버지의 뜻대로 행하는 자라야 들어가리라"(Not every one that saith unto Me, Lord, Lord, shall enter into the kingdom of heaven; but he that doeth the will of My Father which is in heaven. 마 7:21).

심는 대로 거두게 된다. 열매를 보아 그 나무를 알 수 있다. 위선자는 최후 심판의 문턱에서 걸리게 되어 있다. 선한 척, 거룩한 척, 진실한 척, 잘 믿는 척해도 마지막 심판 때 실상이 다 드러나게 되어 있다. 해질 때 양과 염소가 우리에 들어갈 때 갈라지듯, 주님의 심판 시 선인과 악인은 갈라서게 되어 있다. 이런 사실을 미리 깨닫고 진실하게 살아가면 지혜로운 사람이다. 화평으로 심어 의의 열매를 거두며(약 3:18), 행함과 진실함으로 사랑을 실천하여(요일 3:18) 오직 선을 행함으로 고난을 받고 참으면 이는 하나님 앞에 아름다운 것이다(벧전 2:20). 의인의 길은 하나님께서 인정해 주신다(시 1:6). 오직 여호와의 율법(말씀)을 즐거워하여 그 율법을 주야로 묵상하는 자는 복 있는 사람이다(시 1:1-2).

* 묵상을 위한 질문

(1) 나는 지금까지 어떤 씨를 뿌려왔는가?(교만의 씨, 욕심의 씨, 게으름의 씨 혹은 겸손의 씨, 선행의 씨, 감사의 씨)

(2) 나는 앞으로 아름다운 열매를 맺을 자신이 있는가?

(3) 하나님의 판단 기준은 형식이 아니라 마음 중심을 보시는데 나는 어떠한가? (보이는 형식에만 미화를 하고 있지는 않는

가? 보이지 않는 마음 관리는 어떻게 하는가?)

* 관련 찬송

496장(통합 260장, 새벽부터 우리 사랑함으로써 저녁까지 씨를 뿌려봅시다)

549장(통합 431장, 내 주여 뜻대로 행하시옵소서)

521장(통합 53장, 구원으로 인도하는 그 문은 참 좁으며)

* 묵상 기도

"생명의 주님이신 하나님, 저로 하여금 당장의 편안함과 안일함을 추구하는 어리석음에서 벗어나게 도와주시옵소서. 좁은 문 끝에 영생이 있음을 볼 수 있는 영적인 눈을 뜨게 해주시옵소서. 넓은 문으로 들어가고 있다면 지금 발길을 돌려 좁은 문으로 들어가게 인도해 주옵소서. 매일 매순간 하나님의 판단을 받는 날이 있음을 깨닫게 하시사 아름다운 열매를 맺는 씨앗을 성실하고 부지런히 꾸준히 심게 하옵소서. 내 뜻대로 마옵시고 아버지의 뜻을 깨닫고 순종하는 마음을 주옵소서. 사랑이 많으신 예수님의 이름으로 기도드립니다. 아멘."

6-4. "새 포도주는 새 부대에"(마 9:13-17)

"너희는 가서 내가 긍휼을 원하고 제사를 원하지 아니하노라 하신 뜻이 무엇인지 배우라 나는 의인을 부르러 온 것이 아니요 죄인을 부르러 왔노라 하시니라 그때에 요한의 제자들이 예수께 나아와 이르되 우리와 바리새인들은 금식하는데 어찌하여 당신의 제자들은 금식하지 아니하나이까 예수께서 그들에게 이르시되 혼인집 손님들이 신랑과 함께 있을 동안에 슬퍼할 수 있느냐 그러나 신랑을 빼앗길 날이 이르리니 그때에는 금식할 것이니라 생베 조각을 낡은 옷에 붙이는 자가 없나니 이는 기운 것이 그 옷을 당기어 해어짐이 더하게 됨이요 새 포도주를 낡은 가죽 부대에 넣지 아니하나니 그렇게 하면 부대가 터져 포도주도 쏟아지고 부대도 버리게 됨이라 새 포도주는 새 부대에 넣어야 둘이 다 보전되느니라."

예수께서 이 세상에 오심으로 하나님의 나라가 시작되었다. 새로운 시대가 도래한 것이다. 이 시대에는 새로운 생각과 마음가짐으로 살아가야 한다. 예수를 따르는 생활이란 1) 자기 자신을 부인하고(let him deny himself), 2) 자기 십자가를 지고(take up his cross), 3) 예수를 좇아야 한다(follow Him). 자신이 지금까지 살아온 삶의 기준과 판단이 십자가의 기준과 생각으로 변화될 때 예수를 온전히 따를 수 있다.

예수께서 갈릴리에서 사역하실 때 어느 날 세례 요한의 제자들(눅 5:33에서는 바리새인들과 서기관들)이 예수께 나아와 가로되 "우리와 바리새인들은 금식하는데 어찌하여 당신의 제자들은 금식하지 아니하나이까"(Why do we and the Pharisees fast oft, but thy disciples fast not?, 마 9:14) 하니 주님은 간단한 비유로 대답하셨다. "혼인집 손님들이 신랑과 함께 있을 동안에 슬퍼할 수 있느냐 그러나 신랑을 빼앗길 날이 이르리니 그때에는 금식할 것이니라"(마 9:15)고 하셨다. 예수님은 신랑이시고, 예수님이 제자들과 함께 계시는 시간은 혼인의 기간이며, 제자들은 혼인집 손님들이며, 신랑을 빼앗길 날은 십자가의 수난을 예고한 것이리라. 지금이라도 요한의 제자들과 바리새인들이 예수를 구세주(신랑)로 영접하면 금식 대신에 신랑과 함께 기뻐할 수 있다는 말씀이다.

주일에는 금식하지 않는다. 구원받은 기쁨을 함께 누리는 날이다(찬송 285장, 통합 209장 참고). 예수를 모시지 못하면 금식함으로 마음의 교만을 없애고 영적인 눈이 밝아져야 하는데, 저들은 잘못된 금식을 형식적으로 하고 있었다.

예수께서는 또 비유하여 다음과 같이 말씀하셨다. "생베 조각을 낡은 옷에 붙이는 자가 없나니 이는 기운 것이 그 옷을 당기어 해어짐이 더하게 됨이요(No man putteth a piece of new cloth unto an old garment, for that which is put in to fill it up taketh from the garment, and the rent is made worse. 마 9:16) 새 포도주를 낡은 가죽 부대에 넣지 아니하나니 그렇게 히면 부대가 디져 포도주도 쏟아지고 부대도 버리게 됨이라 새 포도주는 새 부대에 넣어야 둘이 다 보전되느니라"(Neither do men put new wine into old bottles: elso the bottles break, and the wine runneth out, and the bottles perish: but they put new wine into new bottles, and both are preserved. 마 9:17). "묵은 포도주를

마시고 새 것을 원하는 자가 없나니 이는 묵은 것이 좋다 함이니라"(No man also having drunk old wine straightway desireth new; for he saith, The old is better. 눅 5:39).

이 말씀은 예수의 가르침이 바리새인의 종교와 어떻게 다르다는 것을 밝힌 기독교의 본질에 대한 선언이다. 기독교는 새롭게 하는 생활의 비밀을 가르쳐 주고 있다. "그런즉 누구든지 그리스도 안에 있으면 새로운 피조물이라 이전 것은 지나갔으니 보라 새 것이 되었도다"(고후 5:17)라고 사도 바울은 쓰고 있다. 그리스도 안에서 새사람이 되면 모든 것이 달라진다. 인생관이 달라진다. 가치 있는 목표를 설정하게 된다. 자기도 놀랄 정도로 변하여 새사람이 된다. "새 포도주는 새 부대에" 라는 말의 뜻은 다음과 같다.

첫째로 주님의 말씀이 새롭고 창조적이라는 것이다. 새 포도주와 같이 그 내용이 옛것과 판이하게 다르다. 낡은 것을 그대로 보존하는 것이 아니라, 구습과 인습과 옛 전통을 깨뜨리고 완전히 새로운 것, 새 것으로 새롭게 태어나게 하는 것(=거듭남)이 복음이다. 주님의 나라는 새 하늘과 새 땅[新天新地]이다. 주님의 말씀은 낡은 것을 벗어버리게 하며 새로 창조되는 힘이 있다. 그래서 주님의 말씀은 항상 새롭고 생동력이 있다.

둘째로 혼합주의를 배격하는 것이 주님의 가르침이다. 이것과 저것을 섞으면 이것도 아니고 저것도 아닌 것이 되고 만다. 같은 종류로 짝을 삼아야 한다. 새 포도주는 새 부대에 걸맞다. 새 포도주와 헌 부대, 묵은 포도주와 새 부대는 맞지 않는다.

셋째는 새 포도주를 담기 위해 새 부대를 준비해야 한다. 그 낡은 부대를 터뜨리고 새 옷으로 갈아입으려는 노력이 날마다 있어야 한다. 습관적인 방종의 생활을 청산하고 날마다 새로이 빚어지는 새 포도주, 새 생명을 담고 입히기 위한 새 부대, 새 옷을 창출해야 한다. 열려진 미래의 시간 속에 새 시대를 향한 개혁운동이 날마다 있어야 한다. "너희는 유혹의 욕심을 따라 썩어져 가는 구습을 따르는 옛사람을 벗어 버리고 오직 심령이 새롭게 되어 하나님을 따라 의와 진리의 거룩함으로 지으심을 받은 새 사람을 입으라"(엡 4:22-24).

* 묵상을 위한 질문
(1) 우리 속의 헌 옷, 헌 부대는 어떤 것이 있는가? 고쳐야 할 고정 관념, 패러다임, 생각의 틀은 무엇인가?
(2) 새 옷과 새 부대는 어떻게 마련할 수 있나? 거듭남의 뜻은?
(3) 가나의 혼인잔치(요 2장)와 이 비유의 관계를 찾아보라.

* 관련 찬송
289장(통합 208장, 주 예수 내 맘에 들어와 계신 후 변하여 새사람 되고)
436장(통합 493장, 나 이제 주님의 새 생명 얻은 몸)
421장(통합 210장, 내가 예수 믿고서 죄시함 받아 니의 모든 것 다 변했네)

* 묵상 기도
"사랑의 하나님, 귀한 말씀 주셔서 감사드립니다. 지금까지 저는 헌 부대에 새 포도주를 채우려는 어리석은 생활을 해왔습니다.

아무리 귀한 말씀을 받아도 곧 터지고 찢어지는 부대이기에 변화를 받지 못했습니다. 이 시간 물과 성령으로 거듭나게 하시사 새로운 마음, 새로운 심령, 새로운 부대로 변화시켜 주시옵소서. 예수님의 이름으로 기도드립니다. 아멘."

6-5 "네 가지 땅에 떨어진 씨"(마 13:1-9, 18-23)

"그날 예수께서 집에서 나가사 바닷가에 앉으시매 큰 무리가 그에게로 모여 들거늘 예수께서 배에 올라가 앉으시고 온 무리는 해변에 서 있더니 예수께서 비유로 여러 가지를 그들에게 말씀하여 이르시되 씨를 뿌리는 자가 뿌리러 나가서 뿌릴새 더러는 길가에 떨어지매 새들이 와서 먹어 버렸고 더러는 흙이 얕은 돌밭에 떨어지매 흙이 깊지 아니하므로 곧 싹이 나오나 해가 돋은 후에 타서 뿌리가 없으므로 말랐고 더러는 가시떨기 위에 떨어지매 가시가 자라서 기운을 막았고 더러는 좋은 땅에 떨어지매 어떤 것은 백 배, 어떤 것은 육십 배, 어떤 것은 삼십 배의 결실을 하였느니라 귀 있는 자는 들으라 하시니라."

"그런즉 씨 뿌리는 비유를 들으라 아무나 천국 말씀을 듣고 깨닫지 못할 때는 악한 자가 와서 그 마음에 뿌려진 것을 빼앗나니 이는 곧 길 가에 뿌려진 자요 돌밭에 뿌려졌다는 것은 말씀을 듣고 즉시 기쁨으로 받되 그 속에 뿌리가 없어 잠시 견디다가 말씀으로 말미암아 환난이나 박해가 일어날 때에는 곧 넘어지는 자요 가시떨기에 뿌려졌다는 것은 말씀을 들으나 세상의 염려와 재물의 유혹에 말씀이 막혀 결실하지 못하는 자요 좋은 땅에 뿌려졌다는 것은 말씀을 듣고 깨닫는 자니 결실하여 어떤 것은 백 배, 어떤 것은 육십 배, 어떤 것은 삼십 배가 되느니라 하시더라."

마태복음 13장은 비유의 장이라고 불린다(막 4장, 눅 6장 참고). 여기에는 모두 7개의 비유가 나온다. 51-52절도 비유라고 간주하면 8개의 비유가 된다. 이렇게 많은 비유가 한 장에 나오는 것은 유일하다. 마태복음 13장의 비유를 보면 처음 넷은 대중들에게 하셨고, 나중 넷은 제자들에게만 하신 것이다.

첫 번째 비유는 전주곡이면서 서론이기 때문에 13장에 나오는 비유 전체를 대표하는 비유이다.[28] "천국은 마치……." 이는 직유법 비유이다. 이 비유 가운데 첫 번째에 해당하는 네 가지 밭에 뿌려진 씨 비유와 겨자씨와 누룩 비유만 설명하고 있어 초대 교회의 성경 공부의 원형을 듣는 기분이다. 예수께서 제자들만 따로 함께 하는 시간인 저녁시간에 설명하신 것이다. 모든 비유가 천국에 대한 가르침이므로 다른 비유는 굳이 설명하지 않더라도 다 이해할 수 있는 내용이기에 생략할 수 있다.

첫 번째 비유는 한 농부가 씨를 뿌리는데 더러는 길가에(by the way side), 더러는 흙이 얇은 돌밭에(upon stony places), 더러는 가시떨기 위에(among thorns), 더러는 좋은 땅에(into good grounds) 떨어졌는데, 이 중에 결실한 곳은 좋은 땅이라는 것이다. 당시 농경법은 오늘날과 달라 잘 다듬어진 경작지에 씨를 뿌리는 방법이 아니라 원시적인 방법으로 농부가 씨앗을 널리 뿌린다. 그래서 어떤 씨는 길가에 떨어지나 새들이 와서 먹어버리고, 어떤 씨는 흙이

---

[28] 이 비유 해석의 제목이 무엇이냐 하는 것은 주제 파악에 중요한 지침이 된다. Goebel 같은 이는 제목을 "밭의 종류"(divers soils)로 했다. C. H. Dodd는 씨 뿌리는 자라고 했다. 즉 그에 의하면, 이 비유는 씨 뿌리고 밭을 가는 팔레스타인의 환경 속에서 이해해야 된다는 것이다. 그는 여기서 가르치려고 하는 것은 농부가 많은 헛된 노동(여기서는 4분의 3)에 직면하나 그럼에도 불구하고 만족할 만한 추수가 있음을 가르치는 데 있다고 하였다. 다시 말하면, 하나님 나라의 현재적 활동을 강조한 것으로 씨알의 풍성한 열매에 대한 비전과 격려를 주면서 또 한편으로는 헛된 수고가 따를 것을 경고한다는 것이다.

얇은 돌밭에 떨어지매 흙이 깊지 아니하여 곧 싹이 나오나 해가 돋은 후에 타서 뿌리가 없으므로 말라버리고, 어떤 씨는 가시떨기 위에 떨어지는데 가시가 자라서 기운을 막아 결실하는 데 실패하게 된다. 하지만 좋은 땅에 떨어진 씨앗은 뿌리도 내리고, 줄기도 자라고, 가지도 내고, 결실하여 마침내 100배, 60배, 30배(막 4:8에서는 30배, 60배, 100배; 눅 8:8에서는 100배로 나옴)[29]의 수확을 하게 된다는 것이다.

농부가 가장 기뻐하는 순간은 자신이 뿌린 씨가 열매를 풍성하게 맺어 수확하는 때이다. 그래서 이스라엘의 수확은 잔치로 연결된다. 보아스도 수확의 잔치 때 룻의 요청으로 결혼까지 연결한다. 반대로 제일 화가 나는 것은 자신이 뿌린 씨가 좋은 열매를 맺지 못하는 것이다. 극상품 포도를 심었는데 들포도가 맺히는 것은 참기 어렵다(사 5:2-4). 포도원에 무화과나무를 심은 후 결실기에 아무 열매가 없었고, 3년 동안 계속 열매 없는 상태로 남아 있자 이를 찍어버리라고 명한다(눅 13:6-9). 농부를 기쁘게 하는 것은 풍성하고 건강한 열매를 많이 맺는 것이다. "너희가 열매를 많이 맺으면 내 아버지께서 영광을 받으실 것이요 너희는 내 제자가 되리라"(요 15:8).

네 가지 밭 가운데 열매를 풍성하게 맺은 땅은 '좋은 땅'(옥토)뿐이다. 미국 중서부에 가면 옥수수 농사를 많이 짓는다. 비옥한 땅을 보니 검은 색깔의 풍부한 영양분을 함유한 땅이다. 씨가 떨어지면 온도와 수분과 영양분을 잘 맞추어 씨알을 깨고 나온 뿌리가

---

[29] 100배의 결실이란 최고의 풍작을 의미한다(창 26:12, 이를 하나님의 복과 연관시킨다).

땅에 잘 활착한다. 그리고 여기서 줄기가 자라고 계속 영양분을 공급하고 비, 바람, 햇볕으로부터 에너지를 공급받아 병충해를 잘 이겨내고 마침내 열매를 맺어 좋은 옥수수, 콩, 과일이 추수된다.

(1) 그러나 길가에 뿌려진 씨앗은 복음의 씨를 깨닫지 못해서 악한 자, 사탄이 와서 그 복음을 빼앗아가 버린다는 것이다. 이는 영적 감각을 상실한 굳은 심령으로 영치(靈癡)라고 할 수 있다. 우리는 말씀을 듣고 깨달아야 한다. 마음판에 새겨야 한다. 그렇지 못하면 사탄이 와서 가져가 버린다. 우리는 복음을 사탄에게 빼앗기지 않아야 한다. 구원의 말씀을 깨달으면 그것이 마음에 새겨져 구원을 얻고 치유를 받을 수 있다. 진리의 말씀으로 죄와 육체로부터 자유를 누릴 수 있다. 말씀을 듣고 깨닫는 것이 얼마나 중요한 것인지 알 수 있다. 그래서 길가와 같은 마음 상태에 있는 자는 "주여, 나를 깨뜨려 주소서. 굳은 마음을 제하고 부드러운 마음으로 할례 받게 하소서" 하고 간구하며 성령님의 인도를 받아야 한다. 길가는 보호받지 못한다. 새들의 공격에 노출되어 있다. 집중이 되지 않는다. 그러므로 길가를 옥토로 만들어야 한다. "너희가 자기를 위하여 공의를 심고 인애를 거두라 너희 묵은 땅을 기경하라"(Break up your fallow ground, 호 10:12).

(2) 돌밭에 뿌려졌다는 것은 말씀을 듣고 즉시 기쁨으로 받으나 그 속에 뿌리가 없어서 잠시 견디다가 말씀으로 인하여 환난이나 핍박이 오면 곧 넘어지는 자의 심령이다(마 13:20). 말씀을 듣고 은혜를 받고 좋아하지만 말씀의 뿌리를 내리지 못하여 환난이나 핍박이 오면 곧 넘어지고 만다. 허리케인이나 태풍이 지나갈 때 뿌리가 깊지 못한 나무는 쉽게 넘어진다. 용비어천가에 있듯이 뿌리

깊은 나무는 가뭄에도 잘 견딘다. 뿌리가 없는 신앙은 시험이나 어려운 일을 감당하지 못한다. 돌밭을 깨어서 옥토로 만들자. 다이너마이트로 반석 같은 마음을 깨뜨려서 좋은 땅으로 일궈나가면 된다. 믿음으로 말씀을 받아들이고 순종하며 실천하면 뿌리가 내린다. 모래 위에 집을 짓지 말고 반석 위에 집을 짓자. 반석 위에 집을 짓는 자는 말씀의 뿌리를 든든하게 내리는 자이다. 어떤 홍수, 창수, 큰 바람에도 견디어 낸다.

(3) 가시떨기와 같은 마음에 떨어진 씨앗은 말씀을 들으나 세상의 염려와 재리의 유혹, 향락으로 인해 기운이 막혀 자라다가 중도 하차하는 경우를 말한다(마 13:22; 눅 8:14). 사도 바울이 디모데에게 권면하는 말씀에서 말세에 일어날 현상에 대하여 설명하는 부분이 바로 가시떨기에 대한 내용이다. "너는 이것을 알라 말세에 고통하는 때가 이르러 사람들이 자기를 사랑하며 돈을 사랑하며 자랑하며 교만하며 비방하며 부모를 거역하며 감사하지 아니하며 거룩하지 아니하며 무정하며 원통함을 풀지 아니하며 모함하며 절제하지 못하며 사나우며 선한 것을 좋아 아니하며 배신하며 조급하며 자만하며 쾌락을 사랑하기를 하나님 사랑하는 것보다 더하며 경건의 모양은 있으나 경건의 능력은 부인하니 이 같은 자들에게서 네가 돌아서라"(딤후 3:1-5).

극단의 이기주의, 쾌락주의, 세속주의, 인본주의, 배금주의 등이 인생을 얼마나 비참하고 황폐하게 만드는지 모른다. 염려가 말씀을 자라게 하는 데 얼마나 방해가 되는지 모른다. 돈에 매여 사는 인생이 얼마나 허무하고 불안정한지 모른다. 농사짓다가 가시떨기를 만나면 우리는 불로 태워 거름으로 삼을 수 있다. "정욕과 죄악에 물든 맘을 성령의 불길로 태우사 정결케 하소서 태우소서. 깨끗게 하여 주옵소서"(찬송 197장 2절, 통합 178장)

(4) 좋은 땅에 떨어진 씨는 말씀을 듣고, 깨닫고, 이해하고, 실천하여 100배, 60배, 적어도 30배의 결실을 맺는 것이다. 말씀을 듣는 대로 마음에 받아들인다(accept, 막 4:20). 100퍼센트 그대로 받아들인다. "착하고 좋은 마음으로 말씀을 듣고 지키어(hold it fast) 인내로 결실하는 자니라"(눅 8:15). 믿음으로 말씀을 받고 순종함으로 실천하고 인내로 결실하는 자이다. 믿음이 확고부동하며 준비된 마음으로 은혜를 사모하는 마음 상태이다. 씨알이 표면에도, 안에도, 밑에도, 속에도 있을 뿐 아니라 위로 솟아나와 열매를 맺는다.

말씀의 100배, 60배, 30배 수확을 하려면 다음과 같아야 한다.

(1) 말씀을 들어야 한다. 믿음은 들음에서 나온다(롬 10:17).

(2) 말씀을 묵상해야 한다. 묵상이란 단어의 히브리어 '하가'(시 1:2)의 뜻은 '반쯤 소리내어 중얼거리다, 자신의 숨소리를 들을 정도로 집중한다' 는 의미가 있다. 즉 말씀을 외워 암송하는 소리를 다시 듣는다는 뜻이다. 늘 들은 말씀을 밤낮으로 묵상해야 한다.

(3) 말씀을 깨달아야 한다. 그래서 우리는 평생 말씀 연구에 몰두해야 한다. 그 말씀의 깊은 뜻까지도 깨달아 주님의 뜻을 분별해야 한다.

(4) 말씀을 받아들여야 한다. 그 말씀을 나의 고정 관념, 가치관, 인생의 목표, 생활 기준으로 삼아야 한다.

(5) 말씀을 마음속 깊이 간직해야 한다. 내 심령을 마르지 않고 변하지 않는 말씀의 생수 근원으로 만들어야 한다.

(6) 결실을 위한 인내를 해야 한다. 한 열매가 풍성하게 맺히기 위해서는 온갖 풍상세월을 겪어야 한다. "보라 농부가 땅에서 나는 귀한 열매를 바라고 길이 참아 이른 비와 늦은 비를 기다리나니 너희도 길이 참고 마음을 굳게 하라 주의 강림이 가까우니라"(약 5:7-8).

(7) 결실을 맺어 수확이 있어야 한다. 농부가 아무리 열심히 농사를 지어도 수확하지 못하면 소용이 없다. 주님께 바치는 것은 우리의 열매이다. "여호와여 이제 내가 주께서 내게 주신 토지 소산의 맏물을 가져왔나이다"(신 26:10). "오직 성령의 열매는 사랑과 희락과 화평과 오래 참음과 자비와 양선과 충성과 온유와 절제니 이 같은 것을 금지할 법이 없느니라"(갈 5:22-23). 이 비유의 주된 요점은 하나님 나라의 복음은 부분적인 성공이 있으며, 그 성공은 듣는 자의 반응에 의해 좌우된다는 것이다. 씨 뿌리는 자와 그것을 받는 특권을 가지는 자는 그것을 개선해야 할 책임이 있다는 것, 그리고 아무런 유익도 주지 못하는 청취자의 비참한 운명과 어떤 역경 속에서도 계속해서 씨를 뿌리는 자의 마지막 영광스러운 결과를 배울 수 있다는 교훈을 준다.

*묵상을 위한 질문
(1) 내 심령은 어떤 밭인가? 어떻게 좋은 땅으로 기경될 수 있는가?
(2) 100배 결실을 맺기 위해 나는 지금 무엇을 해야 하는가?
(3) 하나님께 바칠 열매는 준비되었는가?

*관련 찬송

197장(통합 178장, 은혜가 풍성한 하나님은 믿는 자 한 사람 한 사람)

190장(통합 177장, 성령이여 강림하사 나를 감화하시고)

591장(통합 310장, 저 밭에 농부 나가 씨 뿌려 놓은 후)

*묵상 기도

"하나님 아버지, 길가와 같은 제 심령을 갈고 닦아 할례 받게 하시고 복음의 말씀을 받아 자라게 하소서. 돌짝밭과 같은 심령을 성령의 권능으로 깨뜨려 주시고 주님의 말씀을 순종하는 밭으로 만들어 주옵소서. 야생마와 같은 마음을 준마로 변화시켜 주옵소서. 가시떨기와 같은 밭을 성령의 불로 태워 주시고 세상 근심, 재리의 유혹, 이생의 자랑을 태워 거름으로 삼아 큰 복음의 나무가 자라게 하옵소서. 그래서 좋은 땅으로 만들어 주시어 말씀을 들을 때마다 잘 깨닫고 묵상하고 실천하여 100배의 결심을 맺게 하옵소서. 풍성한 열매로 주님께 온전히 영광 돌리게 하옵소서. 사랑이 많으신 예수님의 이름으로 기도드립니다. 아멘."

6-6 "밀과 가라지의 비유"(마 13:24-30, 36-43)

"예수께서 그들 앞에 또 비유를 들어 이르시되 천국은 좋은 씨를 제 밭에 뿌린 사람과 같으니 사람들이 잘 때에 그 원수가 와서 곡식 가운데 가라지를 덧뿌리고 갔더니 싹이 나고 결실할 때에 가라지도 보이거늘 집 주인의 종들이 와서 말하되 주여 밭에 좋은 씨를 뿌리지 아니하였나이까 그런데 가라지가 어디서 생겼나이까 주인이 이르되 원수가 이렇게 하였구나 종들이 말하되 그러면 우리가 가서 이것을 뽑기를 원하시나이까 주인이 이르되 가만 두라 가라지를 뽑다가 곡식까지 뽑을까 염려하노라 둘 다 추수 때까지 함께 자라게 두라 추수 때에 내가 추수꾼들에게 말하기를 가라지는 먼저 거두어 불사르게 단으로 묶고 곡식은 모아 내 곳간에 넣으라 하리라."

"이에 예수께서 무리를 떠나사 집에 들어가시니 제자들이 나아와 이르되 밭의 가라지의 비유를 우리에게 설명하여 주소서 대답하여 이르시되 좋은 씨를 뿌리는 이는 인자요 밭은 세상이요 좋은 씨는 천국의 아들들이요 가라지는 악한 자의 아들들이요 가라지를 뿌린 원수는 마귀요 추수 때는 세상 끝이요 추수꾼은 천사들이니 그런즉 가라지를 거두어 불에 사르는 것같이 세상 끝에도 그러하리라 인자가 그 천사들을 보내리니 그들이 그 나라에서 모든 넘어지게 하는 것과 또 불법을 행하는 자들을 거두어 내어 풀무 불에 던져 넣으리니 거기서 울며 이를 갈게 되리라 그때에 의인들은 자기 아버지 나라에서 해와 같이 빛나리라 귀 있는 자는 들으라."

어떤 사람(집주인)이 자신의 종들을 통하여 밭에 씨를 뿌렸는데 얼마 있지 않아 그의 원수가 밤중에 그 밭에 와서 '가라지'(tare=

독보리, weed)30)씨를 뿌려 버렸다. 가라지란 일종의 잡초로 팔레스타인 지방에서 흔한 독초를 말한다. 줄기가 50cm내지 1m 되며 그 열매는 독이 있어 먹으면 복통, 구토, 현기증, 고열이 나서 매우 위험하다고 한다. 좋은 씨와 가라지가 싹을 낼 때 보니 가라지가 정상적인 씨보다 훨씬 더 크게 자라나고 있었다. 종들은 이 사실을 주인에게 보고한다. 그때 주인은 밀과 가라지의 외형이 너무나도 유사하기에 추수 때도 이르기 전에 잡초를 뽑아 내다가는 자칫 일부 밀도 상하게 될 것을 알고서, 종들에게 추수 때까지 둘 다 함께 자라도록 내버려 두라고 지시를 내린다. 또 다른 이유는 자라는 모습에서 모양과 빛깔이 비슷하여 이 둘이 잘 구별이 되지 않으나, 추수 때가 되면 쉽게 구별되기 때문이다. 추수 때가 이르면 추수꾼들에게 가라지를 먼저 뽑아 단으로 묶어 불태워 버리고 밀을 곳간에 거두어들이라고 하겠다는 것이다(30절).

예수께서는 제자들에게 이 비유에 대해 따로 설명해 주셨다. 좋은 씨를 뿌리는 이는 인자(人子)요, 밭은 세상이요, 좋은 씨는 천국의 아들(=의인)들이요, 가라지는 악한 자의 아들들이요, 가라지를 심은 원수는 마귀요, 추수 때는 세상 끝이요, 추수꾼은 천사들이다. 가라지를 먼저 거두어 불에 사르는 것같이 세상 끝에도 인자가 그 천사들을 보내어 저희가 그 나라에서 모든 넘어지게 하는

---

30) 여기서 가라지란 독보리(tare)를 말하는데 그냥 잡초가 아니라 위험한 곡식이다. 그것을 먹을 때 역겨움과 경련을 일으키며 설사가 나고 심하면 죽음을 가져온다. 그런데 모양이 비슷해서 구별하기가 쉽지 않다.

것과 또 불법을 행하는 자들을 거두어 내어 풀무 불에 던져 넣으리니 거기서 울며 이를 갈 것이다. 그때에 의인들은 자기 아버지 나라에서 해와 같이 빛날 것을 말한다(37-43절).

이 비유의 주제는 하나님께서 심판하실 때까지 의인과 악인이 함께 살게 허락하시나 악인은 반드시 처벌을 받게 되어 있다는 것이다. 최종적인 분리(separation)가 이뤄질 심판 장면을 묘사하고 있는 비유이다. 여기서 보니 종들은 잡초를 제거할 책임이 없다. 씨 뿌리는 자와 추수꾼이 반드시 같을 필요가 없음을 보여 주고 있다.

또한 최후의 심판이 있을 때까지 아직 시간이 더 필요하니 인내하는 법을 배우라는 교훈도 들을 수 있다.[31] 예를 들면 당시 열심당원들(Zealots)은 인내하지 못하고 가라지를 즉시 밀로부터 분리해 내고자 했다. 그들은 이런 행동이 로마제국의 멸망을 의미한다고 믿었다. 바리새인들 역시 그의 사역을 통해 하나님의 나라가 임하였다고 가르치는 예수를 비난하였는데, 그 이유는 천국과 더불어 악인의 심판이 있어야 할 터인데 실제의 상황은 달랐기 때문이다.

주님의 자녀들은 영적으로 항상 깨어 있어야 한다. 마귀는 우리가 잠자는 사이에 우리 심령에 가라지를 뿌리고 가버린다. 그래서 주님께서는 제자들에게 시험에 빠지지 않도록 항상 깨어서 기도하라고 하신다. 만약 가라지(악인)가 우리 속이나 곁에 동시에 자

---

31) Jeremias, *The Parables of Jesus*, p. 85.

라고 있어도 염려할 필요가 없음은 주님께서 마지막에 처리해 주시기 때문이다. 다만 가라지에게 영향을 받지 말고 굳건하게 우리의 알곡을 끝까지 곧게 키워나가면 된다. 마지막 날에 가라지는 먼저 심판을 받게 되어 있다. 주님의 말씀은 "가만 두어라"(29절)이다. 인간이 건방지게 하나님의 하시는 일에 간섭하거나 참견해서는 안 된다. 심판은 하나님께서 알아서 하신다.

세상에서 일어나는 악인의 형통함을 인하여 속상할 것이 없다. 가만 두기만 하면 하나님께서 마지막에 심판해 주시기 때문이다. "악을 행하는 자들 때문에 불평하지 말며 불의를 행하는 자들을 시기하지 말지어다 그들은 풀과 같이 속히 베임을 당할 것이며 푸른 채소같이 쇠잔할 것임이로다 여호와를 의뢰하고 선을 행하라 땅에 머무는 동안 그의 성실을 먹을 거리로 삼을지어다 또 여호와를 기뻐하라 그가 네 마음의 소원을 네게 이루어 주시리로다"(시 37:1-4).

가라지(독초, 잡초)에 굴하지 않고 끝까지 선을 행하여 결실하는 의인은 천국에서 해와 같이 빛날 것이다. "우리가 선을 행하되 낙심하지 말지니 포기하지 아니하면 때가 이르매 거두리라"(갈 6:9). "하나님은 모든 행위와 모든 은밀한 일을 선악 간에 심판하시리라"(전 12:14). 사탄의 힘으로는 진짜 성도를 제거할 수 없다. 따라서 모방 전략을 사용하여 혼란케 한다.[32] 교회에는 진짜와 가짜가 혼합되어 있으나 마지막 재림 시 분리된다는 진리를 명심하자. 씨 뿌리는 비유에서는 뿌리는 자, 씨알이 하나이다. 그러나 네 가지 다른 결과가 나타남을 보여준다. 그러나 밀과 가라지 비유에서는 씨를 뿌리는 자도 둘이요, 씨알도 두 종류이며, 추수도 두 가지로 나누어서 진행된다는 것을 가르치고 있다. 마귀의 간교함이 잘 드러난다. 에덴동산에서 인류의 최초 조상을 유혹한 마귀가 사람들이 잘 때에 가라지를 뿌렸다. 밭에는 혼합의 씨앗이 있다. 마찬가지로 교회는 선과 악이 공존하는 혼합된 공동체이다. 종들에게는 책임이 없다. 왜냐하면 농부들도 쉬어야 하는 밤에 마귀가 가라지를 뿌렸기 때문이다. 마지막에 하나님께서 저들의 열매와 한 일을 만천하에 드러내어 공개적으로 수치와 창피를 주는 심판이 있을 것이다. 그러나 가라지와 공존하면서도 인내로써 열매를 맺은 알곡은 아버지의 나라에서 해와 같이 빛날 것이다.

*묵상을 위한 질문
(1) 내 심령에 심겨진 가라지의 요소를 적어 보자.
(2) 원수가 와서 가라지를 뿌리지 않게 하기 위해서 어떻게 해야 하는가?
(3) 하나님의 심판대 앞에 설 것을 생각하며 살아가자.

*관련 찬송
587장(통합 306장, 감사하는 성도여 추수 찬송 부르세)
264장(통합 198장, 정결하게 하는 샘이)

---

32) A. L. Williams나 이상근 박사는 이 비유를 "교회 안에 들어와 사탄의 자식들과 공존해야 하는 하나님의 자녀들을 설명했다"고 해석한다. 장두만 박사는 "진짜에는 사탄의 모방이 따른다"고 해석했다.

589장(통합 308장, 넓은 들에 익은 곡식)

*묵상 기도

"하나님 아버지, 저희 심령에 좋은 씨를 뿌려 주시옵소서. 싹이 나고 자라며 많은 결실을 맺을 수 있게 도와주시옵소서. 항상 깨어 있어 원수가 가라지를 뿌리지 않게 하시며 제가 방심한 탓에 이미 뿌려진 가라지가 있으면 좋은 싹이 다치지 않게 끝까지 선을 행하여 주님께서 기뻐하시는 열매를 풍성하게 맺게 하옵소서. 예수님의 이름으로 기도드립니다. 아멘."

6-7 "겨자씨의 비유" (마 13장 31-32, 막 4:31-32, 눅 13:18-19)

"또 비유를 들어 이르시되 천국은 마치 사람이 자기 밭에 갖다 심은 겨자씨 한 알 같으니 이는 모든 씨보다 작은 것이로되 자란 후에는 풀보다 커서 나무가 되매 공중의 새들이 와서 그 가지에 깃들이느니라."

"겨자씨 한 알과 같으니 땅에 심길 때에는 땅 위의 모든 씨보다 작은 것이로되 심긴 후에는 자라서 모든 풀보다 커지며 큰 가지를 내나니 공중의 새들이 그 그늘에 깃들일 만큼 되느니라."

"그러므로 예수께서 이르시되 하나님의 나라가 무엇과 같을까 내가 무엇으로 비교할까 마치 사람이 자기 채소밭에 갖다 심은 겨자씨 한 알 같으니 자라 나무가 되어 공중의 새들이 그 가지에 깃들였느니라."

예수님께서 앞서 두 비유는 제자들에게 해석을 해주셨고, 나머지 6개 비유는 해석을 하지 않으셨다. 겨자씨의 비유는 직유법을 사용하고 있다. 천국은 마치 자기 밭에 심긴 겨자씨가 자라서 큰 나무처럼 성장하는 것이라고 한다. 천국의 말씀은 생명력을 가졌기에 놀랍도록 성장하는 것이 천국의 모습이라고 말씀하고 있는 것이다. 씨알 속에는 생명이 있기에 힘이 있고 자랄 수 있다. 천국의 위력은 가장 적은 겨자씨 한 알 속에 가진 생명이 외부로 자라서 새가 깃들 만큼(적어도 2미터 이상) 자란다는 것이다.

나는 이스라엘에서 겨자나무를 보았는데, 그 키가 1미터 50센티미터 정도 되는 나무부터 4미터 가량 되는 나무도 보았다. 우리말에 작은 것을 표현하는 말로 '눈곱처럼 작다'는 표현을 히브리적 사고로 표현할 때는 겨자씨처럼 작다고 말한다. 한 방울의 피도 희생하지 않는 인색한 사람을 '겨자씨만큼도 피 흘리지 않는 사람'이라고 한다. 또 까다로운 안식일 법을 겨자씨처럼 까다롭다고 표현한다. 옷고름 매고 푸는 것, 앉고 서는 일, 해서는 안 되는 일을 자세히 규정하고 있는 안식법의 판례가 700여 가지인데 이를 두고 하는 말이다. 냉면 먹을 때 넣는 겨자의 알을 보면 작다. 이스라엘 현지에 가 보면 북방의 겨자와 남방의 겨자가 차이가 있다. 남방의 겨자씨가 더욱 작고 둥글다. 갈릴리에서 파는 겨자씨보다는 베다니에서 파는 겨자씨가 더욱 실감난다. 작은 좁쌀만 하다. 주님께서 "우리에게 믿음을 더하소서" 하는 제자들의 요청에 대답하시기를 "너희에게 겨자씨 한 알만한 믿음이 있었더라면 이 뽕나무(사실은 돌감람나무)더러 뿌리가 뽑혀 바다에 심기어라 하였을 것이요 그것이 너희에게 순종하였으리라"(눅 17:5-6)고 하셨다. 사방으로 널리 뻗어 있는 뽕나무가 뽑혀진다는 것은 절대 불가능하지만, 가장 적은 믿음의 위력은 이를 가능케 만들 수 있다는 것이다. 이 나무가 뿌리째 뽑혀 바다에 심겨질 수 있다는 것이다.

예수께서는 변화산에서 내려오셔서 산 밑에서 기다리던 간질병 소년을 고쳐 주셨다. 그후 제자들이 왜 자기들은 고칠 수 없었는지 묻는 질문에 예수께서 대답하시되 "너희 믿음이 작은 까닭이니라 진실로 너희에게 이르노니 만일 너희에게 믿음이 겨자씨 한 알 만큼만 있어도 이 산을 명하여 여기서 저기로 옮겨지라 하면 옮겨질 것이요 또 너희가 못할 것이 없으리라"(마 17:20)고 하셨다. 산을 다른 곳으로 옮기는 힘이 바로 겨자씨만큼의 작은 믿음이라도 있으면 가능하다는 것이다.

본문 말씀을 다시 한 번 음미하며 묵상해 보자. "천국은 마치 사람이 자기 밭에 갖다 심은 겨자씨 한 알 같으니 이는 모든 씨보다 작은 것이로되 자란 후에는 풀보다 커서 나무가 되매 공중의 새들이 와서 그 가지에 깃들이느니라"(마 13:31-32).

하늘나라는 예수 그리스도의 초림과 함께 이 땅에 임하여 말씀의 선포로 확장되며, 주님의 재림과 함께 완성된다. 농사로 말하면 밭을 갈고, 파종(씨앗을 뿌리고)하며, 양육하고, 마침내 열매를 거두는 모습이 겨자씨가 큰 겨자나무로 자람과 같다. 가장 작은 것이 가장 큰 나무로 자란다는 것이다. 실로 놀라운 일이다. 이 모든 과정을 주관하시는 분은 하나님이시다. 하나님의 뜻이 씨앗과 같이 작을지라도 생명과 권능이 있기에 그 세력이 점점 확장되어 물이 바다를 덮음같이 온 세상에 주님의 뜻이 이뤄지며, 그 뜻이 이뤄진 곳이 바로 하늘나라이다. 그래서 우리는 "이름이 거룩히 여김을 받으시오며 나라가 임하시오며 뜻이 하늘에서 이루어진 것같이 땅에서도 이루어지이다"(마 6:9-10)라고 기도한다.

바울 사도의 유럽 선교로 복음이 온 세계로 퍼진 것을 생각할 수 있다. 작은 불이 많은 나무를 태우는 것을 보면 불의 위력을 알 수 있다(약 3:5). 1706년 매사추세츠 주 북서쪽 끝자락에 위치한 윌리엄스 타운의 윌리엄스 대학에서 5명의 학생들이 기도하다가 폭우를 만나 건초더미에 들어가 계속 기도회를 가졌다. 여기서 성령의 불을 받고 시작된 기도회가 70년 후 무디(D. L. Moody)의 지도로 10만 명의 대학생들이 해외 선교하겠다고 자원하게 되었고, 그 여파로 일본, 인도, 한국의 선교가 본격적으로 시작되었던 것이다. 복음의 역사는 미미하게 시작되었지만 상상할 수 없는 엄청난 역사가 지금도 계속 이뤄지고 있다.

겨자씨는 자랄 때 소리 없이 조용하게 자란다. 하나님의 역사는 세미한 음성으로 나타나며 아무도 눈치채지 못하는 골방에서 큰 역사가 이뤄지고 있다. 큰 역사의 시초는 조용하면서 큰 운동력이 있다. 우리도 예수님의 생명을 받아야 한다. 주님으로 하여금 일하시게 하면 된다. 복음은 생명이며, 교회는 생명이 있어야 하며, 말씀 속에는 살아 운동력이 있는 생명이 있다. 살아 움직이는 진리를 가지고 있다. 이는 생명의 빛이요, 생명의 양식이며, 생명수이다. 생명이 있기에 자랄 수 있고, 열매 맺을 수 있고, 부활할 수 있다. 이것이 생명의 신비이다. 우리는 이 생명의 신비를 소중하게 여겨야 한다. 겨자씨의 복음이 위대한 인물을 만든다. 눈에 보이지 않지만 지금도 자라게 하고, 일하게 하며, 능력을 행하게 하는 것이 겨자씨같이 작지만 생명을 지닌 믿음이다.

주님께서는 3년 공생애 기간 중 겨자씨 같은 복음의 씨앗을 부지런히 뿌리셨고, 제자들도 땅끝까지 이 씨를 뿌렸다. 그러자 하나님께서 자라게 하시고 열매 맺게 하셨다. 이 비유는 미래에 일어날 일을 말씀하시는 것이 아니라 현재 이곳에서 천국이 성장하고 있다는 것이다. 교회는 지금 성장해야 하는 것이다. 겨자씨는 매우 빠르게 성장하는 특징이 있다.

*묵상을 위한 질문
(1) 나 자신의 믿음 속에는 생명이 있는가?
(2) 나는 얼마만큼 자라고 있는가?
(3) 새들이 깃들 만큼의 나무가 되기 위해서 어떻게 해야 하는가?

*관련 찬송

600장(통합 242장, 교회의 참된 터는 우리 주 예수라)

520장(통합 257장, 듣는 사람마다 복음 전하여)

588장(통합 307장, 공중 나는 새를 보라)

*묵상 기도

"하나님 아버지, 겨자씨만 한 것이라도 생명력 있는 믿음을 가지게 하소서. 제 심령 속에 심겨진 믿음이 자라게 하옵소서. 믿음에서 믿음에 이르게 하는 성장이 있게 하시고 믿음으로 늘 살게 하옵소서. 주님께서 기뻐하시는 믿음의 거목이 되어 온전히 주님만을 기쁘시게 하옵소서. 믿음으로 살아가는 의인이 되게 하옵소서. 지혜와 믿음이 매일 자라나게 하옵소서. 사랑 많으신 예수님의 이름으로 기도드립니다. 아멘."

6-8 "전부 부풀게 한 누룩 비유"(마 13:33, 눅 13:20-21)

"또 비유로 말씀하시되 천국은 마치 여자가 가루 서 말 속에 갖다 넣어 전부 부풀게 한 누룩과 같으니라."

"또 이르시되 내가 하나님의 나라를 무엇으로 비교할까 마치 여자가 가루 서 말 속에 갖다 넣어 전부 부풀게 한 누룩과 같으니라 하셨더라."

누룩의 비유는 마가복음에는 누락되고 마태복음과 누가복음에 나온다. 두 복음서에서는 앞서 살핀 겨자씨가 자라 나무를 이룬 비유와 이 누룩 비유를 나란히 배치한다. 두 비유 모두 성장(자라남)을 가르치고 있다. 집안의 음식을 담당하는 주부가 가족들이 내일 먹도록 세 끼의 빵을 준비하는데, 자기 전 가루 서 말(three measures of meal) 속에 누룩을 넣어 두면 다음 날 아침에 잘 부풀어 있어서 조반, 중식, 석식으로 빵을 만들 수 있다는 것이다. 천국도 이와 같으니, 가루의 전부를 부풀게 하는 누룩처럼 우리의 믿음을 자라게 하며, 양육시키고, 맛을 내어 일용할 양식(daily bread)을 제공한다. 누룩이 가루 속에 골고루 들어가 영향을 미치듯이 하나님의 뜻이 우리 삶 속에 들어와 전체를 압도하게 된다.

빵을 주식으로 하는 나라(이스라엘, 중국, 미국, 유럽 등)에서 누룩은 매우 중요하다. 누룩이 없는 빵은 없다. 다 누룩으로 발효를 시킨다. 발효를 많이 시킬수록 시큼시큼하고 소화가 잘 된다. 빵을 만들 때 누룩 없는 빵은 건빵이나 비스킷처럼 무교병(mazzah, 복수는 mazzoth = unleavened bread)이다. 유교병은 평소 먹는 빵이다.

2010년 여름 동안 한국은 어느 해보다 무더위가 오래 갔다. 그

때 수목 드라마(16회분)로 방영된 〈제빵 왕 김탁구〉가 많은 시청자들을 끌어들여 최고의 인기를 누렸다. 이 드라마 덕분에 빵집마다 성업을 이루었다고 한다. 이 드라마에서는 빵을 만드는 철학, 예술, 가치관 등이 잘 어우러져 그려졌는데, 빵의 멋, 손맛, 냄새(향기), 경영이 인생의 멋진 모습처럼 멋지게 그려졌다. 여기서도 빵의 맛을 내는 데 밀가루 선택, 온도, 습도, 냄새, 굽는 기술, 시간 등이 중요하지만 가장 중요한 것은 누룩이라는 점을 강조한다.

누룩은 대체로 성경에서 부정적으로 쓰인다. 안식일에 집 안에 누룩이 있으면 불결하므로 집 안 대청소 시 누룩을 제거해야 한다. 주님께서 제자들에게 말씀하시기를 "삼가 바리새인과 사두개인들의 누룩을 주의하라"(마 16:6; 눅 12:1)고 하셨다. 제자들이 떡을 연상하자 주님께서는 다시 명확하게 설명하시기를 "믿음이 작은 자들아 어찌 떡이 없으므로 서로 논의하느냐 너희가 아직도 깨닫지 못하느냐 떡 다섯 개로 오천 명을 먹이고 주운 것이 몇 바구니며 떡 일곱 개로 사천 명을 먹이고 주운 것이 몇 광주리였는지를 기억하지 못하느냐 어찌 내 말한 것이 떡에 관함이 아닌 줄을 깨닫지 못하느냐 오직 바리새인과 사두개인들의 누룩을 주의하라"(마 16:8-11)고 하셨다. 그러자 그제서야 제자들이 떡의 누룩이 아니요 바리새인과 사두개인들의 교훈을 언급함을 깨닫게 되었다고 한다.

이 본문에서는 떡의 누룩과 거짓의 누룩 두 종류를 구별하여 설명하고 있다. 사람의 누룩은 당시 종교 지도자들의 외식과 거짓, 교만을 말하며 주님의 책망을 받는다(마 23장). 사도 바울도 나쁜 영향이 퍼져 나가는 것에 대해 "적은 누룩이 온 덩어리에 퍼지는 것을 알지 못하느냐"(고전 5:6)라고 함으로 악의 누룩의 전염성을 경고했다. 한 마리 미꾸라지가 온 개천을 흙탕물로 만든다(출 12:15; 레 2:11; 갈 5:9 참고).

그러나 예수님의 누룩 비유는 떡의 누룩이다. 좋은 면에서 말씀하신 것이다. 누룩은 내적인 성장, 내면적인 변화의 힘을 말한다. 불가시적으로 부풀게 하는 내면 성장을 의미하신 것이다. 우리는 좋은 영향을 끼치는 누룩이 되어야 한다. 요셉 한 사람으로 인하여 이집트가 복을 받은 것은 요셉이 좋은 누룩의 역할을 잘했기 때문이다. "너희는 누룩 없는 자인데 새 덩어리가 되기 위하여 묵은 누룩을 내버리라 우리의 유월절 양 곧 그리스도께서 희생되셨느니라 이러므로 우리가 명절을 지키되 묵은 누룩으로도 말고 악하고 악의에 찬 누룩으로도 말고 누룩이 없이 오직 순전함과 진실함의 떡으로 하자"(고전 5:7-8; 레 7:13, 23:15-18 참고).

빵 전부를 부풀게 하는 누룩은 하나님 나라의 권능을 말한다. 빛이 없는 곳에 어둠이 있으나 빛이 켜지는 순간 어둠은 물러가듯이 하나님 나라의 권능이 임하면 말씀과 함께 급속도로 널리 영향을 미친다. 겨자씨의 비유처럼 이 비유도 적은 것으로부터 점점 크게 확장되어 가는 뜻이 담겨 있다. 이는 능력 있는 성장을 말한다. 겨자씨 비유는 자체의 성장을 말하지만, 누룩은 밀가루를 변질시켜 부풀게 한다는 차이가 있다. 자체 확장(양적 성장)만 아니라 다른 것에도 구체적으로 영향을 끼치는 질적 변화를 말한다. 누룩은 보이지 않지만 적은 것이 서 말의 밀가루 속에 들어가면 변화를 주어

부풀어 오르게 만든다. 그래서 밀가루 전체가 누룩화된다.

이처럼 예수 믿는 사람은 비도덕적인 사회를 변화시키는 누룩이 되어야 한다. 내가 먼저 누룩화되어야만 남을 누룩화시킬 수 있다. 내가 먼저 예수님을 본받고 경건하게 살아야 남에게도 예수님을 증거할 수 있다. 누룩은 소리 없이 변화시킨다. 마찬가지로 눈치채지 못하게 변화시켜 나가야 한다. 예수님을 수십 년 동안 믿고 교회생활을 그렇게 오래 해도 가정을 복음화시키지 못하고 내 이웃, 친구, 동네를 복음화시키지 못했다면, 내가 과연 온전히 누룩화되지 못해서 그렇다.

누룩은 전염성이 강해 금방 남에게 영향을 준다. 공산당은 기독교를 아편에 비유하며, 기독교를 박해하는 관원들은 기독교를 염병(pestilent)에다 비유한다(행 24:5). 그런데 정작 기독교인들이 아편처럼 영향력도 없고, 염병처럼 전염성이 강한 전도나 선교를 하지 못한다면 문제가 있는 누룩이 아닌가? 선교 현장에 가 보면 박해 상황 속에도 복음이 은밀하게 널리 전파되고 있다. 이슬람권에서는 많은 이들이 꿈속에 예수님을 만났다고 하면서 복음을 받아들이는 자생적 기독교인들이 늘고 있다. 한때 중국에서도 그러했다. 이것이 바로 소리 없이 퍼지는 누룩이다. 박해 시기에 로마 황실에서 황제의 친인척이 예수를 믿는 누룩이 퍼져나간 것이 기독교를 공인하고 국교로 삼는 데 실질적으로 공헌한 점을 기억한다.

청교도(Puritan)의 조상은 해적 바이킹(Viking)이었다. 이 해적들은 바다와 싸우면서 해적질을 하기에 노젓는 것을 비롯하여 매사에 생각을 많이 하여 머리가 우수한 해적이 많았다. 이 해적들이 해적의 후예를 어떻게 훌륭하게 이어나갈 것인가 생각한 끝에 가장 깨끗한 여자를 찾아 결혼하는 길을 고안했다고 한다. 당시 주위의 대부분의 여자들이 방탕하고 병이 많아 매력이 없었으나, 여러 나라를 다녀보아도 기독교 여성들이 가장 정결한 것으로 판단되어 닥치는 대로 기독교 여성들을 잡아다가 강제로 결혼을 시켰다고 한다. 깨끗하고 좋은 자식을 낳겠다는 생각에서다. 기독교 여성들은 신앙으로 자녀를 키우면서 성경을 읽어 주고 기도를 가르치며 깨끗하게 키우는 데 최선을 다했다고 한다. 이렇게 키운 자들이 훗날 청교도의 조상이 되었다고 한다. 바이킹이 아무리 큰 소리로 칼을 휘두른다 해도 가문은 완전히 여성들의 믿음으로 정결하게 되어 퓨리턴('청결', 청교도)이 되었다는 것이다. 기독교 여성들이 누룩의 역할을 잘한 것이었다.

천국은 마치 누룩과 같다는 말씀은 우리의 신앙생활이 남에게도 잘 전달될 수 있도록 누룩의 역할을 해야 하며, 나 자신이 복음으로 누룩화되어 전도인으로 살아갈 것을 촉구하고 있다. 믿음의 사람들은 이런 천국의 누룩 역할을 잘 감당해 왔다. 오늘날 이 복음의 누룩을 미전도 종족에게 가서 은밀하게 뿌릴 자가 누구인가?

여기서 말하는 여인은 (1) 열국(사 47:5), (2) 도시(렘 6:2), (3) 교회(갈 4:26; 계 21:1, 6, 17)라고 주경학자들은 말한다. 그러나 천국의 비밀을 아는 성도라고 이해하면 된다. 즉 하나님 나라의 내적인 성장과 성숙을 맛본 거듭난 성도를 의미한다.

*묵상을 위한 질문

(1) 내 속에 천국의 권능이 담긴 누룩이 있는가?

(2) 나는 복음으로 누룩화되어 이웃에게 얼마나 영향을 끼치고 있는가?
(3) 가루를 전부 부풀게 한 누룩이 오늘 이 시간 나의 삶을 지배하고 있는가?

*관련 찬송

390장(통합 444장, 예수가 거느리시니 즐겁고 평안하구나)
391장(통합 446장, 오 놀라운 구세주 예수 내 주)
502장(통합 259장, 빛의 사자들이여 어서 가서)

*묵상 기도

"은혜와 사랑이 풍성하신 하나님, 저로 하여금 천국의 누룩으로 변화시켜 주옵소서. 사랑의 누룩, 감사의 누룩, 은혜의 누룩, 축복의 누룩으로 저의 삶 전체를 다스려 주옵소서. 우리 가정을 복음화시키며, 이웃을 복음화시키는 데 누룩이 되게 하옵소서. 나쁜 누룩은 틈타지 못하게 면역력을 강화시켜 주시며, 좋은 누룩의 영향을 마음껏 받게 하옵소서. 사랑 많으신 예수님의 이름으로 기도드립니다. 아멘."

6-9 "밭에 감추인 보화 비유" (마 13:44)

"천국은 마치 밭에 감추인 보화와 같으니 사람이 이를 발견한 후 숨겨 두고 기뻐하며 돌아가서 자기의 소유를 다 팔아 그 밭을 사느니라."

마태복음 13장 44-50절에 나오는 세 가지 비유는 마태복음에만 나오는 천국 비유이다. 또한 일반 대중에게 말씀하신 것이 아니고 제자들에게만 했다. 대중에게 하신 천국 비유들은 천국의 외형적인 면을 주로 말씀하신 데 비해, 제자들에게는 천국의 본질과 귀중함, 내면적인 면을 더 구체적으로 보여 주신 것이다.

어떤 소작농이 밭에서 일하다가 보물 상자를 발견한다. 이스라엘 역사를 살펴보면 남방에서 북방으로 확장하려는 이집트와 남방으로 진출하려던 메소포타미아의 나라들이 만나 전쟁터로 사용된 곳이 바로 팔레스타인이었다. 므깃도 지역의 전쟁은 유명하다. 그래서 앞으로 마지막 전쟁터가 아마겟돈(Armageddon = Har-Amageddon), 즉 므깃도의 언덕이다. 이처럼 불안한 때에 보화를 가진 부자들은 자기 소유지 중 은밀한 곳을 택하여 보물 상자를 묻고 피난을 간다. 피난 도중에 죽거나 오랫동안 타민족 지배를 받는 동안 결국 고향에 돌아오지 못하고 죽는 경우가 있다. 그 자손이 다시 고향에 돌아오지만 그 보물 상자를 알지 못하는 경우가 있다. 이런 경우에 어느 소작농이 일을 하다가 이를 발견한다. 그는 이를 다시 숨겨 놓고 기뻐하여 돌아가 자기 전 소유를 팔아서라도 그 밭을 산다. 그에게는 그 밭이 중요한 것이 아니라, 보물 상자를 발견했기 때문이다. 천국도 이처럼 소중한 것을 발견하면 여기에 올인(all-in)하게 된다는 것이다. 또 다른 가능성은 발견한 것이 금광(a mine of gold)인데 주인은 알지 못하고 있다.

문제는 '금광이든 보물 상자든 어떤 보물이든 소작농은 주인에게 이 사실을 알려야 하지 않는가? 주인에게 알리지 않고 갑자기 그 밭을 사겠다고 하여 산 후 그 보물을 차지하는 것은 정직하지 못한 행동이 아니겠는가?' 하는 견해도 있다. '그 밭만 구입했지, 그 밭에 있는 보물은 주인에게 돌려주어야 하지 않는가?' 하는 생각에 대해 어떻게 대답해야 하나? 주님께서 이 비유를 하신 목적은 그 농부의 행동을 옹호하려는 의도가 아니라 단지 그 부를 얻기 위해 그가 취한 행동의 방법을 언급하신 것이다. 그가 보물의 귀중함을 알고 자기의 전 소유를 팔아(전적인 헌신과 소중한 투자를 의미함) 그것을 구입하는 정성에 비중을 더 두신 것이다. 보물의 가치를 아는 자가 그 보물을 차지할 자격이 있다. "거룩한 것을 개에게 주지 말며 너희 진주를 돼지 앞에 던지지 말라 그것을 발로 밟고 돌이켜 너희를 찢어 상하게 할까 염려하라"(마 7:6). 개는 거룩한 것을 모르며, 돼지에게 진주는 아무런 가치가 없다. 거룩한 것은 예배자에게 소중하며, 진주는 그 가치를 아는 여인에게 소중하다. "개가 그 토하였던 것에 돌아가고 돼지가 씻었다가 더러운 구덩이에 도로 누웠다 하는 말이 그들에게 응하였도다"(벧후 2:22).

보화를 발견한 농부가 주인에게 알렸다 해도 그 주인이 그 가치를 모른다면 무시하거나 아무렇지 않게 다룰 수 있다. 헌책 파는 서점에서 굴러다니던 한 서적이 국보급의 서적이었다면 매우 소중하게 취급되었을 것이다. 그러나 그 가치를 인정받기 전까지 그 책은 헌책에 불과하다. 돌멩이로 굴러다니던 것이 나중에 알고 보니 고고학적으로 매우 소중한 자료였다면 그 가치를 모르고 수백 년 수천 년 방치되었던 시간 동안 대부분의 사람들에게는 전혀 가치가 없는 것으로 여겨졌던 것이다. 복음도 마찬가지이다. 그 가치의 중요성을 아는 사람만 은혜를 받는다. 에서는 장자권을 소홀히 여겼지만 야곱은 귀하게 여겼다. 결국 장자 축복 기도는 야곱의 몫이었던 것이다.

밭에 감추인 보화가 그렇게 소중하기에 자기의 전 재산을 다 파는 것을 주저하지 아니하는 농부의 태도는 매우 진지하고 적극적이다. '천국은 침노하는 자의 것이다'(마 11:12 ……the kingdom of heaven suffereth violence, and the violent take it by force.) 이 비유의 핵심이 바로 복음의 귀중성에 있다. 복음은 세상 그 어느 보화보다 귀중하다. "금 곧 많은 정금보다 더 사모할 것이며 꿀과 송이꿀보다 더 달도다"(시 19:10). "지혜를 얻은 자와 명철을 얻은 자는 복이 있나니 이는 지혜를 얻는 것이 은을 얻는 것보다 낫고 그 이익이 정금보다 나음이니라 지혜는 진주보다 귀하니 네가 사모하는 모든 것으로도 이에 비교할 수 없도다"(잠 3:13-15).

복음은 너무 귀하기에 보통 사람들은 그 가치를 모른다. 그래서 복음을 접하고 들은 후 세상의 모든 것을 희생하고 그것을 사려고 하는 태도를 찾아볼 수 없다. 그러나 정금보다 더 비싼 복음의 가치를 알면 모든 것을 다 포기할 수 있다. 성경 속에 감추어진 진리는 부지런히 탐구해야 한다. "이와 같이 너희 중의 누구든지 자기의 모든 소유를 버리지 아니하면 능히 내 제자가 되지 못하리라"(눅 14:33). 주님의 제자가 되는 것이 가장 귀하다면 우리는 모든 것을 희생할 줄 알아야 한다. 바울은 간증하기를 "또한 모든 것을 해로 여김은 내 주 그리스도 예수를 아는 지식이 가장 고상함을 인함이라 내가 그를 위하여 모든 것을 잃어버리고 배설물로 여김은 그리스도를 얻고"(빌 3:8)라고 했다. 바울의 회심 후의 태도는 밭에 감추인 보화를 발견한 농부처럼 자기의 모든 소유를 다 팔아 더욱 소중한 복음을 사서 기뻐하는 모습이다.

 이 비유는 다음 항목에서 다룰 진주 비유와 함께 천국의 무한한 가치와 그리스도의 희생을 보여 주고 있다. 이 두 비유는 상호 보충적이다. 보화를 발견한 기쁨을 강조하고 있다. 보화는 복음, 농부는 참된 진리를 발견한 성도라고 생각할 수 있다. 복음을 발견하면 이를 위해 모든 것을 희생하고 전적으로 헌신하게 되며, 그 은혜를 받은 기쁨 속에서 살아가게 된다는 것이다. 천국은 어떤 가치를 치르고서라도 소유할 만한 가치가 있음을 가르쳐 주고 있다.

 * 묵상을 위한 질문
 (1) 나는 감추어진 진리를 발견하려고 얼마나 노력했는가?
 (2) 나는 발견한 보화를 위하여 나의 모든 것을 희생하며 내려놓을 수 있는가?
 (3) 나는 이 보화를 인하여 기뻐하고 즐거워할 만큼 복음의 가치를 아는가?

 * 관련 찬송
200장(통합 235장, 달고 오묘한 그 말씀 생명의 말씀은)
202장(통합 241장, 하나님 아버지 주신 책은 귀하고 중하신 말씀일세)
94장(통합 102장, 주 예수보다 더 귀한 것은 없네)

*묵상 기도

"선한 목자 되시는 하나님 아버지, 귀한 말씀을 주셔서 감사드립니다. 지금까지 복음의 귀중함을 모르고 살았던 저를 용서해 주옵소서. 이제 금보다 더 귀중한 복음을 깨달았으니 저의 모든 것을 배설물처럼 여기고 예수님을 소유하는 지혜로운 성도가 되게 하옵소서. 사랑 많으신 예수님의 이름으로 기도드립니다. 아멘."

6-10 "좋은 진주 비유"(마 13:45)

"또 천국은 마치 좋은 진주를 구하는 장사와 같으니."

이 비유는 앞서 살핀 밭에 감추인 보화와 의미가 비슷하다. 보화는 집단적 의미가 있으나 이 비유는 진주라는 구체적인 보석을 말한다. 두 비유는 모두 발견하여 기뻐하며 그 발견한 것을 위해 모든 것을 다 희생하고 구입한다는 내용이다. 전자(밭에 감추인 보화)는 돈으로 계산되는 보화이지만, 후자(값진 진주)는 돈으로 계산할 수 없는 매우 소중한 것을 지칭한다. 교환 가치가 분명한 보화보다 더 높은 가치를 가지는 진주를 찾으러 온 세상을 다닐 각오가 되어 있는 모습을 볼 수 있다. 여기서 말하는 좋은 진주(goodly pearls)란 극히 값진 진주(pearl of great price)를 말한다. 부르는 것이 값이어도 꼭 구입해야 만족하며 기뻐한다는 것이다.

보석 전문가들이 말하는 좋은 진주란 크고 진액이 잘 묻어 나와 색깔과 성분과 조직이 완벽한 것이라고 한다. 그런 진주를 발견하면 자기의 소유를 다 팔아 그 진주에 투자해도 아깝지 않다. 밭에 감추어진 보화의 가치를 아는 자는 자기의 소유를 다 팔아 그 밭을 구해도 아깝지 않다는 말과 같다. 지금도 보석 전문가들은 단 하나의 최고의 진주를 찾아 전 세계로 방랑하고 있다고 한다. 그런 진주는 오랜 세월 동안 정교하게 만들어진 것으로 거의 없다고 한다. 대부분 진주는 조개 속에서 얻게 되지만 보다 좋은 진주는 물고기에서도 구한다고 한다. 물고기 속에서 얻은 진주는 큰 것이 많고 엄청나게 비싼 진귀한 보화의 가치가 있다. 대부분 진주 장사는 여기저기를 다니며 진주를 수집하기도 하고 팔기도 하지만, 너무도 귀한 진주를 만나면 팔지 않고 자신이 영구 보관용으로 간직하기 위해 이를 구입한다는 것이다. 여기에는 예술적 가치와 정신적 가치가 함께 어울려 있어, 진주의 참 가치를 오랫동안 간직하고픈 마음이 담겨 있다.

화이트로즈라는 흰 채색의 핑크빛이 황홀하게 감도는 것이 최고의 진주라고 한다. 흑진주는 검은 바탕에 녹색이 고고하게 도는 것이 최상품이다. 무지개 색상의 향연이 깔려 있는, 보면 볼수록 신비롭게 느껴지는 환상 같은 진주가 있다면 보석광들은 모든 것을 투자할 준비가 되어 있을 것이다. 예수님 당시의 최고의 보석은 진주였다. 다이어몬드는 원석을 정교하게 가공해야 그 진가를 발휘하지만, 2천 년 전에는 이를 가공할 기술이 발달되어 있지 않아 자연스럽게 가공되어 예쁘고 영롱한 빛을 내는 진주가 최고의 보석이며 환상적인 보석이었다. 따라서 진주 사업은 매우 인기가 있었으며, 진주는 많은 사람들이 가보처럼 간직하고 싶은 보석이었다. 그러나 가장 아름답고 소중한 것은 파는 것이 아니었다.

세상에서 하나뿐인 보석을 발견했을 때 그것을 팔아 이윤을 남기려는 자는 보석에 대해 모르는 사람일 것이다. 그런 가보와 같은 소중한 것은 오래 간직하고 싶어한다. 자손대대로 집안의 가보로 보관하고 싶어한다. 진리를 탐구하는 이는 이런 진주 장사의 태도를 가져야 한다. 적당히 찾다가 없다고 포기할 것이 아니라 참 진리를 찾기에 혼신의 힘을 쏟아야 한다.

어떤 부인은 값비싼 진주 목걸이를 한 번도 걸고 나오지 않는다. 파티에 참석할 때 거는 목걸이는 진짜와 똑같이 생긴 모조 목걸이라고 한다. 그런데도 진짜 목걸이가 집에 있기에 이 여인은 행복하다고 한다. 우리도 발견된 진리를 소중하게 간직해야 한다. 세상의 보석도 그러하거늘 하늘나라 보석은 더욱 소중하고 귀한 것이다. 그 어떤 진주라도 새 예루살렘에 있는 열두 진주 문(계 21:21)보다 더 귀한 것은 없으리라. 복음이 가장 좋은 진주임을 발견하는 사람은 복 있는 자이다.

일생 처음 최고의 진주를 만나면 그 기쁨이 충만하다. 남들이 소유하지 않은 귀한 것을 내가 간직하고 있다면 스스로 행복하고 기쁠 것이다. 그 귀한 것으로 인해 사람들로부터 부러움을 사게 되고, 존경을 받고, 심지어 사회적 지위가 달라질 수 있다. 보석의 가치를 아는 사람은 수준이 다르다.

어떤 사람이 프랑스의 한 가게에서 골동품 시계를 다소 비싼 가격에 구입하였다고 한다. 그런데 자기 나라 공항에 들어갈 때 세관에서 감정 가격을 조사하던 중 검사관이 돋보기로 시계 뒤에 적힌 적은 글씨를 확대해서 보여 주는데 '나폴레옹 황제용'이라고 쓰여 있었단다. 이 사람은 다소 비싼 세금을 물기는 했어도 평생 그 시계를 소유하면서 행복해했다고 한다.

마찬가지로 예수님을 발견하여 소유한 사람은 그것과 비교할 수 없는 기쁨이 넘칠 것이다. 1974년 여의도 광장에서 가진 '엑스프로 74'의 주제가 "나는 찾았네!"(I found it)인 것으로 기억한다. 나는 길과 진리와 생명이 되시는 예수님을 찾았네, 이전에 잃어버린 내가 예수 안에서 찾아진 것을 인해 기뻐한다는 의미이다. "잃었던 생명 찾았고 광명을 얻었네!"(찬송 305장, 통합 405장) 예수님을 잃었다가 다시 찾은 마리아와 요셉은 기쁨이 충만했다. 별을 잃었다가 헤롯 궁전에서 나온 동방 박사들이 별을 다시 보고 기뻐하고 기뻐했다. 이처럼 우리는 진리를 찾고, 예수님을 다시 발견하고, 교회를 다시 찾을 때 그렇게 기쁘다.

"아무도 내 마음 모를 거라고요. 누구도 내 마음 모를 거라고요. 아! 나의 사랑 나의 진주여! 나의 영원한 행복의 아리아여, 천국의 영원한 왈츠여! 이 세상에 단 하나뿐인 나의 진주 예수 그리스도시요!"(복음송가) 그렇다. 여기서 말하는 진주는 예수님을 지칭한다. 예수님이 바로 진리임을 발견하는 순간 우리는 모든 것을 다 희생하고서라도 예수님을 소유해야 할 것이다. 가치를 아는 자만이 그 대가를 누릴 수 있다. 잠언에 보니 "진리를 사되 팔지는 말며 지혜와 훈계와 명철도 그리할지니라"(잠 23:23)라고 기록되어 있다. 예수님만이 죄의 문제와 죽음의 문제를 해결해 주신다. 이것이 복음이다. 복음은 영생의 약속이 있는 최고의 진주이다. 복음의 가치를 아는 자만이 은혜를 사모하고 영생을 소유하기 위해 자기의 모든 것을 희생할 줄 안다. 신앙의 가치, 천국의 가치, 복음의 가치, 예수님의 가치를 알면 알수록 우리는 어떤 대가도 치를 각오를 할 수 있다. 그리고 예수 안에 있는 자는 영구한 행복을 누리게 된다.

많은 주경학자들은 진주를 그리스도로 보고 있다. 이렇게 해석될 경우 두 가지 문제가 있다. 첫째는 문맥과 조화되지 않고, 둘째는 교회론적 문제점을 제기한다. 즉 죄인인 우리가 그리스도를 소유하기 위해 모든 것을 희생한다는 말이기 때문이다(롬 3:11, 6:23 참고). 또 어떤 이는 진주는 교회이고, 장사는 그리스도로서 갈보리 위에서 그 값을 지불했다고 해석한다. 여기서 문제는 이 비유가 "천국은……진주와 같으니"의 형식으로 되어 있지 않고 반대로 "천국은……장사와 같으니"라고 되어 있다는 점이다. 보화의 비유에서는 보화를 발견했다고 했으나 여기서는 진주를 만났다고 표현하고 있다.

사실 구약에서는 진주에 대한 언급이 없다. 대제사장의 흉배에도 진주는 없다. 진주는 자연석이 아니라 살아 있는 유기체의 산물로 상처 입은 조개가 고통 가운데 낸 진액이 쌓여 만들어진 것이다. 오히려 진주는 이방 세계에서 귀한 보물로 여겨 왔다. 따라서 주님께서 진주를 언급하셨을 때 제자들은 놀랐을 것이다. 그러나 예수님 당시 진주란 매우 값지고 아름다우며 귀한 것임에 틀림없다. 그래서 당시 세상에서 가장 귀하고 아름답게 여기는 진주를 언급하셨으며, 마침내 요한계시록에서는 천국의 문도 진주 문으로 말하고 있지 않은가? 이 귀한 것을 찾으면 팔지 않고 주님 나라를 위해 사용하고픈 구도자의 모습을 여기서 볼 수 있다. 그래서 이 진주는 복음의 진리를 지칭하며, 장사는 복음을 탐구하는 이를 말하는 것이다. 이 귀한 것을 발견하면 하나님께 최고의 것을 드리기 위한 예배자의 모습이라고 생각할 수 있다. 동서양을 막론하고 최고의 귀한 것을 왕에게 선물로 드리는 관습이 있었다. 왕도 가지지 못한 보석을 가지고 있는 것은 도리가 아니라고 생각했던 것이다. 하나님께 드리는 헌물도 마찬가지이다. 최고의 것을 하나님께 드리는 것이 예배이다. 예배를 의미하는 'worship'이란 영어 단어도 '최고의 가치 있는 것을 하나님께' (to ascribe to Him Supreme worth, the worthiest thing)라는 뜻이다.³³⁾ 예배란 '하나님께 최상의 가치를 돌리는 행위'(to ascribe to Him Supreme worth)이다. 영어 'worship'의 기원은 앵글로 색슨어(고대영어)인 'weorthscipe'인데 이 단어가 'worthship'에서 현대어 'worship'으로 변형되었다고 한다.³⁴⁾

마지막으로 기억할 것은 여기에 등장하는 진주 상인은 진주에 대해 최고의 전문가라는 사실이다. 우리도 천국에 대해 전문가가 되어야 한다. 복음에 대해 최고의 전문가가 되어야 한다. 예수님을 적당히 믿지 말고 최고의 전문인처럼 믿고 전하고 가르치자.

*묵상을 위한 질문
(1) 나는 진리(복음, 예수님)을 찾기 위해 얼마나 뛰어다니는가?
(2) 나는 진주의 가치를 아는 진주 장사처럼 얼마나 복음에 대해 전문가인가?
(3) 나는 최고의 진주를 소유한 기쁨이 있으며 이 기쁨을 나타내고 있는가?

*관련 찬송
95장(통합 82장, 나의 기쁨 나의 소망되시며 나의 생명이 되신 주)
191장(통합 427장, 내가 매일 기쁘게 순례의 길 행함은)

---

33) Raymond Abba, *Principles of Christian Worship: With Special Reference to the Free Churches*, 허경삼 역, 《기독교 예배의 원리와 실제》(서울: 대한기독교서회, 1974), p. 9.
34) *Ibid.*; Ralph P. Martin, *Worship in the Early Church*(Grand Rapids, MI: Wm B. Eerdmans Pub. Co, 1974), p. 10.

446장(통합 500장, 주 음성 외에는 참 기쁨 없도다)

*묵상 기도
"하나님 아버지, 오늘도 진주 같은 복음을 사게 하옵소서. 진주 중의 진주 같은 주님께 나아와 하늘의 기쁨으로 충만하게 하옵소서. 천국 복음을 사모하며 찾기 위해 온 세상으로 돌아다니는 진주 장사보다 더한 열심과 정열을 가지게 하옵소서. 이 진주 같은 진리를 발견하면 모든 것을 희생하고 다 주고서라도 이 진리를 사게 하옵소서. 내가 소유한 예수님을 어디서든지 자랑하며 증거하는 진정한 천국 진주 장사를 하게 하옵소서. '진리는 사되 팔지는 말며 지혜와 훈계와 명철도 그러할지니라' (잠 23:23)라는 말씀을 평생 기억하게 하옵소서. 사랑 많으신 예수님의 이름으로 기도드립니다. 아멘."

6-11 "그물 속의 물고기를 구별하는 비유"(마 13:47-50)

"또 천국은 마치 바다에 치고 각종 물고기를 모는 그물과 같으니 그물에 가득하매 물가로 끌어내고 앉아서 좋은 것은 그릇에 담고 못된 것은 내버리느니라 세상 끝에도 이러하리라 천사들이 와서 의인 중에서 악인을 갈라내어 풀무 불에 던져 넣으리니 거기서 울며 이를 갈리라."

주님께서 비유들을 말씀하신 현장은 바로 갈릴리 호숫가였다(마 13:1-2). 주님께서는 배를 타고 천국 비유들을 말씀하셨다. 그물과 물고기 비유는 이 현장에서 매일 보는 광경이며, 이 말씀을 듣는 많은 사람들이 매일 하는 일이었다. 그래서 이들에게 더욱 정감이 가는 비유들이다. 지금까지 생각 없이 고기를 분별했으나 주님의 가르침으로 이들이 고기를 구분할 때 천국을 연상했을 것이다. 주님의 제자들 가운데는 어부 출신이 몇 명 있었다. 베드로, 안드레, 야고보, 요한은 확실히 어부 출신이었다. 이스라엘의 어부들은 그물에 걸린 고기 중 율법에서 먹을 수 있는 고기(=좋은 물고기, 비늘이 있고 지느러미가 있음)와 먹을 수 없는 고기(못된 물고기)를 분리하여 못된 것은 내어버린다.

레위기 11장 9-12절에 보면, "물에 있는 모든 것 중에서 너희가 먹을 만한 것은 이것이니 강과 바다와 다른 물에 있는 모든 것 중에서 지느러미와 비늘 있는 것은 너희가 먹되 물에서 움직이는 모든 것과 물에서 사는 모든 것 곧 강과 바다에 있는 것으로서 지느러미와 비늘 없는 모든 것은 너희에게 가증한 것이라 이들은 너희에게 가증한 것이니 너희는 그 고기를 먹지 말고 그 주검을 가증히 여기라 수중 생물에 지느러미와 비늘 없는 것은 너희가 혐오할 것이니라"라고 했다. 즉 고등어, 참치, 조기, 대구, 은어, 갈치, 도미 등은 먹을 수 있으나 오징어, 문어, 미꾸라지 등은 먹을 수 없다는 것이다. 하나님의 사람은 세상과 구별되어야 하며, 먹는 음식도 정결하고 소화가 잘되고 하나님께서 허락하신 것을 먹으면 된다.

이 비유의 교훈은 그물에는 좋은 물고기와 못된 물고기가 공존할 수 있으나, 고기잡이가 끝나고 어부가 해변에서 잡은 고기들을 구별할 때가 온다는 것이다. 마치 가라지와 밀이 추수 때까지 공존하다가 추수 때에 구별되어 가라지가 불에 던져지는 심판을 먼저 받듯이, 못된 물고기는 버림을 받는다. 이처럼 천국 시민은 세상 사람들(지옥으로 가는 자)과 구별된다는 것이다.

시편 1편에 나오는 대로, 의인과 악인, 복 있는 자와 죄인, 지혜로운 자와 오만한 자가 구별된다. "인자가 자기 영광으로 모든 천사와 함께 올 때에 자기 영광의 보좌에 앉으리니 모든 민족을 그 앞에 모으고 각각 구분하기를 목자가 양과 염소를 구분하는 것같이 하여 양은 그 오른편에 염소는 왼편에 두리라"(마 25:31-33). 거룩이란 단어 '카도쉬'의 뜻은 '구별됨'(being separated)이다. 성경은 세상 책과 구별되는 책, 성전은 세상과 구별되는 집, 성도는 세상 사람과 구별된 사람이란 의미이다. 창조 시 하나님께서는 빛을 어두움과 구별하셨고, 궁창 위의 물과 아래 물을 구별하셨다. 혼돈으로부터 질서를 구별하신 하나님께서, 종말에 가라지와 알곡을 구별하신다(5-6 참고).

두 비유의 공통점은 (1) 죄인과 의인이 당분간 공존한다. (2) 그러나 마침내 구별되어 죄인은 멸망, 의인은 영생을 얻게 된다. 못된 고기(가라지)는 버려지고, 좋은 고기(밀, 알곡)는 천국 창고에 들어가게 된다는 것이다. 못된 고기는 거짓말, 사기, 중상모략, 불신(신뢰 관계를 깨뜨림)으로 교회에 해악을 끼치니 이런 자들은 쫓아내야 한다. "너희 중에 심지어 음행이 있다 함을 들으니 그런 음행은 이방인 중에서도 없는 것이라 누가 그 아버지의 아내를 취하였다 하는도다 그리하고도 너희가 오히려 교만하여져서 어찌하여 통한히 여기지 아니하고 그 일 행한 자를 너희 중에서 쫓아내지 아니하였느냐"(고전 5:1-2). 이들은 풀무불에 던져 이를 갈 것이다(마 13:50).

두 비유의 차이점이라면 가라지는 긴 세월 동안 알곡과 함께 자라지만, 그물 비유는 마지막 심판의 순간을 말한다. 그물 비유의 강조점은 어떻게 그물을 사용하여 고기를 잡느냐에 있지 않고, 세상 끝(마 13:49)에 있을 못된 것과 좋은 것을 갈라놓는 심판을 분명히 가르치고 있다. 여기서 그물은 하나님의 은혜의 수단인 복음 전파와 선교를 뜻하고, 바다는 타락한 세상을 말하며, 어부는 하나님의 뜻을 따라 복음을 전하는 사역자들을 지칭한다고 할 수 있다.

또한 그물에는 온갖 물고기들이 잡힐 수 있다는 것이다. 그물은 물고기의 종류를 구별할 수 없기에 수작업을 통해 한 마리 한 마리 심사하여 어부들의 고기 통에 넣어지기도 하고 버려지기도 한다. 마찬가지로 종말에 분명한 심판이 있어 못된 고기는 하늘나라에 허락되지 않는다. "사람들이 만국의 영광과 존귀를 가지고 그리로 들어가겠고 무엇이든지 속된 것이나 가증한 일 또는 거짓말 하는 자는 결코 그리로 들어오지 못하되 오직 어린 양의 생명책에 기록된 자들만 들어가리라"(계 21:26-27).

마지막 심판 때는 확연하게 구원이냐 멸망이냐 판가름나게 된다. "나더러 주여 주여 하는 자마다 천국에 다 들어갈 것이 아니요 다만 하늘에 계신 내 아버지의 뜻대로 행하는 자라야 들어가리라 그날에 많은 사람이 나더러 이르되 주여 주여 우리가 주의 이름으로 선지가 노릇 하며 주의 이름으로 귀신을 쫓아내며 주의 이름으로 많은 권능을 행하지 아니하였나이까 하리니 그때에 내가 저희에게 밝히 말하되 내가 너희를 도무지 알지 못하니 불법을 행하는 자들아 내게서 떠나가라 하리라"(마 7:21-23). 주님께서 명백하게 진짜와 가짜를 분별하신다. 주님께 열납되는 열매를 맺어야 한다.

*묵상을 위한 질문
(1) 나는 못된 고기는 아닌가? 좋은 고기로 거듭나기 위해서는 어떻게 해야 하는가?
(2) 나는 영적인 지느러미(바른 방향)와 비늘(세속을 차단)이 있는가?
(3) 교회 안에 각종 물고기가 있다면 어떻게 교회생활을 해야 하는가?

*관련 찬송
340장(통합 366장, 어지러운 세상 중에 기쁜 소리 들리네)
325장(통합 359장, 예수가 함께 계시니 시험이 오나 겁 없네)
449장(통합 377장, 예수 따라 가며 순종하면 우리 행할 길 환하겠네)

*묵상 기도

"거룩하신 하나님 아버지, 주님께서 인정하시는 천국 백성이 되게 하소서. 혹 제가 주님의 뜻대로 행하지 못하여 천국 문전에서 들어가지 못할 점이 있다면 철저히 회개하게 하여 주님께서 받아들이는 천국 백성 되게 하소서. 제 속에 있는 못된 고기의 요소들을 가르쳐 주시사 모두 내버리고 주님께서 기뻐하시는 거룩한 행실을 따르게 하옵소서. 철저히 순종하고 의지하여 주님 안에서 즐겁고 복된 길로 가게 하옵소서. 성령의 전으로 부끄럼 없는 삶이 되게 하옵소서. 사랑 많으신 예수님의 이름으로 기도드립니다. 아멘."

6-12 "곳간에서 새것과 옛것을 내어오는 집주인 비유"(마 13:51-53)

"이 모든 것을 깨달았느냐 하시니 대답하되 그러하오이다 예수께서 이르시되 그러므로 천국의 제자 된 서기관마다 마치 새것과 옛것을 그 곳간에서 내오는 집주인과 같으니라 예수께서 이 모든 비유를 마치신 후에 그곳을 떠나서."

마태복음 13장에서 일곱 가지 비유를 말씀하신 후 "이 모든 것을 깨달았느냐"는 주님의 질문에 청중들은 "그러하오이다"라고 대답한다. 그들이 정말 깨닫고 대답을 하는 것인지 아니면 군중심리에 그렇게 긍정을 하였는지 확인할 길은 없다. 아무튼 주님의 비유는 누구나 다 쉽게 이해할 수 있는 소재와 내용을 담고 있어서 이해하는 데 그리 어려움이 없다. 단지 이 비유들은 모두 천국을 이야기하고 있어서 천국에 대한 그림을 얼마나 그릴 수 있는지, 천국을 얼마나 정확하게 이해했는지가 관건일 것이다.

52절을 비유로 간주할 것인지 간주하지 말아야 할 것인지는 논쟁거리가 될 수 있겠으나[35] 나는 분명 비유의 하나로 넣는다. 그 내용이 간단하지만 직유법을 사용하고 있으며, 마지막 53절에서

---

35) 대부분 주경학자들은 이를 비유로 다루지 않는다. Trench, Goebel, Arnot, Cummings, Guthlie, Scofield 등 주경학자들은 이 구절을 비유로 다루지 않고 있다. 7개의 비유로 취급하는 이유는 크게 두 가지인 것 같다. 하나는 8번째 비유의 뜻이 천국의 성격을 보여 주는 다른 것들과 다르고, 둘째는 7이 완전수의 의미를 가지고 있다는 점이다. 그러나 8복, 노아의 8식구 등 새로운 시작의 의미가 8이다.

"이 모든 비유"를 마치신 후 그 장소를 떠나셨는데 52절 이후에 하신 것으로 보아 52절도 비유 중 하나이다. 이 비유는 위의 일곱 비유처럼 '천국은 마치~같으니' 라는 표현을 하고 있지 않다. 그러나 그 내용은 직유법으로 천국을 가르치고 있다. 그렇다면 마태복음 13장은 전통적으로 일곱 개의 천국 비유가 아니라 여덟 개의 비유가 있는 것이다. 마태복음 5장에 팔복이 나오고, 노아의 방주에서 8명이 구원을 받았다.

이 비유는 마태복음 13장의 첫 번째 비유인 '씨 뿌리는 자의 비유'와 좋은 대조를 이루고 있다.[36] 첫째 비유에서는 어떻게 말씀을 받아들이느냐를 가르치는데, 이 비유는 어떻게 말씀을 구별하여 전달하느냐를 언급하고 있다. 또 첫째 비유에서는 농부, 이 비유는 서기관 즉 교사를 언급한다. 또 첫째 비유는 말씀을 듣고 깨달아 마침내 열매를 맺는 것을 강조하고 있으나, 이 비유는 말씀을 잘 간직하여 자손 혹 다인에게 바르게 전달해 줌을 가르치고 있다. 이 비유는 천국 시민이 영적 분별을 할 줄 알아야 함을 가르친다.

이제 그 내용을 살펴보자. 천국에 대해 가르치는 서기관(혹 주일학교 교사 Christian teacher)마다 마치 자기 곳간(=진리 말씀)[37] 가운데서 새것과 옛것을 구별하여 가져오는 집주인과 같다는 것이다

---

36) 팔복에서는 첫 번째와 여덟 번째 복의 내용이 같음. "천국이 그들의 것임이요"(마 5:3, 10)
37) 영어 'treasure'의 의미는 꼭 보배라기보다 집안 식구들이 일상적으로 사용하는 것들을 보관하는 '창고'(deposit)의 뜻이 더 가깝다. 예수님은 영적인 곳간이시며 진리의 보고이시다.

(Therefore every scribe which is instructed unto the kingdom of heaven is like unto a man that is an householder, which bringeth forth out of his treasure things new and old, 마 13:52). 집주인은 새것과 옛것을 안다. 여기서 의미하는 새것과 옛것은 어떤 상태, 가치, 위치, 용도인지 정확히 밝히고 있지 않지만, 천국을 가르치는 지도자(서기관, 교사, 목회자)는 적어도 이런 분별력과 지혜가 있어야 한다는 것이다. 흔히 신약성경에서 서기관은 예수님을 시험하거나 대적하는 부류에 속하지만 이 구절은 그렇지 않다. 오히려 하나님의 뜻대로 살아가는 지도자를 말한다. "그러므로 내가 너희에게 선지자들과 지혜 있는 자들과 서기관들을 보내매 너희가 그 중에서 더러는 죽이거나 십자가에 못 박고 그 중에서 더러는 너희 회당에서 채찍질하고 이 동네에서 저 동네로 따라다니며 박해하리라"(마 23:34).

대체로 성경에서 새것은 새로운 피조물(고후 5:17)이나 새사람(골 3:9-10)을 지칭하며, 옛것은 부정적으로 땅에 속하며, 어둠과 하나님의 진노 아래 있는 인간을 뜻한다. 그러나 이 구절에서 이런 의미는 없다. 옛것이란 본래의 진리 말씀에 새로운 예화, 적용, 관점을 말하는 것이다. 마태복음 5장의 "옛사람에게 말한 바"에서 주님의 교훈은 율법을 완전케 하려 하심(마 5:17)이었다. 옛것은 구약 즉 율법으로 보며, 새것은 하나님 나라에 대한 신리 즉 복음으로 볼 수도 있으나 이 비유에서는 그런 의미보다는 영적인 분별을 할 수 있는 데 더 비중을 두고 있다.

52절의 이 비유는 주님께서 일곱 가지 비유를 말씀하시고 나서 청중들에게 물으신 질문과 연관되어 있다. 저들이 깨달았다고 대답하자, 그들이 이 비유들을 깨달았다면 이제부터 마치 집주인이 지금까지 알던 진리와 새롭게 깨달은 진리를 가져오듯이 그들도 영적 분별을 할 수 있어야 함을 가르치신 비유이다. 복음을 깨달은 자가 율법을 새롭게 해석할 수 있다는 것이다. 예수님의 제자가 되려면 적어도 천국 복음의 새로운 가르침을 잘 깨달아 율법을 재해석할 줄 알아야 한다. 이것이 비유의 장인 마태복음 13장의 결론이다.

*묵상을 위한 질문
(1) 나의 영적인 곳간은 누구인가?
(2) 새것과 옛것은 어떻게 조화를 이룰 수 있는가?
(3) 나는 어떻게 천국 복음의 서기관이 될 수 있는가?

*관련 찬송
521장(통합 253장, 구원으로 인도하는 그 문은 참 좁으며)
518장(통합 252장, 기쁜 소리 들리니 예수 구원하신다)
204장(통합 379장, 주의 말씀 듣고서 준행하는 자는 반석 위에)

*묵상 기도
"은혜와 사랑이 풍성하신 하나님, 천국 복음을 잘 듣고 깨달아 이를 바르게 전하는 자가 되게 하옵소서. 반석 위에 집을 짓는 지혜로운 자가 되게 하시며, 좁은 문을 택하는 주님의 제자가 되게 하옵소서. 주님만을 저의 보배로운 곳간으로 삼게 하셔서 진리의

샘물이 되시고 마르지 않는 생수가 되시옵소서. 매일 주시는 일용할 양식을 공급받아 하나님의 백성으로 살게 하소서. 바른 것과 그릇된 것, 새것과 옛것을 분별하는 지혜를 주옵소서. 사랑 많으신 예수님의 이름으로 기도드립니다. 아멘."

6-13 "시대의 표적을 분별하라"(마 16:1-4)

"바리새인과 사두개인들이 와서 예수를 시험하여 하늘로부터 오는 표적 보이기를 청하니 예수께서 대답하여 이르시되 너희가 저녁에 하늘이 붉으면 날이 좋겠다 하고 아침에 하늘이 붉고 흐리면 오늘은 날이 궂겠다 하나니 너희가 날씨는 분별할 줄 알면서 시대의 표적은 분별할 수 없느냐 악하고 음란한 세대가 표적을 구하나 요나의 표적 밖에는 보여 줄 표적이 없느니라 하시고 그들을 떠나 가시니라."

한국인이 복을 좋아하듯이 유대인은 표적(혹은 기적)을 좋아하며, 헬라인은 지혜를 좋아한다(고전 1:22 참고). 하루는 바리새인과 사두개인들이 와서 예수님을 시험하여 하늘로서 오는 표적을 보여 달라고 요청했다(마 16:1). 실상 바리새인과 사두개인은 신앙 노선이 여러모로 달랐다. 가령, 바리새인은 세속 정치에 관여하지 않고 자기들의 전통과 종교적 관습을 중시하며 경건생활에 힘썼고, 금욕생활로 정기적인(일 주일에 두 번) 금식기도를 하며, 철저한 헌금생활을 하며, 예언서와 시가서를 모두 정경(正經 canon)으로 받아들였다. 이에 반해 사두개인은 세속 정치에 적극 가담하며 권력을 좋아했고, 장로의 종교 전통을 경시하고, 부활과 천사의 존재를 부인했으며, 창세기-신명기인 오경(五經 pentateuch)만 정경으로 받아들였다.

이렇게 다른 신앙 노선을 가지고 있던 바리새인과 사두개인들인데, 예수님을 시험하는 데는 마음을 같이했던 것이다. 이들은 특별한 표적을 보여 달라고 요구하였다. 예수님께서는 표적과 이적을 구하는 이들의 요구에 대해 부정적이었다. 일찍이 첫 이적을 행하신 가나에서 왕의 신하의 아들을 고쳐 주러 가실 때에도 "너희는 표적과 기사를 보지 못하면 도무지 믿지 아니하리라"(요 4:48)고 말씀하신 적이 있었다. 그렇게 많은 기적을 보면서도 또 다른 특별한 표적을 요구하는 종교 지도자들에게 예수께서는 기후 예측의 예를 들면서 "시대의 표적은 분별할 수 없느냐"(but can ye not discern the signs of the times?)라고 하셨다.

이스라엘에서는 기후 예측이 비교적 쉬운 편이다. 저녁에 지중해 쪽에 있는 하늘이 붉으면 다음날 맑은 날씨가 예측된다. 아침에 하늘이 붉고 흐리면 낮에도 흐린 날씨가 계속되는 것이 예사이다. 서쪽에서 밀려오는 구름을 보면서 그들은 그것이 지중해의 습기를 동반한 비구름인 것과, 이것이 세펠라(Shephelah, 이스라엘 해안 평야와 중앙 산악지대 중간에 있는 해발 300-800미터 지역) 및 유다의 산들을 지나게 될 때, 산간 도시의 서늘한 기온 때문에 수증기로 응결되어 비가 된다는 사실을 잘 알고 있었다. 한편 남풍이 불어오면 그 바람이 작열하는 사막의 뜨거운 기온을 몰고 온다는 사실도 잘 알고 있었다. 만일 그것이 남동풍이라면 극도의 고온 건조한 바람과 찌는 듯한 더위를 동반한 '죽음의 열풍'이라고 부를 만큼 천기(天氣)에 밝았다. 예수님은 종교 지도자라는 사람들이 이같이 천지의 기상은 분별할 줄 알면서 시대의 기상(時氣)은 분별하지 못하느냐고 꾸짖으셨다.

신약성경에서 표적(헬라어로 Semeion)은 대개 기적적이고 신비하며 종말론적인 것이 많다. 당시 유대인들은 이런 표적과 이적을 구경거리로 삼아 즐기기도 하며 놀라움(驚異)의 대상으로 삼기도 했다. 예수께서 그동안 많은 불치병 환자들을 고치시고, 적은 양의 음식으로 수많은 군중을 먹이시는 기적을 행하는 것에 양이 차지 않았던지 이제는 하늘의 표적을 구하는 것이다. 즉 해와 달을 멈추게 한다든지, 조상들이 이집트에서 나올 때처럼 열 가지 재앙을 내리게 한다든지, 광야에서 40년간 보았던 여러 가지 표적 등을 행하면 우리가 당신을 메시아로 믿겠다는 태도이다. 사실 이들의 요구대로 주께서 표적을 행하신다고 저들이 예수를 메시아로 믿었겠는가? 갑자기 해가 빛을 잃어 1시간쯤 흑암에 있은 후 다시 해가 빛을 낸다면 저들이 변하여 예수를 믿었겠는가? 분명 저들은 하나의 흥미거리로 받아들였을 것이다.

  이에 대해 주님은 "악하고 음란한 세대가 표적을 구하나 요나의 표적밖에는 보여 줄 표적이 없느니라"고 답변하셨다 '악하고 음란한 세대'라는 표현은 종말론적인 것으로 장차 망할 이 세상을 지칭한다. 죄악으로 가득 찬 이 세대는 멸망 직전의 노아시대나 소돔과 고모라의 시대와 유사하며 로마서 13장 12절에 있는 내용처럼 '밤이 깊고 낮이 가까워지는 세대' 이다.

  예수님은 경건의 모양만 남아 있던 당시 유대 종교 지도자들에게 경각심을 일깨우기 위해 이런 표현을 쓰시면서 요나의 표적을 제시하셨다. 요나가 밤낮 사흘을 큰 물고기 뱃속에 있었던 것같이 인자도 밤낮 사흘을 땅 속에 있으리라고 하심으로(마 12:40), 주께서 장차 당하실 십자가의 죽음을 예고하셨다. 과연 전 인류 역사의 가장 큰 표적은 예수 그리스도의 십자가와 부활의 사건이다. 바울 사도는 고린도 교회에게 편지를 쓰면서 다음과 같이 선언한다. "십자가의 도가 멸망하는 자들에게는 미련한 것이요 구원을 받는 우리에게는 하나님의 능력이라……우리는 십자가에 못 박힌 그리스도를 전하니 유대인에게는 거리끼는 것이요 이방인에게는 미련한 것이로되 오직 부르심을 입은 자들에게는 유대인이나 헬라인이나 그리스도는 하나님의 능력이요 하나님의 지혜니라"(고전 1:18, 23-24).

*묵상을 위한 질문
1) 주님이 지금 내 옆에 계시면 우리는 주님께 무엇을 요구할까?
2) 오늘날 시대의 표적은 무엇인가?
3) 왜 주께서 당시 종교 지도자들을 악하고 음란한 세대로 규정하는가?
4) 요나의 표적과 예수의 십자가와 부활사건의 공통점은 무엇인가?

*관련 찬송
303장(통합 403장, 날 위하여 십자가의 중한 고통 받으사)
340장(통합 366장, 어지러운 세상 중에 기쁜 소리 들리네)
407장(통합 465장, 구주와 함께 나 죽었으니 구주와 함께 나 살았도다)

*묵상 기도
"하나님 아버지, 바리새인과 사두개인들처럼 헛된 욕망을 추구

하고 있는 저희들을 용서해 주시옵소서. 악하고 음란한 세대에 살고 있는 저희들에게 요나의 표적을 깨닫게 하시어 시대를 분별하는 지혜를 주시옵소서. 요나처럼 자기의 가치관과 뜻대로 행동하는 어리석음을 온전히 버리고, 속히 주님의 뜻을 받아들여 순종하는 믿음을 주시옵소서. 어두운 세상에 더욱 복음의 빛을 비추게 하시어, 부활의 소망을 바라보는 영적인 눈을 뜨게 하시옵소서. 사랑 많으신 예수님의 이름으로 기도드립니다. 아멘."

6-14 "어린 아이와 소자 비유"(마 18:-6)

"그때에 제자들이 예수께 나아와 이르되 천국에서는 누가 크니이까 예수께서 한 어린 아이를 불러 그들 가운데 세우시고 이르시되 진실로 너희에게 이르노니 너희가 돌이켜 어린 아이들과 같이 되지 아니하면 결단코 천국에 들어가지 못하리라 그러므로 누구든지 이 어린 아이와 같이 자기를 낮추는 사람이 천국에서 큰 자니라 또 누구든지 내 이름으로 이런 어린 아이 하나를 영접하면 곧 나를 영접함이니 누구든지 나를 믿는 이 작은 자 중 하나를 실족하게 하면 차라리 연자맷돌이 그 목에 달려서 깊은 바다에 빠뜨려지는 것이 나으니라."

이 비유는 어린 아이들과 같이 자기를 낮추고, 누구든지 예수님의 이름으로 어린 아이를 영접하면 주님을 영접하는 것이라고 가르친다. 그래서 어린 아이 중 하나를 실족하게 하면 차라리 연자맷돌을 그 목에 달고 깊은 바다에 빠뜨려지는 것이 더 낫다고 가르치신다. 이 비유는 천국에서 누가 더 크냐고 논쟁하는 제자들에게 교훈을 주기 위함이었다.

천국 시민의 자격은 첫째, 겸손해야 한다는 것이다. 제자들처럼 높은 자리를 탐하고 서로 높아지려고 욕심을 가지면 안 된다. 이를 회개해야 한다. 교만은 패망의 선봉이요, 거만한 마음은 넘어짐의 앞잡이다(잠 16:18). 겸손한 자와 함께하여 마음을 낮추는 것이 교만한 자와 함께하여 탈취물을 나누는 것보다 낫다(잠 16:19). 교만에서는 다툼만 일어날 뿐이다(잠 13:10). 여호와는 교만한 자의 집을 허시며 과부의 지계(地界)를 정하신다(잠 15:25). "무릇 마음이 교만한 자를 여호와께서 미워하시나니 피차 손을 잡을지라도 벌을 면하지 못하리라"(잠 16:5). "여호와를 경외하는 것은 지혜의 훈계라 겸손은 존귀의 앞잡이니라"(잠 15:33).

주님께서 권능을 가장 많이 베푼 고을들(고라신, 벳새다, 가버나움)이 회개치 아니하니(마 11:20-22) "가버나움아 네가 하늘에까지 높아지겠느냐 음부에까지 낮아지리라"(마 11:23) 하시면서 기도하시기를 "천지의 주재이신 아버지여 이것을 지혜롭고 슬기 있는 자들에게는 숨기시고 어린 아이들에게는 나타내심을 감사하나이다 옳소이다 이렇게 된 것이 아버지의 뜻이니이다"(마 11:25-26)라고 하셨다. 그리고는 "수고하고 무거운 짐진 자들아 다 내게로 오라 내가 너희를 쉬게 하리라 나는 마음이 온유하고 겸손하니 나의 멍에를 메고 내게 배우라 그러면 너희 마음이 쉼을 얻으리니 이는 내 멍에는 쉽고 내 짐은 가벼움이라 하시니라"(마 11:28-30) 하셨다. 누구든지 이 어린 아이와 같이 자기를 낮추는 이가 천국에서 큰 자이다. 주님의 제자가 되려면 겸손해야 한다.

주님께서는 십자가를 지시기 전날 밤에 친히 수건을 동여매고 세숫대야를 가져오셔서 손수 제자들의 발을 씻기시고 수건으로 닦아 주셨다. 당시 종들이 주인이나 귀한 손님들에게 하는 섬김과 봉사의 모습을 솔선수범하신 것이다. 천사는 교만해져서 마귀가 되었다. 에덴동산에서 하나님과 같아지려는 교만이 문제였고, 바벨탑 사건은 하나님보다 더 높아지려는 교만의 본보기이며 그것은 실패의 원인이었다. 하나님께서는 겸손한 자를 사용하시고 좋아하신다. 겸손한 자에게 은혜를 주신다. 우리가 은혜 받지 못하는 것은 교만 때문이다. 교만하면 마귀 짓을 하게 된다. "서로 겸손으로 허리를 동이라 하나님이 교만한 자를 대적하시되 겸손한 자들에게는 은혜를 주시느니라"(벧전 5:5). 우리가 끊임없이 하나님께 쓰임을 받고 은혜 받고 축복 받는 비결은 자기를 낮추는 데 있다.

둘째, 예수님의 이름으로 어린 아이를 영접해야 한다. 어린 소자 하나도 무시해서는 안 된다. 예수님께서는 살인강도도 구원해 주시고, 창녀도 용서해 주시고, 병자 한 사람 한 사람에게 안수하며 고쳐 주셨다. 그러나 외식하는 자들(hypocrite), 서기관들, 바리새인들을 책망하셨다. 이들은 회칠한 무덤과 같은 겉과 속이 다른 자들이고, 진실하지 못했으며, 이중 인격자들이었다. 또한 이들은 사람을 차별하고 무시했고 어린 소자들을 무시했다. 어린이들은 호박순이 방향을 잡아 주는 대로 뻗어 올라가듯이 어려서 가르치는 대로 자란다. "누구든지 내 이름으로 이런 어린 아이 하나를 영접하면 곧 나를 영접함이니"(마 18:5). 예수님 당시 어린 아이는 여자들과 함께 사회에서 쉽게 무시당했다. 숫자를 셀 때도 전쟁에 나설 수 있는 남자들 수만 헤아렸다. 이런 풍토에서 예수님께서는 자신과 어린 아이들을 동일시하여 아이들을 무시하거나 실족하게 하면 예수님을 무시한 것으로 간주하시겠다는 것이다. 예수님께서는 섬김을 받으러 오신 분이 아니라, 섬김의 본을 보여 주셨다(막 10:45). 예수님을 사랑하는 자는 이 세상에서 가난하고, 소외되고, 병들고, 무시당하는 이들을 사랑해야 한다.

셋째, 어린 아이의 특징은 자라는 데 있다. 앞서 마태복음 13장 비유에서 씨 뿌리는 자 비유, 밀의 비유, 누룩 비유, 겨자씨 비유가 자람에 대한 교훈이다. 어른은 자라지 않는다. 배우려 하지 않는다. 어린 아이는 자꾸 먹으려고 하고, 배우고 싶어하고, 호기심이 많고 하루가 다르게 자란다. 하늘나라 시민은 영적으로 어린 아이처럼 신령한 은혜를 사모하며 말씀으로 늘 성장해야 한다. "갓난 아이들같이 순전하고 신령한 젖을 사모하라 이는 그로 말미암아 너희로 구원에 이르도록 자라게 하려 함이라"(벧전 2:2). "여호와를 앙망(사모하다, 기다리다, 바라보다)하는 자는 새 힘을 얻으리니"(사 40:31). 아이들이 솔직하고 겸손하고 부모를 전적으로 의지하는 것처럼 은혜를 사모하고 성장하자.

*묵상을 위한 질문
(1) 나는 어린 아이처럼 겸손한가? 교만한 점들은 무엇인가?
(2) 나는 어린 아이처럼 자라고 있는가? 신앙의 경주를 잘하고 있는가?
(3) 나는 주님의 이름으로 어린 아이(소자)를 영접하고 있는가?

*관련 찬송
565장(통합 300장, 예수께로 가면 나는 기뻐요 걱정 근심 없고)
212장(통합 347장, 겸손히 주를 섬길 때 괴로운 일이 많으나)
246장(통합 221장, 나 가나안 땅 귀한 성에 들어가려고)

*묵상 기도
"좋으신 하나님 아버지, 항상 저를 어린 아이처럼 겸손하게 하소서. 어떤 교만도 물리치게 하시고, 자기를 부인하고 주님의 뜻에

순종하게 하소서. 주님의 온유하심과 겸손을 부지런히 배우게 하셔서 주님만 따르게 하소서. 주님을 위해 헌신하기를 원합니다. 교만하여 주님의 마음을 아프게 한 것을 용서해 주시고, 더욱 낮아지고 겸손해지는 법을 가르쳐 주옵소서. 남보다 높아지려는 마음, 앞서려는 생각, 더 가지려는 욕심을 용서해 주소서. 주님의 이름으로 어린 아이들, 소자들, 저보다 더 어려운 이들을 돌아보게 하옵소서. 내 몸처럼 사랑하게 하옵소서. 사랑 많으신 예수님의 이름으로 기도드립니다. 아멘."

6-15 "다시 찾은 양 비유(마 18:12-14, 눅 15:3-7)

"너희 생각에는 어떠하냐 만일 어떤 사람이 양 백 마리가 있는데 그 중의 하나가 길을 잃었으면 그 아흔아홉 마리를 산에 두고 가서 길 잃은 양을 찾지 않겠느냐 진실로 너희에게 이르노니 만일 찾으면 길을 잃지 아니한 아흔아홉 마리보다 이것을 더 기뻐하리라 이와 같이 이 작은 자 중의 하나라도 잃는 것은 하늘에 계신 너희 아버지의 뜻이 아니니라."

"예수께서 그들에게 이 비유로 이르시되 너희 중에 어떤 사람이 양 백 마리가 있는데 그 중의 하나를 잃으면 아흔아홉 마리를 들에 두고 그 잃은 것을 찾아내기까지 찾아다니지 아니하겠느냐 또 찾아낸즉 즐거워 어깨에 메고 집에 와서 그 벗과 이웃을 불러 모으고 말하되 나와 함께 즐기자 나의 잃은 양을 찾아내었노라 하리라 내가 너희에게 이르노니 이와 같이 죄인 한 사람이 회개하면 하늘에서는 회개할 것 없는 의인 아흔아홉으로 말미암아 기뻐하는 것보다 더하리라."

이 비유의 배경(context)은 누가복음 15장 1-2절에 의하면 예수께서 모든 세리와 죄인들로 여기는 동족 유대인을 영접하시고 음식을 같이 먹는다고 바리새인과 서기관들이 비난할 때 하신 말씀이다. 보통 유대인들은 이들과 식사를 나누면 부정 탄다고 꺼려했다. 그러나 주님께서는 잃은 양 한 마리 비유를 통해 이런 죄인 하나가 회개하면 하늘에서는 회개할 것이 없는 의인들로 인하여 기뻐하시는 것보다 천부께서 더욱 기뻐하신다고 했다. 여기서 말하는 죄인이란 종교적인 범법자들을 지칭한다. 가령 장로들의 유전을 지키지 않는다든지 안식법을 어기는 사람이라든지 할례 받지 못한 이방인들과 장사한다든지 로마 관원과 협조하는 이들을 말한다.

양들은 근시안을 가졌기에 딴짓하다가 동료 양떼를 잃어버리면 찾지 못하고 그 자리에 남아 추위에 떨기도 하고 어두워지면 위험하다. 자칫하면 짐승의 밥이 될 수도 있다. 그래서 목자가 앞서 가서 양들을 우리에 넣을 때 반드시 숫자를 점검한다. 100마리 중에 한 마리가 없음을 확인한 목자가 양떼들이 지나간 길을 되돌아가면 대부분 찾을 수 있다. 그동안 특별히 짐승의 공격을 받지 않았거나 도둑을 당하지 않았으면 그러하다. 양은 혼자 다른 곳으로 갈 줄 모른다. 혹 걸어오다가 위험한 낭떠러지에 실족할 수도 있다. 웅덩이에 빠질 수도 있다. 목이 말라 물을 마시다가 양떼를 놓칠 수도 있다. 어떤 경우든 목자가 잃은 양을 찾으러 나갔다가 발견하면 너무 기뻐서 누가복음 15장에 의하면 동네사람들을 불러놓고 잔치를 벌일 수 있다는 것이다. 사실 양 한 마리 가격보다 잔치 비용이 더 들지만 그 기쁨을 나누는 데는 아깝지 않다는 뜻이다. 이처럼 소자 중 하나라도 잃는다는 것은 아버지의 뜻이 아니다.

이 비유가 가르쳐 주는 것은 하나님 아버지께서 지금도 잃은 양 한 마리를 소중히 여기며 이를 찾으러 불 건너 산 넘어 가신다는 것이다. 주님께서는 제자들을 전도 보내시면서 "이방인의 길로도 가지 말고 사마리아인의 고을에도 들어가지 말고 차라리 이스라엘 집의 잃어버린 양(the lost sheep)에게로 가라"(마 10:5-6)고 하셨다. 그리고 가나안 지방에 가셨을 때 "나는 이스라엘의 집의 잃어버린 양 외에는 다른 데로 보내심을 받지 아니하였노라"(마 15:24)라고 하셨다. 이처럼 우리 주님께서는 잃어버린 양에 대한 관심이 지대하셨다. 그만큼 목자는 잃은 양 한 마리를 사랑하고 있다.

사실 양의 실수와 잘못으로 대열에서 이탈되어 길을 잃어버렸어도 목자는 만사를 제치고 와서 만나 주신다. "너희가 전에는 양과 같이 길을 잃었더니 이제는 너희 영혼의 목자와 감독 되신 이에게 돌아왔느니라"(벧전 2:25). 한눈 팔아 양떼를 잃어버렸거나 다른 짓을 하다가 잃어버렸을 것이다. 목자는 한 마리가 없음을 아는 순간부터 마음이 아파 잃은 양을 찾으러 나선다. 물량주의로 생각하면 아흔아홉 마리가 있기에 한 마리쯤이야 하겠지만, 좋은 목자는 그렇게 생각하지 않는다. 지금 모여 있는 아흔아홉 마리는 안전하다. 한 마리가 위험에 처해 있으니 이를 찾아야 한다. 산골짜기에서 짐승의 공격에 노출되어 있는가? 수풀에 걸려 있는가? 실족하여 넘어져 있는가? 이 목자의 귓전에는 아파서, 외로워서, 무서워서 울고 있는 양의 울음소리가 들리는 것 같아 견딜 수 없다.

다윗이 간음죄, 살인죄를 저지르고 밧세바를 취했을 때 하나님께서는 나단 선지자를 통해 다윗을 회개시키셨다. 이때 나단이 다음과 같이 비유를 들었다.

한 성에 부자와 가난한 사람이 있었다. 부자는 양과 소가 심히 많으나 가난한 자는 아무것도 없고 자기가 사서 기르는 작은 암양 새끼 하나뿐이었다. 그 암양 새끼를 키우는데 먹는 것을 나눠 먹고 같은 잔에서 마시며 그 가난한 자의 품에 누우므로 딸처럼 되었다. 어떤 행인이 부자에게 오매 부자는 자기의 양과 소를 아껴 자기에게 온 행인을 위하여 잡지 아니하고 가난한 사람의 양 새끼를 빼앗아다가 자기에게 온 사람을 위하여 잡았다는 것이다(삼하 12:1-4).

이는 주님의 비유와 반대되는 경우이다. 자기의 많은 것은 아까워하고 가난한 자의 양 새끼는 아까워하지 않는 못된 부자이다. 선한 목자는 아흔아홉 마리만 가지고 만족할 수 없었다. 한 마리의 잃은 양에게 마음이 더 갔던 것이다. 소자 하나라도 무시하지 않고 사랑하며 돌보는 목자의 모습이다. 멀쩡한 아흔아홉 마리보다 도움이 필요한 그 한 마리를 찾아가는 목자의 심정이 하늘에 계신 아버지의 마음이다.

내가 평소 애지중지하던 물건을 잃어버린 후 마음이 상하고 우울하다가 다시 찾을 때 기뻐하는 모습을 기억한다. 주님께서 지금 죄를 짓고 양떼를 이탈한 나를 기다리고 계시며 찾으러 다니고 계심을 잊지 말자.

*묵상을 위한 질문
(1) 나는 양떼 속에 있는가? 길을 잃어버린 적은 있는가?
(2) 잃어버린 양떼를 위해 나는 무엇을 해야 하는가?
(3) 잃었던 생명 찾았고 광명을 얻은 기쁨은?

*관련 찬송
277장(통합 335장, 양떼를 떠나서 길 잃어버린 나 목자의 소리 싫어서)
297장(통합 191장, 양 아흔아홉 마리는 울 안에 있으나 한 마리 양은)

292장(통합 415장, 주 없이 살 수 없네 죄인의 구주여)

*묵상 기도

"사랑과 은혜가 풍성하신 하나님, 여호와는 나의 목자시니 부족함이 없습니다. 때로 양떼를 떠나 길을 잃어버릴 때도 주님께서는 저를 찾아와 주셨습니다. 저는 아흔아홉에 더 많은 관심을 가지나 주님께서는 한 마리 길 잃은 양에 더 많은 애정과 시간을 보이십니다. 주님, 저도 지극히 작은 일에 충성하게 하시며 잃어버린 양 찾기에 헌신하게 하옵소서. 한 죄인이라도 회개시켜 주님 앞으로 인도하게 하옵소서. 저도 길을 잃어버리고 방황할 때가 있었지만 지금은 주님께서 저를 만나 주시고 찾아 주셨습니다. 늘 놀라운 은혜를 감사드리고 찬양드립니다. 다시 길을 잃지 않도록 성령님께서 동행해 주옵소서. 사랑 많으신 예수님의 이름으로 기도드립니다. 아멘."

6-16 "용서에 대한 비유"(마 18:21-35)

"그때에 베드로가 나아와 이르되 주여 형제가 내게 죄를 범하면 몇 번이나 용서하여 주리이까 일곱 번까지 하오리이까 예수께서 이르시되 네게 이르노니 일곱 번뿐 아니라 일곱 번을 일흔 번까지라도 할지니라 그러므로 천국은 그 종들과 결산하려 하던 어떤 임금과 같으니 결산할 때에 만 달란트 빚진 자 하나를 데려오매 갚을 것이 없는지라 주인이 명하여 그 몸과 아내와 자식들과 모든 소유를 다 팔아 갚게 하라 하니 종이 엎드려 절하며 이르되 내게 참으소서 다 갚으리이다 하거늘 그 종의 주인이 불쌍히 여겨 놓아 보내며 그 빚을 탕감하여 주었더니 그 종이 나가서 자기에게 백 데나리온 빚진 동료 한 사람을 만나 붙들어 목을 잡고 이르되 빚을 갚으라 하매 그 동료가 엎드려 간구하여 이르되 나에게 참아 주소서 갚으리이다 하되 허락하지 아니하고 이에 가서 그가 빚을 갚도록 옥에 가두거늘 그 동료들이 그것을 보고 몹시 딱하게 여겨 주인에게 가서 그 일을 다 알리니 이에 주인이 그를 불러다가 말하되 악한 종아 네가 빌기에 내가 네 빚을 전부 탕감하여 주었거늘 내가 너를 불쌍히 여김과 같이 너도 네 동료를 불쌍히 여김이 마땅하지 아니하냐 하고 주인이 노하여 그 빚을 다 갚도록 그를 옥졸들에게 넘기니라 너희가 각각 마음으로부터 형제를 용서하지 아니하면 나의 하늘 아버지께서도 너희에게 이와 같이 하시리라."

이 비유는 베드로의 질문에 대한 답으로 용서에 관한 내용을 담고 있다. "주여 형제가 내게 죄를 범하면 몇 번이나 용서하여 주리이까? 일곱 번까지 하오리이까?" 베드로가 이런 질문을 한 것은 수제자로서 많은 어려움이나 시달림이 있었던 것으로 보인다. 그래서 한두 번 용서해 주었는데 도대체 어느 정도까지 용서를 해주어야 하는가 궁금했던 것 같다. 일곱 번까지 용서해 주어야 하느냐는 언급은 베드로에게 있어 최대한의 용서인 것으로 보인다. 그러나 주님의 대답은 무한대 용서이다. "일곱 번뿐 아니라 일곱 번을 일흔 번까지라도 할지니라"(마 18:22). 이를 계산하면 70×7=490이다. 그러나 이 말씀은 하나님께서 나를 위해 참고 용서해 주시듯이 무한대로 용서를 하라는 뜻이다. 주님은 최선을 다해 용서를 해야 한다는 의미로 이 비유를 말씀해 주신 것이다.

천국은 마치 그 종들과 회계하려 하던 어떤 임금과 같다. 회계할 때 그 종에게는 10,000달란트 빚이 임금에게 있었으나 갚을 것이 없었다. 당시의 사회법대로 갚을 돈이 없으면 몸과 처와 자식들과 모든 소유를 다 팔아 갚아야 한다. 그러나 그 종은 엎드려 절하며 간청을 하였다. "제게 조금만 참아 주십시오. 다 갚으리이다." 그러자 임금은 그 종을 불쌍히 여겨 놓아 보내면서 그 모든 빚을 탕감하여 주었다. 얼마나 기쁜 순간이었을까? 그 종이 나가서 마침 자기에게 100데나리온 빚진 동관 하나를 만나게 되었다. 그가 그를 붙들어 돈을 갚으라 하니 좀전에 자기가 임금 앞에서 간청한 대로 "나를 참아 주소서. 갚겠나이다"라고 대답했다. 그러나 그 종은 허락하지 아니하고 저가 빚을 갚도록 옥에 가두어 버렸다. 달란트는 33kg에 해당하는 큰 돈이고, 데나리온은 한 노동자가 하루 일한 품삯에 해당한다. 그래서 일만 달란트와 100데나리온의 상대가치를 계산하면 약 60만 배의 차이가 난다. 계산적으로도 천문학적인 차이가 난다. 실제로 여기서 말하는 일만 달란트는 하나님께서 나의 죄를 용서해 주시는 분량을 의미한다. 내가 이웃이나 친구에게 용서해 줄 것이 백 데나리온인데 이것도 용서하지 못하면서 하나님께 나의 죄(빚진 것)를 용서해 달라고 기도할 수 있겠는가? 100데나리온의 60만 배에 해당하는 빚을 탕감 받은 자가 동관이 빚을 갚지 않는다고 투옥시켰다.

주변 친구 동관들이 이를 보고 매우 민망히 여겨 임금에게 이를 고했다. 이에 임금이 그 종을 다시 불러 야단을 치면서 "악한 종아, 네가 빌기에 내가 네 빚을 전부 탕감하여 주었거늘, 내가 너를 불쌍히 여김과 같이 너도 네 동관을 불쌍히 여김이 마땅치 아니하냐?"라고 했다. 그러면서 임금은 화가 단단히 나서 그 종이 진 10,000달란트를 다 갚기 전에는 옥에서 나오지 못하게 하였다. 그리고 이 비유의 결론은 "너희가 각각 마음으로부터 형제를 용서하지 아니하면 내 하늘 아버지께서도 너희에게 이와 같이 하시리라"(마 18:35)는 것이다.

주기도문에서 "우리가 우리에게 죄 지은 자를 사하여 준 것같이 우리 죄를 사하여 주옵시고"(마 6:12)라고 기도한다. 즉 우리가 형제의 빚을 탕감하여 줄 때 하늘에 계신 아버지께서 우리의 빚을 탕감해 주신다는 것이다. 이 구절이 얼마나 중요한지 예수께서는 주기도문을 가르치신 직후에 다시 보충설명하셨다. "너희가 사람의 잘못을 용시하면 너희 히늘 아버지께서도 너희 잘못을 용서하시려니와 너희가 사람의 잘못을 용서하지 아니하면 너희 아버지께서도 너희 잘못을 용서하지 아니하시리라"(마 6:14-15). 왜냐하면 하나님께서 우리를 그렇게 많이 용서해 주시고 참아 주시고 기다려 주시기 때문이다. 우리도 형제의 잘못을 일곱 번뿐 아니라 일곱 번씩 일흔 번까지도 용서해야 한다는 것이다. 우리가 형제의 빚도 탕감해 주지 못한 상태에서 우리에게 부여된 빚을 탕감해 달라고 하나님께 기도할 수 없는 것이다. 기업을 무른다는 말(고엘)과 빚을 탕감한다는 말이 연관되어 있다. 보아스가 엘리멜렉의 기업을 무른 일은 그가 진 빚을 탕감했다는 뜻이다. 하나님께 빚을 탕감받기 전에 형제의 빚을 탕감해 주어야 한다.

*묵상을 위한 질문
(1) 나는 나에게 상처를 준 형제를 몇 번까지 용서하는가?
(2) 나는 나에게 빚진 형제들을 용서해 주지 않으면서 죄사함을 원하는가?
(3) 나는 하나님께 얼마나 용서를 받았고 빚을 탕감받았는가?

*관련 찬송
426장(통합 215장, 이 죄인을 완전케 하옵시고 내 맘속에 영원히)
216장(통합 356장, 성자의 귀한 몸 날 위하여 버리신 그 사랑)
272장(통합 330장, 고통의 멍에 벗으려고 예수께로 나갑니다)

*묵상 기도
"좋으신 하나님 아버지, 용서하며 사랑하는 법을 가르쳐 주옵소서. 저에게 상처를 준 형제의 잘못을 용서하게 하옵소서. 스데반 집사님처럼 자기를 돌로 치는 자들의 죄를 용서해 달라고 기도하게 하옵소서. 친구가 목말라할 때 물을, 배고파할 때 빵을 제공하게 하옵소서. 형제에게 원망 듣지 않게 하시며, 우리가 서로 용서

하지 않으면 천부께서 우리의 죄를 용서해 주시지 않음을 늘 기억하게 하옵소서. 다만 성령 훼방죄는 사함 받을 수 없다는 것도 기억하게 하옵소서. 사랑 많으신 예수님의 이름으로 기도드립니다. 아멘."

6-17 "먼저 된 자가 나중 되고"(마 20:1-16)

"천국은 마치 품꾼을 얻어 포도원에 들여보내려고 이른 아침에 나간 집 주인과 같으니 그가 하루 한 데나리온씩 품꾼들과 약속하여 포도원에 들여보내고 또 제삼시에 나가 보니 장터에 놀고 서 있는 사람들이 또 있는지라 그들에게 이르되 너희도 포도원에 들어가라 내가 너희에게 상당하게 주리라 하니 그들이 가고 제육시와 제구시에 또 나가 그와 같이 하고 제십일시에도 나가 보니 서 있는 사람들이 또 있는지라 이르되 너희는 어찌하여 종일토록 놀고 여기 서 있느냐 이르되 우리를 품꾼으로 쓰는 이가 없음이니이다 이르되 너희도 포도원에 들어가라 하니라 저물매 포도원 주인이 청지기에게 이르되 품꾼들을 불러 나중 온 자로부터 시작하여 먼저 온 자까지 삯을 주라 하니 제십일시에 온 자들이 와서 한 데나리온씩을 받거늘 먼저 온 자들이 와서 더 받을 줄 알았더니 그들도 한 데나리온씩 받은지라 받은 후 집 주인을 원망하여 이르되 나중 온 이 사람들은 한 시간밖에 일하지 아니하였거늘 그들을 종일 수고하며 더위를 견딘 우리와 같게 하였나이다 주인이 그 중의 한 사람에게 대답하여 이르되 친구여 내가 네게 잘못한 것이 없노라 네가 나와 한 데나리온의 약속을 하지 아니하였느냐 네 것이나 가지고 가라 나중 온 이 사람에게 너와 같이 주는 것이 내 뜻이니라 내 것을 가지고 내 뜻대로 할 것이 아니냐 내가 선하므로 네가 악하게 보느냐 이와 같이 나중 된 자로서 먼저 되고 먼저 된 자로서 나중 되리라."

이 비유는 천국 비유의 전형적인 형태인 "천국은 마치⋯⋯ 같으니"로 시작된다. 포도 수확철이 되어 주인이 일꾼들을 모집하러 아침 일찍 인력시장에 나갔다. 이곳은 하루하루 벌어서 살아가는 노동자들이 자신을 고용할 주인을 기다리는 곳이었다. 주인은 당시 노동자의 하루 임금에 해당하는 한 데나리온[38]을 약속하고 품꾼들을 데리고 와서 일을 시켰다.

그런데 아무래도 해질녘까지 일을 끝내지 못할 것 같으니 주인은 오전 9시경(제 3시)[39]에 추가 모집하러 시장에 가서 장터에서 일을 기다리며 놀고 있던 사람들을 고용해서 일을 시켰다. '상당하게 주리라'는 다시 말하면 충분한 대가를 지불한다는 약속이었다. 또 정오(제 6시)가 가까웠으나 일이 끝나려면 더 많은 일꾼이 필요하다고 판단한 주인은 다시 시장에 가서 아직도 서성대는 몇 사람을 고용했다. 그리고 오후 3시(제 9시)에 나가서 추가로 일꾼을 고용했다. 주인이 아침에 계산한 일꾼 수가 모자랐는가? 먼저 와서 일을 하던 품꾼들이 주인의 기대만큼 열심히 일을 하지 못한 탓이리라.

주인은 해지기 1시간 전인 오후 5시(제 11시)에도 시장에 나가 보았다. 그 시간까지 몇 사람들이 서성거리며 있었다. "당신들은 종일토록 여기서 놀고 있느냐"고 물으니 저들의 대답이 딱하다.

---

38) 데나리온(Denarion, 복수=Denarii)은 당시 로마제국에서 통용되던 은화(piece of silver)로서, 군인이나 노동자(일꾼)의 하루 품삯에 해당되는 분량이다. 그리스의 한 드라크마(Drachma)에 해당한다.
39) 성경에 나오는 시간을 오늘날 우리가 통용하는 시간 개념으로 바꾸려면 6시간을 더하면 된다. 당시에는 해가 떠오를 때부터 해가 질 때까지 낮의 장단에 관계 없이 12시로 나누었으며, 이것은 고대 사회에서 통용되는 관습이었다.

"우리를 품꾼으로 쓰는 이가 없음이니이다." 주인은 결심을 내린다. 비록 한 시간 정도밖에 남지 않았지만 자네들도 포도원에 들어가 일하라고 했다. 아마도 그들은 최선을 다해 한 시간 동안 포도를 거두었을 것이다. 드디어 일이 마감되고 일당을 받는 시간이다. 율법에 의하면 일꾼의 품삯은 그날에 지불하도록 되어 있다 (신 24:15). 포도원 주인이 청지기(steward, 헬라어 Epitropos)에게 이르되 품꾼들을 불러 나중 온 자로부터 시작하여 먼저 온 자까지 삯을 주라고 하니 오후 5시(제 11시)에 온 자들이 와서 한 데나리온씩을 받는다. 무척 후한 임금이다. 고작 1시간 일했으나 종일 일한 만큼의 품삯을 주니 얼마나 기쁘겠는가? 그 사람들보다 먼저 와서 일한 사람들은 은근히 더 받을 것을 기대했을 것이다.

그러나 제구 시에 온 사람, 제육 시에 온 사람, 제삼 시에 온 사람 모두에게 똑같이 한 데나리온씩 임금이 지급된다. 침묵이 흐른다. 맨 나중에 제일 먼저 와서 이른 아침부터 일한 일꾼이 한 데나리온을 받으니 집주인을 향해 원망하기 시작한다. "나중 온 이 사람들은 한 시간밖에 일하지 아니하였거늘 종일 수고하며 더위를 견딘 우리와 같은 액수의 돈을 그들에게 지급합니까?" 당연한 불평이리라.[40] 오전 9시, 정오, 오후 3시에 온 자들은 그대로 침묵하고 있다. 상당한 임금에 만족했을 것이다. 그러나 맨 먼저 와서 종

---

40) 일한 시간대로 계산하는 노동법을 만든 벤자민 프랭클린(Benjamin Franklin, 1706-1790)은 말하기를 "시간이 돈이다"(Time is money)라고 했다. 여기에는 시간만 떼우면 일급이 나오는 폐단이 있다.

일 일한 자들이 앞서 받는 사람들의 임금을 보고 더 받을 것을 기대했다가 동일하게 지급받으니 불만을 표시한 것이다. 주인이 그 중 한 사람에게 대답하여 이르되 "친구여, 내가 자네에게 잘못한 것이 없노라. 자네가 나와 한 데나리온의 약속을 하지 아니하였느냐? 자네 것이나 가지고 가라. 나중 온 이 사람에게 너와 같이 주는 것이 내 뜻이니라. 내 것을 가지고 내 뜻대로 할 것이 아니냐? 내가 선하므로 네가 악하게 보느냐?"라고 했다. 초심을 버리고 자기 판단대로 주인의 일을 비판하고 있는 것이다. 자기를 종일 사용해 주신 주인의 은혜를 망각하고 아침에 부름을 받았을 때의 감동과 감격을 잃어버린 상태이다.

교회에서도 이런 사람들은 쉽게 위선에 빠진다. 한동안 있었던 감동과 감격을 잃어버릴 때 하는 척하며 경건한 척하면서 자신을 속이고 주인을 속인다. 뒤에 온 사람들을 격려하기보다는 군림하는 자세, 비판하는 입장에 서게 된다. 신앙의 세계에서는 불평이 용납되지 않는다. 오히려 종일 일할 수 있는 기회를 주신 주인에게 감사하며, 나중에 와서 일한 사람들에게 축하와 격려를 보내는 아량이 필요한 것이다. 모태신앙을 가진 사람들은 나를 불러 주시고 사용해 주시는 주님에 대해 감사하며 감격하기보다 이를 당연시 하며 열정이 없다.

이 비유를 바르게 이해하기 위해서는 전체 문맥을 살펴야 한다. 마태복음 19장 30절에서 "그러나 먼저 된 자로서 나중 되고 나중 된 자로서 먼저 될 자가 많으니라"(But many that are first shall be last: and the last shall be first)로 되어 있다. 그리고 이 비유의 결론도 "이와 같이 나중 된 자로서 먼저 되고 먼저 된 자로서 나중 되리라 청함을 받은 자는 많으나 택함을 받은 자는 적으니라"(So the last shall be first, and the first last: for many be called, but few chosen. 마 20:16)[41]로 되어 있는 것으로 보아 이 비유는 마태복음 19장 16절부터 읽어야 한다.

한 부자 청년이 주님께 와서 질문하기를 "선생님이여 내가 무슨 선한 일을 하여야 영생을 얻으리이까?"(Good Master, what good thing shall I do, that I may have eternal life?)라고 했다. 이 질문의 내용으로 보아 그는 행위 구원을 믿는 자이다. 주님의 대답은 하나님의 모든 계명을 지키라는 것이다(마 19:17-19). 그는 놀랍게도 하나님의 계명들을 다 지켰다고 하면서 "아직도 무엇이 부족하리이까?"(All these things have I kept from my youth up: what lack I yet?, 막 10:20) 하고 묻는다. 마가복음에서 주님은 이런 대답을 하는 청년을 보시고 "사랑하사"(Jesus beholding him loved him, 막 10:21) 이르시되 "네가 온전하고자 할진대 가서 네 소유를 팔아 가난한 자들에게 주라 그리하면 하늘에서 보화가 네게 있으리라 그리고 와서 나를 따르라"(마 19:21, If thou wilt be perfect, go and sell that thou hast, and give to the poor, and thou shalt have treasure in heaven: and come and follow me)고 하셨다.

이 청년은 "이웃을 네 몸과 같이 사랑하라"(Thou shalt love thy neighbour as thyself. 마 19:19)는 계명도 지켰다고 대답했다. 그러자

---

41) 한글 개역개정판에는 "청함을 받은 자는 많으나 택함을 받은 자는 적으니라"가 빠져 있다. 개혁자들이 사용한 수용원문(TR, Textus Receptus)에는 들어가 있으며 여기서 영어는 《킹 제임스 성경》이다.

"네 소유를 팔아 가난한 자들에게 주면 하늘의 보화가 네게 있을 것이며 그리고 와서 주님을 따르라"고 초청하셨다. 결국 그는 재물이 많으므로 심히 근심하며 돌아가고 말았다(he went away sorrowful: for he had great possessions. 마 19:22).

이 부자 청년이 돌아가고 난 후 예수께서 제자들에게 말씀하시기를, "내가 진실로 너희에게 이르노니 부자가 천국에 들어가기가 어려우니라 다시 너희에게 말하노니 낙타가 바늘귀로 들어가는 것이 부자가 하나님의 나라에 들어가는 것보다 쉬우니라"(마 19:23-24, Verily I say unto you, That a rich man shall hardly enter into the kingdom of heaven. And again I say unto you, It is easier for a camel to go through the eye of a needle, than for a rich man to enter into the kingdom of God)고 하셨다. 여기서 부자란 방금 떠난 청년을 지칭하는데 이런 사람이 천국에 들어가는 것보다 낙타가 바늘귀[42]를 통과하는 것이 더 쉽다고 말씀하신다.

이에 제자들이 듣고 놀라 "그렇다면 누가 구원을 얻을 수 있으리이까?"(마 19:25, who then can be saved?) 하고 묻는다. 저 청년처럼 하나님의 계명들을 어렸을 때부터 다 지킨 사람도 구원받기가 그렇게 어려운데 하물며 계명도 제대로 지키지 못하고 살았던 나를 포함해 누가 구원을 얻을 수 있겠느냐는 질문이다. 이에 주님의 대답은 "사람으로는 할 수 없으나 하나님으로서는 다 하실 수 있

---

[42] 예루살렘에 들어가는 성문 가운데 높지 않고 폭도 좁은 문의 별명이 바늘귀 문이라고 했다. 이 문을 통해 낙타가 들어가려면 짐을 다 내리고 무릎을 꿇고 좌우로 비집고 겨우 들어갈 수 있다고 한다.

느니라"(마 19:26, With men this is impossible: but with God all thing are possible)라는 것이었다. 이것이 복음이다. 구원은 사람의 노력으로 얻을 수 없고 전적으로 하나님의 은혜요, 선물이다. 그런데 상급에 대한 문제는 어떻게 이해할 수 있는가? 베드로가 말하되, "보소서 우리가 모든 것을 버리고 주를 따랐사온대 그런즉 우리가 무엇을 얻으리이까?"(마 19:27)라고 했다. 이 질문은 영혼 구원이 전적으로 하나님의 은혜로 주시는 것이라면 우리들이 가족과 직장을 버리고 주님을 따르며 헌신한 대가로 무엇을 얻을 수 있느냐는 것이다. 영혼 구원이 전부라면 이미 하나님의 은혜로 영혼 구원을 받은 우리들이 제자들처럼 모든 것을 헌신하고 충성하고 수고할 필요가 없지 않느냐는 질문이기도 하다.

이에 주님의 답변은 천국 상급에 대하여 가르치신다. "내가 진실로 너희에게 이르노니 세상이 새롭게 되어 인자가 자기 영광의 보좌에 앉을 때에 나를 따르는 너희도 열두 보좌에 앉아 이스라엘 열두 지파를 심판하리라 또 내 이름을 위하여 집이나 형제나 자매나 부모나 자식이나 전토를 버린 자마다 여러 배를 받고 또 영생을 상속하리라"(마 19:28-29). 주님께서 재림하실 때 남달리 헌신한 제자들은 12보좌[43]에 앉아 12지파를 심판하는 권세를 주겠다고 약속하셨다. 분명히 천국 상급에는 차등이 있다는 것이다. "그러

---

43) 가룟 유다가 제자의 반열에서 이탈한 후 예수님께서는 바울을 불러 주셔서 이방인들을 위한 사도로 삼으심으로 그 자리를 보충하셨다. 사도행전 1장에 나오는 맛디아 선출을 하나님께서 허락하시거나 인정하신 적도 없다. 그후 초대교회에 맛디아의 활동이 기록되어 있지 않다. 사도란 제자들끼리 기도하고 제비뽑아 선출되는 것이 아니라 주님께서 친히 불러 주셔야 한다.

나 먼저 된 자로서 나중 되고 나중 된 자로서 먼저 될 자가 많으니라"는 말씀은, 상급은 충성과 헌신한 만큼 받게 되나 구원은 먼저 된 자나 나중 된 자가 똑같이 받는다는 것이다. 그리고 나서 이 말씀에 대한 예화로 한 데나리온 품삯 비유를 하신 것이다(마 20:1-16). 이것을 보면 이 비유는 구원론을 가르쳐 주고 있다. 결코 상급론이 아니다.[44]

다시 마태복음 20장 16절로 돌아가서 "이와 같이 나중 된 자로서 먼저 되고 먼저 된 자로서 나중 되리라"는 말씀을 살펴보자. "청함을 받은 자는 많되 택함을 입은 자는 적으니라"(마 22:14). 이는 구원은 전적으로 하나님의 고유 권한에 속하며 인간의 우열이나 선후에 개의치 않고 공평하게 취급된다는 것을 가르쳐 주는 말씀이다. 하나님의 은혜는 절대권한에 속한 것이기에 인간이 감히 도전할 수 없다(롬 9:14-21). 나를 불러 주시는 주님의 은혜를 생각하면서 감사하고 감격하여 열심히 봉사해야 한다. 이런 감사와 감격을 잃어버리면 불평이 나온다.

여기서 말하는 아침 일찍 온 사람은 민족적으로 보면 먼저 선택을 받은 이스라엘일 것이고, 신앙적으로 보면 모태신앙을 가진 사람을 포함하여 일찍 믿음생활을 한 사람일 것이다. 이들은 먼저 택함을 받아 일한 대가를 내세워 하나님의 은혜를 소홀히 할 우려

---

44) 박윤선 박사는 품꾼들이 모두 한 데나리온씩 받은 것을 다음과 같이 주석했다. "이것은 그리스도를 믿는 자들은 그 누구든지 세상 끝에 구원을 받게 될 것을 이름이다."

가 있었기에 예수께서 이를 경계하신 것이다.

한편 늦게 부르심을 받은 일꾼은 일하는 시간이 얼마 남지 않았기에 은혜에 의지하는 마음이 그만큼 커질 수밖에 없었다. 해가 지기 1시간 전에 고용된 일꾼을 생각해 보자. 주인이 과연 꼭 필요해서 이 사람을 채용했는가, 혹은 선심을 제공하기 위해 채용했는가 하는 문제도 생각해 볼 수 있다. 한 시간만 일하고 하루의 품삯을 받게 되었으니, 주인의 은혜에 전적으로 의지하려는 마음을 엿볼 수 있다.

보상은 하나님의 뜻에 달려 있으며 행위의 대가가 아님을 알 수 있다. 우리는 나를 사용해 주시는 주님의 은혜에 감사하고 감격하며 주인의 일에 헌신해야 되는 것이다. 오늘 하루도 자기를 필요로 하는 주인을 만나지 못해 공친 사람이 한두 명이겠는가? 주변의 실업자들을 생각해서라도 나를 사용해 주시는 주님의 은혜를 감사하며 맡은 사명을 감당하자.

* 묵상을 위한 질문
(1) 나는 몇 시에 부름을 받았는가? 부름에 대한 감사가 있는가?
(2) 나는 얼마나 하나님의 은혜를 감사하며 감격하며 일해 왔는가?
(3) 나는 하오 5시에 부름 받은 자처럼 최선을 다하는가?
(4) 나는 이웃이 받는 상급 및 임금을 축하하는가?
(5) 나의 받는 것에 얼마나 감사하고 사는가?

* 관련 찬송

511장(통합 263장, 예수 말씀하시기를 누가 오늘 일할까?)
323장(통합 355장, 부름 받아 나선 이 몸 어디든지 가오리다)
580장(통합 371장, 삼천리 반도 금수강산 하나님 주신 동산)

* 묵상 기도

"자비로우신 주님, 부족한 저에게 사명을 주셔서 감사드립니다. 그러나 게으르고 충성치 못하여 주님께 실망을 끼쳐 드린 것 죄송합니다. 해지기 한 시간 전에 부름을 받은 종처럼 최선을 다하며 이마에 땀을 흘리도록 수고하게 하소서. 받은 은혜에 늘 감사드리며, 이웃이 나보다 나은 은사 받았음을 시기하지 않고 함께 기뻐할 수 있는 마음을 주시옵소서. 좋으신 예수님의 이름으로 기도드립니다. 아멘."

6-18 "그 후에 뉘우치고 갔으니"(마 21:28-32)

"그러나 너희 생각에는 어떠하냐 어떤 사람에게 두 아들이 있는데 맏아들에게 가서 이르되 얘 오늘 포도원에 가서 일하라 하니 대답하여 이르되 아버지 가겠나이다 하더니 가지 아니하고 둘째 아들에게 가서 또 그와 같이 말하니 대답하여 이르되 싫소이다 하였다가 그 후에 뉘우치고 갔으니 둘 중의 누가 아버지의 뜻대로 하였느냐 이르되 둘째 아들이니이다 예수께서 그들에게 이르시되 내가 진실로 너희에게 이르노니 세리들과 창녀들이 너희보다 먼저 하나님의 나라에 들어가리라 요한이 의의 도로 너희에게 왔거늘 너희는 그를 믿지 아니하였으되 세리와 창녀는 믿었으며 너희는 이것을 보고도 끝내 뉘우쳐 믿지 아니하였도다."

예수께서 수난을 당하시기 며칠 전 성전에 들어가서 가르치셨다. 마침 대제사장들과 백성의 장로들이 나아와 묻기를 "네가 무슨 권위로 이런 일을 하느냐 또 누가 이 권위를 주었느냐"(마 21:23)라고 했다. 그러자 주님께서 대답하시기를 "나도 한 말을 너희에게 물으리니 너희가 대답하면 나도 무슨 권위로 이런 일을 하는지 이르리라 요한의 세례가 어디로부터 왔느냐 하늘로부터냐 사람으로부터냐"(마 21:24-25)라고 하셨다. "그들이 서로 의논하여 이르되 만일 하늘로부터라 하면 어찌하여 그를 믿지 아니하였느냐 할 것이요 만일 사람으로부터라 하면 모든 사람이 요한을 선지자로 여기니 백성이 무섭다 하여 예수께 대답하여 이르되 우리가 알지 못하노라 하니 예수께서 이르시되 나도 무슨 권세로 이런 일을 하는지 너희에게 이르지 아니하리라"(마 21:25-27). 당시 유대교 지도자들은 인본주의에서 살고 있었다. 그래서 그들은 하나님의 뜻과 눈치가 아니라 사람의 눈치를 의식하여 예수님의 질문에 답하지 못했다.

한 포도원 주인에게 두 아들이 있었다. 포도원의 일이 많아 아침에 아버지가 맏아들에게 부탁하기를 "얘, 포도원에 가서 일하라"고 하였다. 이에 맏아들은 "예, 가서 일하겠습니다"라고 대답했으나, 결국 실천이 없었다. 무슨 이유에서인지 포도원에 가서 일하지 않았다. 위급한 일이 생긴 것일까? 아니면 아버지의 부탁을 경홀히 여긴 것일까? 아니면 처음부터 일하기 싫었으나 차마 거절하지 못해 대답만 해 놓고 결국 가지 않았던 것일까? 어떤 사정이 생겼다면 일단 아버지에게 찾아가 사정을 말씀드리고 가지 않았다면 더 좋지 않았을까?

그날 아침에 아버지는 같은 부탁을 둘째아들에게도 하였다. 둘째아들은 "싫습니다. 일하러 가지 않겠습니다"라고 대답하였으나 후에 뉘우치고 포도원에 가서 열심히 일했다. 말로는 거절해 놓고 양심의 가책을 느껴 아버지의 뜻에 순종하였던 것이다.

여기서 한 가지 지적할 사항은 번역 문제이다. 우리가 사용하는 한글 번역 성경 중 〈개역개정판〉, 〈개역〉, 〈새번역〉, 〈현대인의 성경〉에서는 위에서 소개한 대로 맏아들은 긍정적인 대답을 했지만 불순종했고, 둘째아들은 부정적인 대답을 했으나 뉘우치고 아버지의 원대로 행동했다. 〈개정개정〉, 〈새번역〉과 〈현대인의 성경〉은 〈개역〉에 근거해서 번역된 것이라면 〈개역〉의 영어 대본인 ASB(American Standard Bible)에서 그렇게 번역된 것을 찾아 볼 수 있다.

그러나 헬라어 원문,《킹 제임스 성경》을 위시한 다른 영어 번역 성경책, 심지어 일본역, 중국역에서는 맏아들과 둘째아들의 태도가 〈개정개역〉에서 보여주는 것과는 반대로 되어 있다. 한글 번역에서는 〈공동번역〉과 〈표준새번역〉이 헬라어 원문대로 되어 있다. 여기서는 〈표준새번역〉을 인용한다.[45]

"어떤 사람에게 아들이 둘 있는데, 아버지가 맏아들에게 가서 '애야, 너 오늘 포도원에 가서 일해라' 하고 말하였다. 그런데 맏아들은 '싫습니다!' 하고 말하였다. 그러나 그 뒤에 뉘우치고 일하러 갔다. 아버지가 둘째아들에게 가서, 같은 말을 하였다. 작은아들은 '예, 가겠습니다. 아버지!' 하고는 가지 않았다."

ASB성경에서 이렇게 바꾼 것은 그 다음의 예수님의 교훈과 부합하려는 신학적인 해석이 반영된 것이라고 본다. 예수께서 유대인들에게 이르시되 "이 두 아들 가운데 누가 아버지의 뜻대로 하였느냐?"라고 물으시니 그들의 대답이 결국 가서 일을 한 "둘째아들"(개역에 의하면)이라고 대답하였다. 이에 주님께서 말씀하시기를 "내가 진실로 너희에게 이르노니 세리들과 창기들이 너희보다 먼저 하나님의 나라에 들어가리라 요한이 의의 도로 너희에게 왔거늘 너희는 저를 믿지 아니하였으되 세리와 창기는 믿었으며 너희

---

45) 여기서도 각주를 통하여 다른 고대 사본들에는 "29. 그런데 그는 말하기를 '예, 가겠습니다, 아버지!' 하고서는 가지 않았다. 30. 아버지가 둘째아들에게 가서, 같은 말을 하였다. 작은아들은 말하기를 '싫습니다' 하였다. 그러나 그 뒤에 뉘우치고 일하러 갔다"고 소개하고 있다.

는 이것을 보고도 끝내 뉘우쳐 믿지 아니하였도다"(마 21:31-32)라고 말씀하셨다. ASB성경 대로라면 맏아들은 유대인으로 먼저 선택이 되었으나 결국 아버지의 뜻대로 행하지 않았다. 둘째아들은 세리와 창기들로 처음에는 불순종하였으나 나중에 회개하고 아버지의 뜻대로 행하였다는 것이다.

이 비유에서의 관심은 맏아들, 둘째아들보다는 회개를 해서라도 아버지의 뜻대로 실천하는 자가 아버지를 기쁘게 한다는 것이다. 첫째아들은 대답만 잘하고 행함이 없었다. 이는 입으로는 하나님의 말씀을 가장 잘 따르는 척하지만 실행하지 않는 교권자들을 가리킨다. 그들은 율법에 충실한 자로 자부하지만, 하나님께서 그리스도를 보내도 배척하여 하나님의 뜻에 순종하지 않았다. 둘째아들은 당시 유대 사회에서 대표적인 죄인으로 취급받은 세리와 창기를 가리킨다. 이들은 처음에 하나님을 등지고 살았으나 얼마 후 뉘우치고 하나님께 순종하였다.[46] 이들이 먼저 천국에 들어간다는 것은 당시 유대교 지도자들에게는 폭탄 선언과도 같은 것이었다. 회개에는 구체적인 행동이 수반되어야 한다. 하나님께서는 회개에 합당한 열매를 기뻐하시기 때문이다.

　(1) 악인형 : 대답도 불순종, 행동도 불순종
　(2) 배신형 : 대답은 순종, 행동은 불순종
　(3) 회개형 : 대답은 불순종, 행동은 순종
　(4) 모범형 : 대답도 순종, 행동도 순종

---

46) 브루스(F. F. Bruce)도 이 두 아들을 유대의 교권자와 세리나 창기로 비유한 것으로 해석하면서 31절과 부합하여 설명한다.

*묵상을 위한 질문

1) 나는 어느 형태의 인간인가?(악인형, 배신형, 회개형, 모범형)
2) 나는 회개에 합당한 생활을 하고 있는가?
3) 하나님의 뜻대로 사는 생활이란 무엇인가?

*관련 찬송

449장(통합 377장, 예수 따라가며 복음 순종하면 우리 행할 길 환하겠네)
204장(통합 379장, 주의 말씀 듣고서 순종하는 자는)
511장(통합 263장, 예수 말씀하시기를 누가 오늘 일할까?)

*묵상 기도

"하나님 아버지, 저희들의 완악한 마음을 용서하옵소서. 주께서 불러 주시고 사명감을 주실 때, 순종하며 주께서 부탁하신 것을 성실하게 실행하도록 도와주옵소서. 비록 대답을 못한 것이 있더라도 지금 회개하고 뉘우치며 순종하겠습니다. 또 대답을 하지 못하고 불순종한 것을 지금 실천할 수 있게 성령께서 인도해 주시옵소서. 사랑 많으신 예수님의 이름으로 기도드립니다. 아멘."

6-19 "포도원 농부 비유" (마 21:33-46; 막 12:1-12, 눅 20:9-19)

"다른 한 비유를 들으라 한 집 주인이 포도원을 만들어 산울타리로 두르고 거기에 즙 짜는 틀을 만들고 망대를 짓고 농부들에게 세로 주고 타국에 갔더니 열매 거둘 때가 가까우매 그 열매를 받으려고 자기 종들을 농부들에게 보내니 농부들이 종들을 잡아 하나는 심히 때리고 하나는 죽이고 하나는 돌로 쳤거늘 다시 다른 종들을 처음보다 많이 보내니 그들에게도 그렇게 하였는지라 후에 자기 아들을 보내며 이르되 그들이 내 아들은 존대하리라 하였더니 농부들이 그 아들을 보고 서로 말하되 이는 상속자니 자 죽이고 그의 유산을 차지하자 하고 이에 잡아 포도원 밖에 내쫓아 죽였느니라 그러면 포도원 주인이 올 때에 그 농부들을 어떻게 하겠느냐 그들이 말하되 그 악한 자들을 진멸하고 포도원은 제 때에 열매를 바칠 만한 다른 농부들에게 세로 줄지니이다 예수께서 이르시되 너희가 성경에 건축자들이 버린 돌이 모퉁이의 머릿돌이 되었나니 이것은 주로 말미암아 된 것이요 우리 눈에 기이하도다 함을 읽어 본 일이 없느냐 그러므로 내가 너희에게 이르노니 하나님의 나라를 너희는 빼앗기고 그 나라의 열매 맺는 백성이 받으리라 이 돌 위에 떨어지는 자는 깨지겠고 이 돌이 사람 위에 떨어지면 그를 가루로 만들어 흩으리라 하시니 대제사장들과 바리새인들이 예수의 비유를 듣고 자기들을 가리켜 말씀하심인 줄 알고 잡고자 하나 무리를 무서워하니 이는 그들이 예수를 선지자로 앎이었더라."

"예수께서 비유로 그들에게 말씀하시되 한 사람이 포도원을 만들어 산울타리로 두르고 즙 짜는 틀을 만들고 망대를 지어서 농부들에게 세로 주고 타국에 갔더니 때가 이르매 농부들에게 포도원 소출 얼마를 받으려고 한 종을 보내니 그들이 종을 잡아 심히 때리고 거저 보내었거늘 다시 다른 종을 보내니 그의 머리에 상처를 내고 능욕하였거늘 또 다른 종을 보내니 그들이 그를 죽이고 또 그 외 많은 종들도 더러는 때리고 더러는 죽인지라 이제 한 사람이 남았으니 곧 그가 사랑하는 아들이라 최후로 이를 보내며 이르되 내 아들은 존대하리라 하였더니 그 농부들이 서로 말하되 이는 상속자니 자 죽이자 그러면 그 유산이 우리 것이 되리라 하고 이에 잡아 죽여 포도원 밖에 내던졌느니라 포도원 주인이 어떻게 하겠느냐 와서 그 농부들을 진멸하고 포도원을 다른 사람들에게 주리라 너희가 성경에 건축자들이 버린 돌이 모퉁이의 머릿돌이 되었나니 이것은 주로 말미암아 된 것이요 우리 눈에 놀랍도다 함을 읽어 보지도 못하였느냐 하시니라 그들이 예수의 이 비유가 자기들을 가리켜 말씀하심인 줄 알고 잡고자 하되 무리를 두려워하여 예수를 두고 가니라."

"그가 또 이 비유로 백성에게 말씀하시기 시작하시니라 한 사람이 포도원을 만들어 농부들에게 세로 주고 타국에 가서 오래 있다가 때가 이르매 포도원 소출 얼마를 바치게 하려고 한 종을 농부들에게 보내니 농부들이 종을 몹시 때리고 거저 보내었거늘 다시 다른 종을 보내니 그도 몹시 때리고 능욕하고 거저 보내었거늘 다시 세 번째 종을 보내니 이 종도 상하게 하고 내쫓은지라 포도원 주인이 이르되 어찌할까 내 사랑하는 아들을 보내리니 그들이 혹 그는 존대하리라 하였더니 농부들이 그를 보고 서로 의논하여 이르되 이는 상속자니 죽이고 그 유산을 우리의 것으로 만들자 하고 포도원 밖에 내쫓아 죽였느니라 그런즉 포도원 주인이 이 사람들을 어떻게 하겠느냐 와서 그 농부들을 진멸하고 포도원을 다른 사람들에게 주리라 하시니 사람들이 듣고 이르되 그렇게 되지 말아지이다 하거늘 그들을 보시며 이르시되 그러면 기록된 바 건축자들의 버린 돌이 모퉁이의 머릿돌이 되었느니라 함이 어찜이냐 무릇 이 돌 위에 떨어지는 자는 깨어지겠고 이 돌이 사람 위에 떨어지면 그를 가루로 만들어 흩으리라 하시니라 서기관들과 대제사장들이 예수의 이 비유는 자기들을 가리켜 말씀하심인 줄 알고 즉시 잡고자 하되 백성을 두려워하더라."

이 비유는 공관복음서에 다 나오는 것으로 예수님께서 십자가를 지시는 이유에 대하여 말씀하고 있다. 하나님의 아들이 세상에 오셔서 왜 그렇게 핍박을 받고 박해를 받아 마침내 십자가에 죽으셔야 하는지 그 이유에 대해 주님께서 비유로 말씀하신 것이다. 즉 이런 일을 음모하는 자들이 알아듣도록 하신 비유이다.

마태복음 21장 33절에서는 앞서 맏아들의 불순종과 둘째아들의 순종을 대조함으로 맏아들 격인 유대인들이 불순종함에 비해, 이방인이 순종함으로 구원받음과 같은 맥락에서 이해될 수 있다. 한 집주인이 포도원을 만들고 산울로 두르고 거기에 즙 짜는 구유를 파고 망대를 짓고 농부들에게 세로 준 후 타국에 갔다. 추수 때가 되어 주인이 그 실과를 받으려고 자기 종들을 소작농들에게 보내니 농부들이 종들을 잡아 하나는 심히 때리고, 하나는 죽이고, 하나는 돌로 쳐버리고 말았다. 주인이 참고 다시 다른 종들을 처음보다 많이 보내니 저희에게도 또 그렇게 홀대했다. 주인은 세 번째로 자기 아들을 보내며 생각하기를 저희가 내 아들은 공경하리라 했더니 농부들이 그 아들을 보자 이는 상속자니 죽이고 그의 유업을 차지해 버리자 하여 아들을 잡아 포도원 밖에 내어쫓아 죽여 버리고 말았다.

만약 당신이 주인이라면 이런 상황에서 어떻게 했을까? 소작농들에게 당한 배신감, 자기 종들을 능욕하고 푸대접한 것은 보낸 주인을 그렇게 대접한 것이다. 더구나 주인의 아들을 잡아 죽여 버렸으니 말이다. 주님께서도 청중들에게 물으신다. "그러면 포도원 주인이 올 때에 그 농부들을 어떻게 하겠느냐"(마 21:40). 이에 청중이 대답하기를 "그 악한 자들을 진멸하고 포도원은 제때에 열매를 바칠 만한 다른 농부들에게 세로 줄지니이다"(마 21:41)라고 했다. 이 대답에 대제사장들과 백성의 장로들은 참여하지 않았을 것이다.

하나님께서 손수 창조하신 세계를 인간에게 맡기시고 열매를 수확할 때 하나님의 사람들(제사장, 선지자, 하나님 사람들)을 보내셨건만 저들이 영접하지도 아니하고 열매를 줄 생각도 하지 않고 도리어 박해하고 쫓아냈다. 마침내 독생자 예수님을 보내셨는데 저들은 예수님을 십자가에 죽이고 만다는 내용을 이 비유를 통해 전함으로 지금 대제사장들, 바리새인들, 서기관들, 사두개인들, 백성의 장로들의 음모를 공개하신 것이다. 이들은 어떤 건수를 만들어 예수님을 고소하려고 한다. 지금도 무슨 권세로 가르치며 능력을 행하는지 따지러 온 것이었다.

예수께서 이르시되 "너희가 성경에 건축자들이 버린 돌이 모퉁이의 머릿돌이 되었나니 이것은 주로 말미암아 된 것이요 우리 눈에 기이하도다 함을 읽어 본 일이 없느냐"(마 21:42)라고 말씀하셨다. 예수님께서는 시편 118편 22-24절 말씀을 인용하시면서 메시아가 당할 수난을 예고하시는 것이다. "그러므로 내가 너희에게 이르노니 하나님의 나라를 너희는 빼앗기고 그 나라의 열매 맺는 백성이 받으리라 이 돌 위에 떨어지는 자는 깨지겠고 이 돌이 사람 위에 떨어지면 그를 가루로 만들어 흩으리라"(마 21:43-44) 하시니 대제사장들과 바리새인들이 이 비유를 듣고 자기들을 가리켜 말씀하신 줄 알고 잡고자 하나 무리를 무서워하니 이는 저희가 예수님을 선지자로 알았기 때문이다. 하나님의 말씀을 깨달았으면 예수님을 믿고 따를 것이지 사악한 마음을 가진 사람은 끝까지 하나님을 대적하는 편에 서 있는 것이다.

이제 마가복음을 살펴보자. 마가복음 12장 1절 이하에 보니, 주인이 세 번째도 아들을 보낸 것이 아니라 다른 종을 보내니 죽이고 그 외 많은 종들도 혹은 때리고 혹은 죽였다는 것이다(막 12:5). 네 번째로 아들을 보내었는데 죽임을 당했다는 것이다. 다른 내용은 똑같다.

누가복음 20장 9절 이하를 살펴보자. 비유의 정황(Sitz im Leben)은 마태복음 21장처럼 당시 유대교 지도자들이 와서 무슨 권세로 이런 일을 하는지에 대해 질문하자 예수께서 "요한의 세례가 하늘로서냐 사람에게로서냐"라는 질문을 하신다. 사람들이 이에 대답을 하지 못할 때 이 비유를 하신 것이다. 포도원 주인이 타국에 머물면서 포도원 소출을 거출하기 위해 종들을 보냈는데, 마태복음 21장에서는 두 번씩 종들을 보내다가 세 번째 아들을 보냈다고 되어 있고, 마가복음 12장과 누가복음 20장에서는 세 번씩 종들을 보냈다가 네 번째 아들을 보냈다고 기록되어 있다. 아들이 살해되자 주인이 와서 그 소작농들을 진멸하고 포도원을 다른 사람들에게 주었다. 그리고 시편 118편 22-24절을 인용하시면서 주님께서 바로 이 아들처럼 십자가에 죽임을 당할 것을 예언하신다.

세 복음서 모두 같은 내용을 전하고 있다. 결론도 같다. 예수님의 수난 예고와 밀접하게 관계되는 천국 비유는 포도원 주인의 생각과 종들의 생각이 너무 달랐음을 보여 주고 있다. 설마 내 아들은 존경하여 약속된 소출 가운데 얼마를 줄 것이라고 생각한 주인의 생각과 달리 소작농들은 아들을 죽이면 이 밭을 차지하여 더 이상 세를 줄 필요가 없다고 판단했던 것이다. 참으로 어리석은 생각이다. 당시 예수님을 잡아 죽이고자 하는 바리새인들, 대제사장들, 서기관들, 장로들은 어리석은 생각에서 벗어나지 못했다. 오히려 이들이 아닌 청중들의 대답이 옳았다. 그것이 상식이다. 권력에 눈이 멀고 영적으로 침체된 지도자들은 상식선도 지키지 못했다. 주님의 비유를 듣고 깨달았지만 회개하지 않고, 오히려 악이 더해 갔던 것이다.

예수께서 청중에게 마지막 질문을 던지신 것은 매우 중요한 기법이다. 예수께서는 청중을 이 비유 속으로 끌어들여 스스로 결론을 맺게 하신 후 메시아의 수난과 죽음의 의미를 전하는 시편 118편 22절에 나타난 바와 같이 건축자의 버린 돌이 모퉁잇돌이 되었다는 말씀을 하시는 것이다. 당시 건축 양식에서 기둥이 없는 건물에 건축의 모든 힘을 받쳐 주는 버팀돌이 바로 모퉁잇돌(corner stone)이다. 종종 고고학 발굴 현장에 가면 볼 수 있고, 비잔틴 시대 건축물을 보면 바로 이 모퉁잇돌을 볼 수 있다. 이 모퉁잇돌을 빼면 건물이 무너져 버린다. 집을 반석 위에 짓는다고 할 때 바로 모퉁잇돌을 반석 위에 세울 때 든든하다는 것이다. 모래 위에 모퉁잇돌을 세우면 금방 무너지고 만다. 오늘날 교회 신축 시 소위 머릿돌(건립, 완공 기념비, 날짜 새김)이라고 하는 기념돌과는 전혀 다른 개념이다. 바로 예수 그리스도께서 우리 교회와 가정의 모퉁잇돌이며, 내 영혼의 모퉁잇돌이시므로 하나님의 백성은 예수님을 믿고 존경하고 모퉁잇돌로 귀하게 여긴다는 것이 이 비유의 골자이다.

*묵상을 위한 질문
1) 나는 천국의 소작농이란 개념이 투철한가?
2) 하나님의 종들을 어떻게 대접해야 하는가?
3) 예수님이 세상을 구원하실 모퉁잇돌이신데 나는 내 중심에 예수님을 모시고 있는가?

*관련 찬송
495장(통합 271장, 익은 곡식 거둘 자가 없는 이때에)
511장(통합 263장, 예수 말씀하시기를 누가 오늘 일할까)
494장(통합 188장, 만세 반석 열리니 내가 들어갑니다)

*묵상 기도
"사랑과 은혜가 풍성하신 하나님 아버지, 주님께서 제게 맡겨주신 일을 잘 감당하게 하옵소서. 제가 천국의 소작농임을 확인하며 열심히 농사하여 주님 기뻐하시는 열매를 풍성하게 드리게 하옵소서. 하나님의 종들을 잘 대접하게 하시며 순종하게 하옵소서. 예수님을 제 인생의 모퉁잇돌 되게 하사 모든 힘의 원천이 되게 하시며 주님 위에 굳게 세워지게 하옵소서. 우리 가정과 우리 교회도 그렇게 세워 주옵소서. 사랑 많으신 예수님의 이름으로 기도드립니다. 아멘."

6-20 "택함을 받은 자는 적다는 비유" (마 22:1-14, 눅 14:15-24)

"예수께서 다시 비유로 대답하여 이르시되 천국은 마치 자기 아들을 위하여 혼인 잔치를 베푼 어떤 임금과 같으니 그 종들을 보내어 그 청한 사람들을 혼인 잔치에 오라 하였더니 오기를 싫어하거늘 다시 다른 종들을 보내며 이르되 청한 사람들에게 이르기를 내가 오찬을 준비하되 나의 소와 살진 짐승을 잡고 모든 것을 갖추었으니 혼인 잔치에 오소서 하라 하였더니 그들이 돌아 보지도 않고 한 사람은 자기 밭으로, 한 사람은 자기 사업하러 가고 그 남은 자들은 종들을 잡아 모욕하고 죽이니 임금이 노하여 군대를 보내어 그 살인한 자들을 진멸하고 그 동네를 불사르고 이에 종들에게 이르되 혼인 잔치는 준비되었으나 청한 사람들은 합당하지 아니하니 네거리 길에 가서 사람을 만나는 대로 혼인 잔치에 청하여 오라 한대 종들이 길에 나가 악한 자나 선한 자나 만나는 대로 모두 데려오니 혼인 잔치에 손님들이 가득한지라 임금이 손님들을 보러 들어올새 거기서 예복을 입지 않은 한 사람을 보고 이르되 친구여 어찌하여 예복을 입지 않고 여기 들어왔느냐 하니 그가 아무 말도 못하거늘 임금이 사환들에게 말하되 그 손발을 묶어 바깥 어두운 데에 내던지라 거기서 슬피 울며 이를 갈게 되리라 하니라 청함을 받은 자는 많되 택함을 입은 자는 적으니라."

"함께 먹는 사람 중의 하나가 이 말을 듣고 이르되 무릇 하나님의 나라에서 떡을 먹는 자는 복되도다 하니 이르시되 어떤 사람이 큰 잔치를 베풀고 많은 사람을 청하였더니 잔치할 시각에 그 청하였던 자들에게 종을 보내어 이르되 오소서 모든 것이 준비되었나이다 하매 다 일치하게 사양하여 한 사람은 이르되 나는 밭을 샀으매 아무래도 나가 보아야 하겠으니 청컨대 나를 양해하도록 하라 하고 또 한 사람은 이르되 나는 소 다섯 겨리를 샀으매 시험하러 가니 청컨대 나를 양해하도록 하라 하고 또 한 사람은 이르되 나는 장가 들었으니 그러므로 가지 못하겠노라 하는지라 종이 돌아와 주인에게 그대로 고하니 이에 집 주인이 노하여 그 종에게 이르되 빨리 시내의 거리와 골목으로 나가서 가난한 자들과 몸 불편한 자들과 맹인들과 저는 자들을 데려오라 하니라 종이 이르되 주인이여 명하신 대로 하였으되 아직도 자리가 있나이다 주인이 종에게 이르되 길과 산울타리 가로 나가서 사람을 강권하여 데려다가 내 집을 채우라 내가 너희에게 말하노니 전에 청하였던 그 사람들은 하나도 내 잔치를 맛보지 못하리라 하였다 하시니라."

마태복음에 있는 이 비유는 전형적인 직유법을 사용하고 있다. 천국은 마치 아들을 위하여 혼인 잔치를 준비한 어떤 임금과 같다는 것이다. 준비가 다 된 임금이 미리 초청한 손님들이 오도록 종들을 보냈다. 당시는 전화가 없었기에 일일이 종들을 보내어 초청하고 준비가 다 되었음을 알려 손님들을 모시고 오도록 한 것이다. 문제는 미리 초청 받은 자들이 잔치에 오기를 싫어하였다. 또 다른 종들을 보내어 오도록 하니, 어떤 이는 자기 밭으로 가야 한다고 종들을 쳐다보지 않고, 또 한 사람은 상업 차 가버리고, 다른 이들은 종들을 잡아 능욕하고 죽여 버렸다는 것이다. 도무지 상식적으로 이해가 되지 않는 일이 벌어진 것이다. 오기 싫으면 초청 받을 때 거절하든가, 종들이 와서 잔치 준비를 알리는데 능욕하고 죽이기까지 할 필요는 없지 않은가?

그 임금을 존경하지 않고 무시해서일까? 아니면 평소 관계가 좋지 않았는가? 아무튼 잔치를 준비하고 초청한 임금은 이런 손님들의 태도에 격분하여 군대를 보내어 종들을 살해한 자들을 진멸하고 그 동네를 불살랐다. 우리도 손님이 오신다고 음식을 잔뜩 준비했었는데 이런저런 사정으로 오지 못하면 얼마나 속상하고 화가 날까? 이 임금도 자존심이 상하고 오기를 거절한 이들에게 배신감마저 느꼈을 것이다. 이에 종들에게 이르되 결혼 잔치가 준비되었으나 청한 사람들은 합당치 아니하니 사거리에 가서 사람을 만나는 대로 결혼 잔치에 초청하니 종들이 나가 선인과 악인을 막론하고 모두 데려오니 잔치 자리에 손님으로 가득 차게 되었다.

임금이 손님들을 만나러 들어갔는데 거기서 예복을 입지 않은 한 사람을 보게 되었다. 당시 잔치에서는 격에 맞는 예복을 손님에게 가져다 준다.[47] 한 사람이라도 예복을 입지 않으면 전체 분위기가 깨어진다. 가져다 준 예복으로 갈아입지 않은 손님에게 왜 예복을 입지 않고 여기 들어왔느냐고 임금이 질문했다. 그러자 이 사람은 아무런 대답을 못 했고, 임금은 사환들에게 이 사람을 자리에서 쫓아내라고 명했다. 아무리 자리를 채운 손님이라도 잔치에 맞는 예복을 입어야 한다. 쫓겨난 손님은 손과 발이 묶여 바깥 어둠에 내어던져졌다. 거기서 슬피 울며 이를 갈았다고 한다. 이 비유의 결론은 "청함을 받은 자는 많되 택함을 입은 자는 적으니라"(마 22:14)는 것이다.

---

47) 요즘으로 말하면 어떤 파티에서는 턱시도를 입어야 하는데 대부분 지정 양복점에 가서 렌트한다. 예수님 당시에 지위 높은 집안의 잔치에서는 주인이 예복을 준비하여 손님들에게 입게 했다.

누가복음 14장에서는 임금 대신에 어떤 사람으로, 혼인 잔치라는 말 대신에 큰 잔치로 되어 있다. 그리고 초청 받은 이들이 다 일치하게 사양했다. 밭으로 가야 하는 이유에 대해 밭을 구입하였으매 불가불 나가 보아야 한다고 정중하게 사양했고, 마태복음에서는 상업 차 갔다고 했는데 누가복음에서는 구체적으로 '나는 소 다섯 겨리를 샀으매 시험하러' 감을 밝힌다. 누가복음에만 또 한 사람이 나는 장가들었으니 잔치에 참여하지 못하겠다고 한다. 누가복음에서는 더 구체적으로 또 정중하게 사양하고 있다. 마태복음에서처럼 종들을 능욕하고 죽이는 손님들은 없었다. 이에 집주인이 노하여 종들에게 빨리 시내의 거리와 골목으로 나가서 가난한 자들과, 장애인들과, 소경들과, 저는 자들을 데려오라고 했다. 마태복음에서는 선인이나 악인이라고 했지만 누가복음에서는 당시 사회에서 천대받고 무시당한 장애우, 가난한 자들을 모두 초청하여 데려오라는 것이다. 아직도 자리가 남았다고 하니 이제는 길과 산울가로 나가서 사람을 강권하여 데려다가 내 집을 채우라(눅 14:23)고 하였다. 누가복음에서는 이렇게 결론을 맺는다: "내가 너희에게 말하노니 전에 청하였던 그 사람들은 하나도 내 잔치를 맛보지 못하리라 하였다 하시니라"(눅 14:24).

미국에서는 결혼식을 할 때 초청장을 보내면서 참석 여부를 미리 받는다('RSVP'는 프랑스어 'répondez s'il vous plaît'의 약자로 뜻은 '답장을 부탁합니다, Please respond!'이다). 비싼 식당을 예약해야 하는 경우 식사 비용만도 일인당 100불이 넘는 경우가 있는데 부부당 200불 이상 손해를 끼치게 할 수는 없다. 약속을 지키지 않는 결례는 인간 관계를 깨는 일이다. 잔치를 베푼 주인은 아무나 초청하지 않는다. 평소 친분이 있거나 가까이하려는 사람들을 초청한다. 초청할 때 참석을 한다고 해놓고 오지 않는 것은 주인을 무시하는 경우이다. 우선권을 다른 것에 둔다는 뜻이다. 만일 밭이나 소를 샀으면 잔치에 참석한 후 가면 될 것이다. 그리고 장가를 갔으면 부부가 함께 잔치에 참석하면 되지 않는가? 자기에게 잔치에 참석해 달라고 오는 종들을 푸대접하거나 능욕하거나 죽여 버리는 일은 도대체 무슨 경우인가? 임금과 원수지간이라도 이럴 수는 없는 것이다.

일반 상식으로도 이해가 되지 않는 일들이 오늘날 영적 세계에서 매일 벌어지고 있다. 하나님께서는 우리 영혼을 구원해 주시려고 천국 잔치에 초청하여 모든 것을 준비하고 계신다. 그런데 이제 예배시간이 다 되었다고 초청하면 오지 않는 일이 다반사이고, 다른 핑계를 대며 예배를 경시하고 하나님의 초청을 경홀히 여기는 경우가 비일비재하다. 신지어 초청히는 종들을 미워하고, 핍박하고, 때로 순교시키는 일이 지금도 벌어지고 있지 않는가? 1차로 초청받지 않고 2차로 초청을 받은 이방인들도 이 천국 잔치에 맞는 예복을 반드시 입고 가야 한다. 아무리 여기저기서 사람들을 불러 모아도 하나님 앞에서는 의의 예복, 믿음의 옷, 그리스도의 옷을 입어야 한다.

*묵상을 위한 질문
1) 청함을 받은 자와 택함을 입은 자는 왜 다른가?
2) 천국 잔치(예배, 구원, 진리)보다 더 중요한 것은 무엇인가?
3) 천국 잔치에 참여할 때 입을 예복이 있는가?

*관련 찬송

518장(통합 252장, 기쁜 소리 들리니 예수 구원하신다)

520장(통합 257장, 듣는 사람마다 복음 전하여 복스러운 소식 두루 퍼치세)

87장(통합 87장, 내 주님 입으신 그 옷은 참 아름다워라)

*묵상 기도

"사랑과 은혜가 풍성하신 하나님 아버지, 잔치에 청함을 받고 다른 일로 핑계대며 참석을 거부하는 자가 되지 말게 하옵소서. 만사를 제치고 주님의 초청에 응하게 하옵소서. 하나님과 약속을 꼭 지키게 하옵소서. 주님의 잔치에 입을 예복을 준비하게 하사 반드시 입게 하옵소서. 도저히 택함을 받을 자격이 없는 저를 불러 주신 은혜를 감사하오며 사랑 많으신 예수님의 이름으로 기도드립니다. 아멘."

6-21 무화과나무의 비유(마 24:32-35; 막 13:28-31; 눅 21:29-33)

"무화과나무의 비유를 배우라 그 가지가 연하여지고 잎사귀를 내면 여름이 가까운 줄을 아나니 이와 같이 너희도 이 모든 일을 보거든 인자가 가까이 곧 문 앞에 이른 줄 알라 내가 진실로 너희에게 말하노니 이 세대가 지나가기 전에 이 일이 다 일어나리라 천지는 없어질지언정 내 말은 없어지지 아니하리라."

"무화과나무의 비유를 배우라 그 가지가 연하여지고 잎사귀를 내면 여름이 가까운 줄 아나니 이와 같이 너희가 이런 일이 일어나는 것을 보거든 인자가 가까이 곧 문 앞에 이른 줄 알라 내가 진실로 너희에게 말하노니 이 세대가 지나가기 전에 이 일이 다 일어나리라 천지는 없어지겠으나 내 말은 없어지지 아니하리라."

"이에 비유로 이르시되 무화과나무와 모든 나무를 보라 싹이 나면 너희가 보고 여름이 가까운 줄을 자연히 아나니 이와 같이 너희가 이런 일이 일어나는 것을 보거든 하나님의 나라가 가까이 온 줄을 알라 내가 진실로 너희에게 말하노니 이 세대가 지나가기 전에 모든 일이 다 이루어지리라 천지는 없어지겠으나 내 말은 없어지지 아니하리라."

마태복음 24장, 마가복음 13장, 누가복음 21장은 소묵시록(Little Apocalypse)이라고 할 수 있다. 예수께서 감람산에서 예루살렘을 내려다보시면서 하신 종말에 대한 교훈을 다루고 있다. 무화과나무의 가지가 연하여지고 잎사귀를 내면(누가복음에서는 '싹이 나면') 여름이 가까운 줄을 아는 것같이 예수님의 재림 시 시대의 징조가 분명히 있게 될 것이라고 한다. "이 세대가 지나가기 전에 이 일이 다 이루리라. 천지는 없어지겠으나 내 말은 없어지지 아니하리라"는 말씀이다.

이 종말 비유는 종말 예언의 징조를 보고 예언 성취가 반드시 일어난다는 뜻과 예수님 재림 전 이스라엘의 회복과 연결된 시대적 징조를 알리는 것이어서 매우 중요하다. 무화과나무는 이스라엘 또는 하나님의 백성의 상징이라고 볼 수 있다. 요한복음 1장 45절 이하에 의하면 빌립이 나다나엘을 주님께 인도하니 예수께서 나다나엘이 오는 것을 보시고 그를 가리켜 이르시되 "보라 이는 참으로 이스라엘 사람이라 그 속에 간사한 것이 없도다"(요 1:47)라고 하신다. 나다나엘(바돌로매)이 묻기를 "어떻게 나를 아시나이까?" 하자 주님의 대답이 "빌립이 너를 부르기 전에 네가 무화과나무 아래에 있을 때에 보았노라"(요 1:48)고 하셨다. 무화과나무 아래에 있다는 것은 (1) 토라 공부를 한 장소, (2) 고국의 회복을 위해 기도한 장소, (3) 경건 훈련을 한 장소로 언급되고 있다.

무화과 열매는 8월 말경에 익는 여름 무화과와 5월 말경에 익는 겨울 무화과가 있다. 대부분의 경우 어린 싹은 2월경에 나오고 4월이면 그 잎이 나온다. 여기서 예수님께서는 무화과나무의 성장 과정을 통해 종말에 대한 교훈을 들려주신다. 무화과 열매는 먼저 그 잎이 돋아나야 하고, 그 잎이 나기 시작하면 여름이 가까운 줄 안다. 봄을 알리는 것이 살구꽃이라면, 여름을 알리는 것이 무화과나무 잎이다. 그리고 히브리어로 열매라는 단어와 종말이란 단어가 발음이 비슷하다. 그래서 무화과나무 열매가 여름에 맺기에 이를 언급하신 것이고, 종말의 징조를 통해 영적 지혜를 가져야 할 것을 교훈하신다.

또한 이는 이스라엘 회복에 대한 징조를 비유하신 말씀이다. 이스라엘의 회복이야말로 주님 재림의 징조임을 알라고 하신 것이다. 또한 재림 전까지 이스라엘이 황폐될 것을 예언하셨다. "보라 너희 집이 황폐하여 버려진 바 되리라 내가 너희에게 이르노니 이제부터 너희는 찬송하리로다 주의 이름으로 오시는 이여 할 때까지 나를 보지 못하리라 하시니라"(마 23:38-39).

마태복음 21장에 보면 주님의 저주를 받아 뿌리째 말라버린 한 무화과나무를 보게 된다(마 21:18). 이것은 믿음의 위력을 보임과 동시에 열매를 맺지 못한 이스라엘이 멸망할 것을 구체적으로 보이신 것이다. "그러므로 내가 너희에게 이르노니 하나님의 나라를 너희는 빼앗기고 그 나라의 열매 맺는 백성이 받으리라"(마 21:43)고 하신 말씀처럼 열매를 맺지 못한 백성은 죽은 상태이다. 이런 죽은 무화과나무에 다시 잎이 난다는 것은 회복을 말한다. 이스라엘의 회복이 일어나는 동시에 주님께서는 재림하시는 것이다. 이 재림은 반드시 이뤄질 것이다. 천지가 없어지더라도 주님의 말씀은 결코 땅에 떨어지지 않을 것이다. 지혜로운 성도는 이런 재림을 항상 맞이할 준비를 한다. 오늘도 우리는 무화과나무의 비유를 명심하자.

*묵상을 위한 질문
1) 나는 무화과나무에 싹이 나고 잎사귀가 나는 것을 주목하는가?
2) 나는 종말의 현상(딤후 3:1-5)을 늘 염두에 두고 있는가?
3) 나는 주님의 재림을 어떻게 알고 준비하는가?

*관련 찬송

179장(통합 167장, 주 예수의 강림이 가까우니 저 천국을 얻을 자)

180장(통합 168장, 하나님의 나팔 소리 천지 진동할 때에)

151장(통합 138장, 만왕의 왕 내 주께서 왜 고초 당했나)

*묵상 기도

"거룩하신 하나님 아버지, 오늘 종말에 대한 귀한 교훈을 주심을 감사드립니다. 무화과나무에 싹이 나고 잎이 나기 전에 주님의 재림을 고대하며 늘 준비하게 하옵소서. 종말의 현상을 보고도 깨닫지 못하고 영적으로 잠자는 어리석음을 용서하옵소서. 아론의 지팡이에서 싹이 난 것을 기억합니다. 회복의 때가 반드시 온다는 것을 알고 다윗의 무너진 장막을 일으켜 주시고 틈새를 막아 주시며 회복하게 하옵소서. 주여, 어서 오시옵소서. 환영합니다. 사랑 많으신 예수님의 이름으로 기도드립니다. 아멘."

6-22 "슬기로운 다섯 처녀 비유"(마 25:1-13)

"그때에 천국은 마치 등을 들고 신랑을 맞으러 나간 열 처녀와 같다 하리니 그 중의 다섯은 미련하고 다섯은 슬기 있는 자라 미련한 자들은 등을 가지되 기름을 가지지 아니하고 슬기 있는 자들은 그릇에 기름을 담아 등과 함께 가져갔더니 신랑이 더디 오므로 다 졸며 잘새 밤중에 소리가 나되 보라 신랑이로다 맞으러 나오라 하매 이에 그 처녀들이 다 일어나 등을 준비할새 미련한 자들이 슬기 있는 자들에게 이르되 우리 등불이 꺼져가니 너희 기름을 좀 나눠 달라 하거늘 슬기 있는 자들이 대답하여 이르되 우리와 너희가 쓰기에 다 부족할까 하노니 차라리 파는 자들에게 가서 너희 쓸 것을 사라 하니 그들이 사러 간 사이에 신랑이 오므로 준비하였던 자들은 함께 혼인 잔치에 들어가고 문은 닫힌지라 그 후에 남은 처녀들이 와서 이르되 주여 주여 우리에게 열어 주소서 대답하여 이르되 진실로 너희에게 이르노니 내가 너희를 알지 못하노라 하였느니라 그런즉 깨어 있으라 너희는 그날과 그때를 알지 못하느니라."

마태복음 25장에는 세 개의 종말 비유가 나온다. 이 비유는 "천국은 마치……같다"는 직유법을 사용하고 있다. 천국은 신랑을 맞으러 간 열 처녀(virgins)와 같다. 한 신랑에 신부가 여럿이라면 문제가 많다. 성경의 가정관은 일남 일녀이다. 여기서 말하는 처녀들이란 들러리들(maids)을 말한다. 그 중에 다섯은 미련하고 다섯은 슬기(지혜)로운 자들이었다. 이스라엘 결혼식은 화요일 밤에 거행한다. 안식일 후 셋째날(요 2:1)은 결혼식 날이다. 창세 시 셋째 날에 "하나님이 뭍을 땅이라 부르시고 모인 물을 바다라 부르시니 하나님이 보시기에 좋았더라"(창 1:10)고 기록되어 있다. 또한 "땅이 풀과 각기 종류대로 씨 맺는 채소와 각기 종류대로 씨 가진 열매 맺는 나무를 내니 하나님이 보시기에 좋았더라"(창 1:12)고 하심으로 결혼식 날로 이 셋째 날을 택하는 것이다. 이 날은 두 번씩 좋았더라고 하신 날이며 결혼하여 자손이 번창하는 축복을 받기를 바라는 뜻에서 그렇게 한다는 것이다.

이스라엘은 하루의 시작이 해가 떨어지는 일몰이다. 그래서 "저녁이 되고 아침이 되니"라는 창세기 1장의 표현은 하루가 지나가는 표현이다. 결혼식은 밤중에 진행된다. 공동생활을 하던 동네에 결혼이 시작되면 50-60여 명 친구들이 모여서 함께 먹고 마시며 일 주일간 결혼식을 즐긴다. 신랑이 신부의 집에 가서 신부를 맞아 함께 와 신랑의 집에 들어서면 비로소 잔치 분위기가 극에 달한다. 주로 밤에 집에 들어서는데 신랑 신부가 문간에 들어서면 그 시로 대문을 닫아 버린다. 잔칫집에 불청객이나 도둑, 강도가 침입해 신부를 납치해 가거나 폐물을 훔쳐 가는 경우가 종종 있었기 때문이라고 한다. 그래서 잔치가 일단 시작되면 대문을 꼭 잠그고 집 안에 머물면서 모두들 즐겁게 지낸다.

그런데 미련한 자들은, 등은 가지되 충분히 쓸 수 있는 여분의 (extra) 기름을 구입하지 않았다. 지혜로운 처녀들은 등과 함께 여분의 기름을 별도로 준비하였다. 이날 밤 신랑이 더디 오므로 다 졸게 되었다. 슬기로운 처녀들이나 미련한 처녀들이나 모두 자고 있었다. 이에 소리가 나되 "보라 신랑이로다. 맞으러 나오라" 하자 처녀들이 다 일어나서 등을 준비했다. 그런데 미련한 자들은 기름이 없기에 불을 밝힐 수가 없었다. 슬기로운 자들에게 "우리 등불이 꺼져가니 너희 기름을 좀 나눠 달라" 하지만 슬기 있는 자들이 말하되 "우리와 너희의 쓰기에 다 부족할까 하노니 차라리 파는 자들에게 가서 너희 쓸 것을 사라"고 했다. 그래서 저희가 그 야밤에 기름을 사러 간 동안 신랑이 도착하여 예비하였던 슬기로운 처녀들은 기쁨으로 영접하고 혼인 잔치가 시작됨으로 그 신부의 집 문이 닫혀졌다. 조금 후 미련한 처녀들이 겨우 기름을 구입하여 도착해 보니 문이 이미 닫혀져 있었다. 그들이 "주여 주여 우리에게 열어 주소서" 했지만 안에서 대답하되 "진실로 너희에게 이르노니 내가 너희를 알지 못하노라"고 했다.

이 비유의 결론은 13절에 기록된 대로 "그런즉 깨어 있으라 너희는 그날과 그때를 알지 못하느니라"이다. 사실 이 비유에서 슬기로운 처녀도 졸며 잤다. 그러나 그들의 등불은 밝히고 있었다. 충분한 기름이 있었던 것이다. 졸더라도 기름은 준비하고 잤다. 성공회 전통은 촛불을 켜 놓는 상태를 기도 중으로 받아들인다. 졸더라도 촛불을 밝히며 오실 신랑을 기다리라는 것이다. 더 좋은 것은 깨어 기도하면서 신랑을 기다리는 것이다.

이 비유에서 배울 수 있는 교훈은 다음과 같다.

(1) 예수님은 반드시 재림하신다. 다소 지연되더라도 반드시 오신다. "주의 약속은 어떤 이의 더디다고 생각하는 것같이 더딘 것이 아니라 오직 주께서는 너희를 대하여 오래 참으사 아무도 멸망하지 아니하고 다 회개하기에 이르기를 원하시느니라"(벧후 3:9).

(2) 천국의 문에 들어가기 위해서는 준비된 등불을 밝히고 깨어 있어 신랑 되신 예수님을 맞아야 한다. 지각은 용납되지 않으며

자격을 상실한다.

(3) 등불을 밝히기 위한 충분한 기름을 준비해야 한다. 아무리 좋은 옷을 입고 예쁘게 화장을 해도 기름이 없으면 등을 계속 밝힐 수 없다. 기름은 성령 충만, 기도, 은혜, 주님을 향한 사랑을 말한다. 준비된 기름, 준비된 예복, 준비된 잔치가 중요하다. 우리도 주님의 재림을 늘 준비해야 한다.

*묵상을 위한 질문
1) 나는 재림하실 예수님과 천국에 입성할 준비가 되었는가?
2) 내 등불을 위한 기름은 얼마나 준비되었는가?
3) 나는 주님을 위한 들러리가 되기 위해 정결하고 경건한가?

*관련 찬송
175장(통합 162장, 신랑 되신 예수께서 다시 오실 때)
176장(통합 163장, 주 어느 때 다시 오실는지 아는 이가 없으니)
180장(통합 168장, 하나님의 나팔 소리 천지 진동할 때에)

*묵상 기도
"하나님 아버지, 약속하신 대로 다시 오실 것을 믿습니다. 주님의 오심을 고대하지 못했음을 용서하시고, 지금부터 날마다 주님의 다시 오심을 기다리게 하옵소서. 재림이 다소 지연된다 할지라도 충분한 기름을 준비하여 등불이 꺼지지 않게 도와주옵소서. 성령 충만함으로 이 기름을 계속 보완받고 싶습니다. 주님, 사랑합니다. 찬양드립니다. 영광 받아 주옵소서. 좋으신 예수님의 이름으로 기도드립니다. 아멘."(한줄넘침)

6-23 "달란트 비유" (마 25:15-30; 눅 19:12-27)

"각각 그 재능대로 한 사람에게는 금 다섯 달란트를, 한 사람에게는 두 달란트를, 한 사람에게는 한 달란트를 주고 떠났더니 다섯 달란트 받은 자는 바로 가서 그것으로 장사하여 또 다섯 달란트를 남기고 두 달란트 받은 자도 그같이 하여 또 두 달란트를 남겼으되 한 달란트 받은 자는 가서 땅을 파고 그 주인의 돈을 감추어 두었더니 오랜 후에 그 종들의 주인이 돌아와 그들과 결산할새 다섯 달란트 받았던 자는 다섯 달란트를 더 가지고 와서 이르되 주인이여 내게 다섯 달란트를 주셨는데 보소서 내가 또 다섯 달란트를 남겼나이다 그 주인이 이르되 잘하였도다 착하고 충성된 종아 네가 적은 일에 충성하였으매 내가 많은 것을 네게 맡기리니 네 주인의 즐거움에 참여할지어다 하고 두 달란트 받았던 자도 와서 이르되 주인이여 내게 두 달란트를 주셨는데 보소서 내가 또 두 달란트를 남겼나이다 그 주인이 이르되 잘하였도다 착하고 충성된 종아 네가 적은 일에 충성하였으매 내가 많은 것을 네게 맡기리니 네 주인의 즐거움에 참여할지어다 하고 한 달란트 받았던 자는 와서 이르되 주인이여 당신은 굳은 사람이라 심지 않은 데서 거두고 헤치지 않은 데서 모으는 줄을 내가 알았으므로 두려워하여 나가서 당신의 달란트를 땅에 감추어 두었었나이다 보소서 당신의 것을 가지셨나이다 그 주인이 대답하여 이르되 악하고 게으른 종아 나는 심지 않은 데서 거두고 헤치지 않은 데서 모으는 줄로 네가 알았느냐 그러면 네가 마땅히 내 돈을 취리하는 자들에게나 맡겼다가 내가 돌아와서 내 원금과 이자를 받게 하였을 것이니라 하고 그에게서 그 한 달란트를 빼앗아 열 달란트 가진 자에게 주라 무릇 있는 자는 받아 풍족하게 되고 없는 자는 그 있는 것까지 빼앗기리라 이 무익한 종을 바깥 어두운 데로 내쫓으라 거기서 슬피 울며 이를 갈리라 하니라."

"이르시되 어떤 귀인이 왕위를 받아가지고 오려고 먼 나라로 갈 때에 그 종 열을 불러 은화 열 므나를 주며 이르되 내가 돌아올 때까지 장사하라 하니라 그런데 그 백성이 그를 미워하여 사자를 뒤로 보내어 이르되 우리는 이 사람이 우리의 왕 됨을 원하지 아니하나이다 하였더라 귀인이 왕위를 받아가지고 돌아와서 은화를 준 종들이 각각 어떻게 장사하였는지를 알고자 하여 그들을 부르니 그 첫째가 나아와 이르되 주인이여 당신의 한 므나로 열 므나를 남겼나이다 주인이 이르되 잘하였다 착한 종이여 네가 지극히 작은 것에 충성하였으니 열 고을 권세를 차지하라 하고 그 둘째가 와서 이르되 주인이여 당신의 한 므나로 다섯 므나를 만들었나이다 주인이 그에게도 이르되 너도 다섯 고을을 차지하라 하고 또 한 사람이 와서 이르되 주인이여 보소서 당신의 한 므나가 여기 있나이다 내가 수건으로 싸 두었었나이다 이는 당신이 엄한 사람인 것을 내가 무서워함이라 당신은 두지 않은 것을 취하고 심지 않은 것을 거두나이다 주인이 이르되 악한 종아 내가 네 말로 너를 심판하노니 너는 내가 두지 않은 것을 취하고 심지 않은 것을 거두는 엄한 사람인 줄로 알았느냐 그러면 어찌하여 내 돈을 은행에 맡기지 아니하였느냐 그리하였으면 내가 와서 그 이자와 함께 그 돈을 찾았으리라 하고 곁에 섰는 자들에게 이르되 그 한 므나를 빼앗아 열 므나 있는 자에게 주라 하니 그들이 이르되 주여 그에게 이미 열 므나가 있나이다 주인이 이르되 내가 너희에게 말하노니 무릇 있는 자는 받겠고 없는 자는 그 있는 것도 빼앗기리라 그리고 내가 왕 됨을 원하지 아니하던 저 원수들을 이리로 끌어다가 내 앞에서 죽이라 하였느니라."

또 한 비유를 말씀하시는데, 그 주제는 천국이며 시기는 종말이다. 천국은 한 주인이 타국으로 가기 전에 종들을 불러 자기 소유를 맡김과 같다는 것이다. 각각 그 재능대로 하나에게는 금 다섯 달란트를, 하나에게는 두 달란트를, 하나에게는 한 달란트를 주고 떠났다. 금 한 달란트는 약 33kg이다.[48] 결코 적은 양이 아니다. 당시 화폐 단위에서 최고 가치가 있었다. 주인은 평소 종들의 실력과 재능을 잘 알고 있었으므로 그 재능대로 나눠준 것이다. 적게 받은 자는 기분이 나빴을 것이고, 많이 받은 자는 우쭐했을 것이다. 그러나 다른 측면에서 생각해 보면, 많이 맡긴 자는 그 정도 주어야 일을 할 수 있을 것이라고 판단했고, 적게 준 자에게는 평소 실력을 인정하여 적게 주어도 많은 것을 남길 것으로 기대했을 것이라고도 생각해 볼 수 있다. 5, 2, 1개를 재능대로 맡겼지만 주인이 기대하기를 모두 10개 정도 남기기를 바랐을 수도 있지 않을까?

　하여튼 다섯 달란트 받은 자는 바로 가서 그것으로 장사하여 갑절의 이윤을 남겼고, 두 달란트를 받은 자도 그같이 하여 또 두 달란트를 남겼다. 그러나 한 달란트 받은 자는 가서 땅을 파고 그 주인의 돈을 감추어 두었다. 한 달란트 받은 종은 절호의 기회를 놓쳐 버린 것이다. 적게 받고도 많이 남겼다면 더 많은 칭찬과 보상이 있었을 텐데 말이다. 바울이 뒤늦게 부름을 받고 자격도 없는 자에게 한 달란트 맡긴 심정으로 "나를 능하게 하신 그리스도 예수 우리 주께 내가 감사함은 나를 충성되이 여겨 내게 직분을 맡

---

48) 달란트는 헬라어 '탈란톤'(talanton)의 번역으로, 고대 서아시아와 그리스에서는 질량과 화폐의 단위로 쓰였다. 고대의 바벨론과 수메르에서는 1달란트는 60미나(마네)이고, 1미나는 60세겔인 체계를 사용했다. 고대 로마에서는 1달란트는 100파운드였는데, 1파운드는 1미나보다 작다. 화폐의 단위로 사용될 때의 달란트는 금 1달란트(은 달란트를 쓰기도 함)의 가치를 말한다. 전문가들에 의하면, 한 달란트는 20kg에서 40kg 정도이며, 보통 33kg 정도라고 말한다. 그래서 1달란트(33kg 적용)는 약 500,000달러(약 4.7억원)라는 엄청난 금액으로 환산된다.

기심이니"(딤전 1:12) 하는 마음으로 열심히 충성한 것처럼 그도 충성했더라면 주인으로부터 더 많은 칭찬을 받았을 것이다.

오랜 후 그 종들의 주인이 타국에서 돌아와 저희와 회계를 하였다. 다섯 달란트 받았던 자는 다섯 달란트를 더 가지고 와서 주인에게 드리면서 "주인님, 제게 다섯 달란트를 주셨는데 보소서, 제가 또 다섯 달란트를 남겼나이다" 했다. 그러자 주인은 흡족하게 여기며 "잘하였도다 착하고 충성된 종아 네가 적은 일에 충성하였으매 내가 많은 것으로 네게 맡기리니 네 주인의 즐거움에 참여할지어다"(Well done, thou good and faithful servant: thou hast been faithful over a few things, I will make thee ruler over many things: enter thou into the joy of thy lord. 마 25:21)라고 했다. 두 달란트 받은 종도 그렇게 하니 주인이 똑같은 칭찬을 했다. 그러자 그는 주인의 신임을 받고 즐거워했다.

이제 한 달란트 받은 종이 회계를 한다. 그는 땅에 숨겨둔 한 달란트를 가지고 먼지를 털고 주인에게 가져오면서 이런 핑계를 댄다. "주인이여 당신은 굳은 사람이라 심지 않은 데서 거두고 헤치지 않은 데서 모으는 줄을 내가 알았으므로(Lord, I knew thee that thou art an hard man, reaping thou hast not sown, and gathering where thou hast not strawed) 두려워하여 나가서 당신의 달란트를 땅에 감추어 두었었나이다 보소서 당신의 것을 가지셨나이다"(마 25 : 24-25). 여기서 주인에게 '굳은 사람'이라고 말하는데 헬라어 '스크레로스'라는 말은 '굳은' 외에도 '완악한, 엄한, 고집 센' 등으로 해석할 수 있다.

　이 종은 자기 주인을 엄하고 고집이 센 수전노 같은 사람으로 생각했다는 것이다. 그는 오히려 책임을 주인에게 돌리는 어리석은 말을 내뱉는다. 주인이 너무 혹독하고 잔인하여 돈만 안다고 생각되어 주인의 돈을 관리할 마음이 없었다는 것이다. 만일 자신이 일하여 이익을 남기면 주인이 와서 빼앗아갈 것이니 별볼일이 없겠고, 실패하는 날에는 자기가 손해볼 것이고, 또 주인이 이를 어떻게 관리하라는 지시가 없었기에 차라리 땅에 묻어 두었다가 가져오는 것이 낫다고 생각한 것이다. 얼른 생각하면 일리가 있겠지만, 주인의 지적대로 땅에 묻어 둘 바에야 왜 너에게 그 큰 돈을 맡기겠느냐는 것이다. 차라리 은행이나 돈놀이하는 데 맡기면 이자가 많이 늘 것인데 어리석게 땅에 묻은 돈을 들고 온 것이었다.

　주인이 이를 보고 기가 차고 화가 나서 이르되 "악하고 게으른 종아 나는 심지 않은 데서 거두고 헤치지 않은 데서 모으는 줄로 네가 알았느냐 그러면 네가 마땅히 내 돈을 취리하는 자들에게나 맡겼다가 내가 돌아와서 내 원금과 이자를 받게 하였을 것이니라" (Thou wicked and slothful servant, thou knowest that I reap where I sowed not, and gather where I have not strawed: Thou oughtest therefore to have put my money to the exchangers, and then at my coming I should have received mine own with usury, 마 25:26-27)고 했다.

　차라리 이 종이 두 명이 칭찬 받는 것을 보고 주인에게 그 한 달란트를 들고 와서 "주인이여, 참으로 죽을 죄를 지었습니다. 본래 미련한 것이 주인님의 뜻을 헤아리지 못하고 장사할 생각을 하지 못하고 소심하게 그 돈을 도둑 맞거나 손해나게 하면 안 될 것 같아서 잘 보관만 했습니다. 한 번 더 기회를 주신다면 최선을 다해 보겠습니다. 이번에는 용서해 주십시오" 하면서 주인 발 앞에 무릎을 꿇었다면 나을 뻔했다. 이 종은 주인의 마음을 두 번 상하게 하면서 책임을 주인에게 돌리는 어리석고 악한 사람이었다. 주인은 자신의 뜻을 전혀 헤아리지 못하고 자기와 상관없는 일로 여기는 이 종에게서 그 한 달란트를 빼앗아 열 달란트 가진 자에게 줄 것을 명하였다. "무릇 있는 자는 받아 풍족하게 되고 없는 자는 그 있는 것까지 빼앗기리라 이 무익한 종을 바깥 어두운 데로 내쫓으라 거기서 슬피 울며 이를 갈리라"(마 25:29-30).

누가복음에 의하면, 어떤 귀인이 왕위를 받아가지고 오려고 먼 나라로 갈 때 열 명의 종들을 불러 은화 열 므나[49]씩을 주며 "내가 올 때까지 이것을 가지고 장사를 하라"고 부탁했다. 그 지방 백성들이 이 귀인을 미워하여 사자를 뒤로 보내어 가로되 "우리는 이 사람이 우리의 왕 됨을 원하지 아니하나이다"(눅 19:14) 한 것을 보면 동네에서는 별로 인기가 없었던 주인이었다. 귀인이 왕위를 받아 돌아와서 은 한 므나씩 받은 열 명의 종들이 각각 어떻게 장사한 것을 알고자 하여 저희를 소집하고 회계하였다. 그런데 종 가운데는 열 배를 남긴 종이 있어 열 고을 권세를 맡을 권세(요즘말로 시장이나 군수)를 주었고, 다섯 배를 남긴 종에게는 다섯 고을을 주었다. 그런데 한 므나를 그대로 가지고 온 종도 있었는데 그가 이

---

[49] 므나(Minah)의 가치는 1/60달란트, 미화 10,000달러, 한화 1천만 원 정도라 생각할 수 있다.

렇게 말했다. "당신의 한 므나가 여기 있나이다 내가 수건으로 싸 두었었나이다 이는 당신이 엄한 사람인 것을 내가 무서워함이라 당신은 두지 않은 것을 취하고 심지 않는 것을 거두나이다"(눅 19:20-21).

이에 임금이 이르되 "악한 종아 내가 네 말로 너를 심판하노니 너는 내가 두지 않은 것을 취하고 심지 않은 것을 거두는 엄한 사람인 줄로 알았느냐 그러면 어찌하여 내 돈을 은행에 맡기지 아니하였느냐 그리하였으면 내가 와서 그 이자와 함께 그 돈을 찾았으리라"(눅 19:22-23) 하고 곁에 섰는 자들에게 이르러 그 한 므나를 빼앗아 열 므나 있는 자에게 주라고 지시하였다. "그들이 이르되 주여 그에게 이미 열 므나가 있나이다 하니 주인이 이르되 내가 너희에게 말하노니 무릇 있는 자는 받겠고 없는 자는 그 있는 것도 빼앗기리라 그리고 내가 왕 됨을 원치 아니하던 저 원수들을 이리로 끌어다가 내 앞에서 죽이라"(눅 19:25-27). 어명이 내려졌다. 열 명의 종들이 한 므나씩 받았는데, 여기는 세 종만 언급이 되었다. 나머지 일곱 종들에 대한 언급이 없다. 이들은 일부 동네 주민들처럼 자기 주인이 왕 되는 것을 반대하는 운동에 참여했는지 본문은 명확하게 말씀하고 있지 않다. 마태복음과의 차이는, 마태복음에서는 다섯 달란트와 두 달란트 맡은 종이 장사하여 배로 남겼는데, 누가복음에서는 한 므나를 가지고 열 배, 다섯 배 남겼다는 것이다.

달란트나 므나는 하나님께서 주신 은사를 말한다. 이 비유에서 기원해서인지는 몰라도 TV 연예인(탤런트)이라는 용어가 같은 뜻이다. 특별한 은사를 받아 연기를 하는 배우를 탤런트(talent)라고 한다. 지금은 고인이 되었지만 곽규석 목사(과거 후라이보이)가 회심하고 연예인 교회 중직으로 섬길 때(1979년) 연세대 채플에서 마태복음 25장 14-30절을 본문 말씀으로 간증 설교한 적이 있다. 그때 그는 이 탤런트의 의미를 새롭게 깨닫고 천국의 탤런트가 되고 싶다고 하였다. 달란트 비유를 통해 우리는 영적인 의미에서 하나님께서 주신 영적인 은사를 생각할 수 있다.

이 비유에서 우리가 배울 수 있는 점은 다음과 같다.

(1) 주인은 반드시 돌아와 회계한다. 내게 맡긴 것을 계산할 때가 반드시 있다는 것이다. 주님께서는 반드시 재림하신다. 재림주는 심판주로 오신다. 그때 우리의 모든 것을 심판받게 된다. "하나님은 모든 행위와 모든 은밀한 일을 선악 간에 심판하시리라"(전 12:14). "한 번 죽는 것은 사람에게 정해진 것이요 그 후에는 심판이 있으리니 이와 같이 그리스도도 많은 사람의 죄를 담당하시려고 단번에 드리신 바 되셨고 구원에 이르게 하기 위하여 죄와 상관없이 자기를 바라는 자들에게 두 번째 나타나시리라"(히 9:27-28).

(2) 다섯 달란트 받은 자와 두 달란트 받은 자처럼 주인의 것을 위해 헌신하고 충성하여 이윤을 갑절로 바칠 때 주인은 이를 칭찬하며 이들에게 큰 일을 맡겨 주신다. 주인은 물질을 가지고 이들의 마음을 시험해 본 것이다. 누가복음에서는 각각 열 고을, 다섯 고을을 맡기겠다는 것이다. 이뿐인가. 다섯 달란트를 남긴 종에게 자기가 남긴 다섯과 함께 열 달란트를 다 주지 않는가? 또한 한 달란트 받은 종으로부터 빼앗아 열 달란트 가진 종에게 줌으로써 그

는 열한 달란트를 소유하게 된다.

　(3) 이 비유에서 경고와 심판은 한 달란트를 맡은 종에게 내려진다. 이 종의 행위는 악하고 게으름으로 평가받는다. 그는 주인에 대해 함부로 생각하고, 자기의 어리석은 행위를 합리화하려고 주인을 굳은 사람으로 여기고 자기가 심지 않은 것을 거두지 않는 자로 칭찬 아닌 평가를 하면서 그 한 달란트를 땅 속에 묻었다가 그대로 가져온다는 것이다. 어쩌면 이 비유에서 한 달란트 맡은 종에게 주인은 더 큰 기대를 했을지도 모른다. 한 달란트를 맡겨도 다섯, 열 달란트로 증식시켰다면 그는 두 배로 증식한 다른 두 종들보다 훨씬 돋보였을 것이다. 그는 이 기회를 놓치고 만 것이다.

*묵상을 위한 질문
1) 나는 주님께서 내게 맡기신 달란트가 얼마라고 생각하며 충성하고 있는가?
2) 주님께서 주신 은사, 선물 가운데 땅 속에 두고 있는 것은 무엇인가?
3) 나는 주님께 칭찬과 인정을 받은 후 그 다음에 어떻게 해야 하는가?

*관련 찬송
597장(통합 378장, 이전에 주님을 내가 몰라 영광의 주님을 비방했다)
595장(통합 372장, 나 맡은 본분은 구주를 높이고 뭇 영혼 구원 얻도록)
213장(통합 348장, 나의 생명 드리니 주여 받아 주셔서 세상 살아갈 동안)

*묵상 기도

"사랑과 은혜가 풍성하신 하나님 아버지, 부족한 종에게도 많은 은사를 주심을 감사드립니다. 그러나 달란트 비유처럼 한 달란트 받은 종과 같이 땅 속에 파묻은 은사는 없는지 두렵습니다. 저도 모르게 하나님께서 주신 은사를 갑절로 남기지 못하고 살고 있지 않는지 깨닫게 하옵소서. '나 받은 달란트 얼마런가. 나 힘써 그것을 남기어서 갑절로 주님께 바치오면 충성된 종이라 상 주시리. 천하고 무능한 나에게도 귀중한 직분을 맡기셨다. 그 은혜 고맙고 고마워라. 이 생명 다하여 충성하리.' 사랑 많으신 예수님의 이름으로 기도드립니다. 아멘."

6-24 "양과 염소 비유"(마 25:31-46)

"인자가 자기 영광으로 모든 천사와 함께 올 때에 자기 영광의 보좌에 앉으리니 모든 민족을 그 앞에 모으고 각각 구분하기를 목자가 양과 염소를 구분하는 것같이 하여 양은 그 오른편에 염소는 왼편에 두리라 그때에 임금이 그 오른편에 있는 자들에게 이르시되 내 아버지께 복 받을 자들이여 나아와 창세로부터 너희를 위하여 예비된 나라를 상속받으라 내가 주릴 때에 너희가 먹을 것을 주었고 목마를 때에 마시게 하였고 나그네 되었을 때에 영접하였고 헐벗었을 때에 옷을 입혔고 병들었을 때에 돌보았고 옥에 갇혔을 때에 와서 보았느니라 이에 의인들이 대답하여 이르되 주여 우리가 어느 때에 주께서 주리신 것을 보고 음식을 대접하였으며 목마르신 것을 보고 마시게 하였나이까 어느 때에 나그네 되신 것을 보고 영접하였으며 헐벗으신 것을 보고 옷 입혔나이까 어느 때에 병드신 것이나 옥에 갇히신 것을 보고 가서 뵈었나이까 하리니 임금이 대답하여 이르시되 내가 진실로 너희에게 이르노니 너희가 여기 내 형제 중에 지극히 작은 자 하나에게 한 것이 곧 내게 한 것이니라 하시고 또 왼편에 있는 자들에게 이르시되 저주를 받은 자들아 나를 떠나 마귀와 그 사자들을 위하여 예비된 영원한 불에 들어가라 내가 주릴 때에 너희가 먹을 것을 주지 아니하였고 목마를 때에 마시게 하지 아니하였고 나그네 되었을 때에 영접하지 아니하였고 헐벗었을 때에 옷 입히지 아니하였고 병들었을 때와 옥에 갇혔을 때에 돌보지 아니하였느니라 하시니 그들도 대답하여 이르되 주여 우리가 어느 때에 주께서 주리신 것이나 목마르신 것이나 나그네 되신 것이나 헐벗으신 것이나 병드신 것이나 옥에 갇히신 것을 보고 공양하지 아니하더이까 이에 임금이 대답하여 이르시되 내가 진실로 너희에게 이르노니 이 지극히 작은 자 하나에게 하지 아니한 것이 곧 내게 하지 아니한 것이니라 하시리니 그들은 영벌에, 의인들은 영생에 들어가리라 하시니라."

이제 우리는 마태복음의 마지막 비유이자 세 번째 종말 비유를 살펴보자.

본문은 "인자가 자기 영광으로 모든 천사와 함께 올 때에 자기 영광의 보좌에 앉으리니"(마 25:31)로 시작하고 있다. 재림의 주님은 심판주로 오신다. 초림의 주님이 구세주로 오신 것과 차이가 있다. 사도신경에서도 "전능하신 하나님 우편에 앉아 계시다가 저리로서 산 자와 죽은 자를 심판하러 오시리라"로 되어 있다. 재림하실 주님의 첫 일은 의인과 악인을 분별하여 상급과 처벌을 하신다는 것이 본 비유의 내용이다. 그런데 그 분별의 기준을 32절에서 가르쳐 주고 있다. "모든 민족을(all nations) 그 앞에 모으고 각각 구분하기를 목자가 양광과 염소를 구분하는 것같이 하여"로 되어 있는데, 여기서 심판이 민족 심판인지 개인 심판인지 분명하지 않다. 개인별로 심판을 받는다는 인상보다는 민족별로 혹 집합체별로, 공동체별로 심판을 받는다는 인상을 주고 있다. 양떼를 우리에 넣을 때 양과 염소를 구별하여 좌우로 집어넣는 일은 양을 키우는 목자의 일과 중 하나이다. 낮에 뭉쳐 있는 양들을 흩어 주고(그렇지 않으면 한 마리가 넘어지면 여러 마리가 연쇄석으로 넘어질 수 있어 다칠 위험이 있다) 양보다는 공격 무기를 가지고 있는 염소가 위험한 짐승이 오더라도 양들을 보호할 수 있다. 그러나 밤에는 양들 사이에 염소가 있으면 잠을 자지 못하게 할 수 있다. 그래서 반드시 구분하여 우리에 넣는다. "양은 그 오른편에 염소는 왼편에 두리라"(마 25:33).

민족들을 좌우로 구별한 후 보좌에 앉은 임금이 그 오른편에 있는 자들에게 이르시되 "내 아버지께 복 받을 자들이여 나아와 창세로부터 너희를 위하여 예비된 나라를 상속받으라 내가 주릴 때에 너희가 먹을 것을 주었고 목마를 때에 마시게 하였고 나그네 되었을 때에 영접하였고 헐벗었을 때에 옷을 입혔고 병들었을 때에 돌아보았고 옥에 갇혔을 때에 와서 보았느니라"(마 25: 34-36)고 말씀한다. 이에 오른쪽에 있던 의인들이 놀라며 묻기를 "주여 우리가 어느 때에 주께서 주리신 것을 보고 음식을 대접하였으며 목마르신 것을 보고 마시게 하였나이까 어느 때에 나그네 되신 것을 보고 영접하였으며 헐벗으신 것을 보고 옷 입혔나이까 어느 때에 병드신 것이나 옥에 갇히신 것을 보고 가서 뵈었나이까"(마 25: 37-39)라고 한다. 그들은 도무지 기억이 나지 않는다. 예수님을 만난 일이 없는데 이것이 무슨 말씀인지 알 수가 없다.

이에 임금이 대답하되 "내가 진실로 너희에게 이르노니 너희가 여기 내 형제 중에 지극히 작은 자 하나에게 한 것이 곧 내게 한 것이니라"(마 25:40)고 했다. 여기서 지극히 작은 자란 율법에서 명시한 사회 보호 대상인 고아, 과부, 나그네를 말하는 것일까? 레위기 19장 9-10절에 보면 "너희의 땅에서 곡식을 거둘 때에 너는 밭 모퉁이까지 다 거두지 말고 너의 떨어진 이삭도 줍지 말며 네 포도원의 열매를 다 따지 말며 네 포도원에 떨어진 열매도 줍지 말고 가난한 사람과 거류민을 위하여 버려두라 나는 너희의 하나님 여호와니라"(레 23:22 참고)라고 되어 있다.

또한 신명기에서도 다음과 같이 말씀하고 있다.

"매 삼 년 끝에 그 해 소산의 십분의 일을 다 내어 네 성읍에 저축하여 너희 중에 분깃이나 기업이 없는 레위인과 네 성중에 거류하는 객과 및 고아와 과부들이 와서 먹고 배부르게 하라 그리하면 네 하나님 여호와께서 네 손으로 하는 범사에 네게 복을 주시리라"(신 14:28-29).

"네가 밭에서 곡식을 벨 때에 그 한 뭇을 밭에 잊어버렸거든 다시 가서 가져오지 말고 나그네와 고아와 과부를 위하여 남겨두라 그리하면 네 하나님 여호와께서 네 손으로 하는 모든 일에 복을 내리시리라 네가 네 감람나무를 떤 후에 그 가지를 다시 살피지 말고 그 남은 것은 객과 고아와 과부를 위하여 남겨두며 네가 네 포도원의 포도를 딴 후에 그 남은 것을 다시 따지 말고 객과 고아와 과부를 위하여 남겨두라 너는 애굽 땅에서 종 되었던 것을 기억하라 이러므로 내가 네게 이 일을 행하라 명령하노라"(신 24:19-22).

"셋째 해 곧 십일조를 드리는 해에 네 모든 소산의 십일조 내기를 마친 후에 그것을 레위인과 객과 고아와 과부에게 주어 네 성읍 안에서 먹고 배부르게 하라 그리할 때에 네 하나님 여호와 앞에 아뢰기를 내가 성물을 내 집에서 내어 레위인과 객과 고아와 과부에게 주기를 주께서 내게 명령하신 명령대로 하였사오니 내가 주의 명령을 범하지도 아니하였고 잊지도 아니하였나이다 내가 애곡하는 날에 이 성물을 먹지 아니하였고 부정한 몸으로 이를 떼어두지 아니하였고 죽은 자를 위하여 이를 쓰지 아니하였고 내 하나님 여호와의 말씀을 청종하여 주께서 내게 명령하신 대로 다 행하였사오니 원하건대 주의 거룩한 처소 하늘에서 보시고 주의 백성 이스라엘에게 복을 주시며 우리 조상들에게 맹세하여 우리에게 주신 젖과 꿀이 흐르는 땅에 복을 내리소서 할지니라"(신 26:12-15).

욥은 사회의 약자와 작은 자들을 위해 사랑을 베풀었음을 간증한다.

"이는 부르짖는 빈민과 도와 줄 자 없는 고아를 내가 건졌음이라 망하게 된 자도 나를 위하여 복을 빌었으며 과부의 마음이 나로 말미암아 기뻐 노래하였느니라"(욥 29:12-13).

"내가 언제 가난한 자의 소원을 막았거나 과부의 눈으로 하여금 실망하게 하였던가 나만 혼자 내 떡덩이를 먹고 고아에게 그 조각을 먹이지 아니하였던가 실상은 내가 젊었을 때부터 고아 기르기를 그의 아비처럼 하였으며 내가 어렸을 때부터 과부를 인도하였노라 만일 내가 사람이 의복이 없이 죽어 가는 것이나 가난한 자가 덮을 것이 없는 것을 못 본 체했다면 만일 나의 양털로 그 몸을 따뜻하게 입혀서 그의 허리가 나를 위하여 복을 빌게 하지 아니하였다면 만일 나를 도와 주는 자가 성문에 있음을 보고 내가 주먹을 들어 고아를 향해 휘둘렀다면……나그네가 거리에서 자지 아니하도록 나는 행인에게 내 문을 열어 주었노라"(욥 31: 16-32).

베들레헴으로 귀가하던 나오미를 따라온 이방 여인 룻은 보아스의 밭에서 이삭을 줍다가 결국 시부의 기업을 무르게 되는 결혼을 하게 되었다. 이삭을 성실하게 줍는 룻을 보고 보아스는 호의를 베풀었다. 하나님의 말씀에 순종한 것이다.

왼편으로 구분된 자들에게 이르시되 "저주를 받은 자들아 나를 떠나 마귀와 그 사자들을 위하여 예비된 영원한 불에 들어가라 내가 주릴 때에 너희가 먹을 것을 주지 아니하였고 목마를 때에 마시게 하지 아니하였고 나그네 되었을 때에 영접하지 아니하였고 헐벗었을 때에 옷 입히지 아니하였고 병들었을 때와 옥에 갇혔을 때에 돌보지 아니하였느니라"(마 25:41-43)고 하신다. 앞서 오른편에 구분된 자들에게 지적하신 내용 그대로이나 이들은 사랑을 실천하지 않았다는 것이다. 저희들이 대답하되 "주여 우리가 어느 때에 주께서 주리신 것이나 목마르신 것이나 나그네 되신 것이나 헐벗으신 것이나 병드신 것이나 옥에 갇히신 것을 보고 공양하지 아니하더이까"(마 25:44-45) 하니 이에 임금이 대답하여 이르시되 "내가 진실로 너희에게 이르노니 이 지극히 작은 자 하나에게 하지 아니한 것이 곧 내게 하지 아니한 것이니라 하시리니 그들은 영벌에, 의인들은 영생에 들어가리라 하시니라"(마 25:45-46)고 했다.

지극히 작은 자를 무시하고 무관심하고 때로 압제한 것은 죄이다. 예수님의 공생애 모습이 그런 노숙자(homeless)의 모습이지 않는가? 주님께서는 사회에서 소외되고 무관심하고 그늘에 살고 있는 자들을 심방하시고, 병을 고쳐 주시고, 먹을 것을 주시고, 마실 것을 주시며, 옷을 공급하신 그 손길로 제자들의 발을 씻어 주시고 마침내 십자가에 달려 대속의 보혈을 흘려 주시지 않았던가?

사회의 약자들을 압제하는 이들은 악인이다. "세계를 심판하시는 주여 일어나사 교만한 자들에게 마땅한 벌을 주소서 여호와여 악인이 언제까지, 악인이 언제까지 개가를 부르리이까 그들이 마구 지껄이며 오만하게 떠들며 죄악을 행하는 자들이 다 자만하나이다 여호와여 그들이 주의 백성을 짓밟으며 주의 소유를 곤고하게 하며 과부와 나그네를 죽이며 고아들을 살해하며 말하기를 여호와가 보지 못하며 야곱의 하나님이 알아차리지 못하리라 하나이다"(시 94:2-7).

이사야는 "불의한 법령을 만들며 불의한 말을 기록하며 가난한 자를 불공평하게 판결하여 가난한 내 백성의 권리를 박탈하며 과부에게 토색하고 고아의 것을 약탈하는 자는 화 있을진저 벌하시는 날과 멀리서 오는 환난 때에 너희가 어떻게 하려느냐 누구에게로 도망하여 도움을 구하겠으며 너희 영화를 어느 곳에 두려느냐"(사 10:1-3)라고 고발한다.

또 에스겔은 심판을 선언하면서 "너 이름이 더럽고 어지러움이 많은 자여 가까운 자나 먼 자나 다 너를 조롱하리라 이스라엘 모든 고관은 각기 권세대로 피를 흘리려고 네 가운데에 있었도다 그들이 네 가운데에서 부모를 업신여겼으며 네 가운데에서 나그네를 학대하였으며 네 가운데에서 고아와 과부를 해하였도다"(겔 22:5-7)라고 했다.

하나님께서는 작은 소자에게 공의와 사랑을 베풀지 아니한 자들을 심판하신다. "만군의 여호와가 이같이 말하여 이르시기를 너희는 진실한 재판을 행하며 서로 인애와 긍휼을 베풀며 과부와 고아와 나그네와 궁핍한 자를 압제하지 말며 서로 해하려고 마음에 도모하지 말라 하였으나 그들이 듣기를 싫어하며 등을 돌리며 듣지 아니하려고 귀를 막으며"(슥 7:9-11).

아무리 믿음이 있고 경건하다고 해도 지극히 작은 사람을 무시하면 그 경건은 헛것이다. "하나님 아버지 앞에서 정결하고 더러움이 없는 경건은 고아와 과부를 그 환난 중에 돌아보고 또 자기를 지켜 세속에 물들지 아니하는 그것이니라"(약 1:27).

앞서 신명기 26장 12-15절에서 읽은 대로 지극히 작은 자에게 베풀 사랑은 성물(聖物), 즉 헌금이다. 이것을 다른 목적으로 쓰면 하나님의 재앙이 임해도 좋다는 것이다. 그만큼 철저하게 이웃 사랑을 실천하라는 말씀이다.

*묵상을 위한 질문
1) 나는 예수님을 대접하듯 지극히 작은 자를 돌보며 관심을 가지는가?
2) 나는 주님의 심판대 앞에 섰을 때 한 점 부끄러움 없는 의인의 모습인가?
3) 나는 후회하지 않고 지금 이 자리에서 말씀을 철저히 순종할 마음을 갖고 있는가?

*관련 찬송
503장(통합 373장, 세상 모두 사랑 없어 냉랭함을 아느냐)
496장(통합 260장, 새벽부터 우리 사랑함으로써 저녁까지 씨를 뿌려 봅시다)
540장(통합 219장, 주의 음성을 내가 들으니 사랑한단 말일세)

*묵상 기도
"사랑과 은혜가 풍성하신 하나님 아버지, 늘 주님의 심판대에 설 준비를 하게 하옵소서. 평소에 주님의 말씀에 순종하여 마음을 다하고 성품을 다하고 뜻을 다하고 힘을 다하여 주님을 사랑하게

하시며, 이웃을 제 몸처럼 사랑하고 돌보며 관심을 가지고 필요한 것을 나누게 하소서. 예수님의 이름으로 기도드립니다. 아멘."

6-25 "내 이웃이 누구오니이까?"(눅 10:25-37)

"어떤 율법교사가 일어나 예수를 시험하여 이르되 선생님 내가 무엇을 하여야 영생을 얻으리이까 예수께서 이르시되 율법에 무엇이라 기록되었으며 네가 어떻게 읽느냐 대답하여 이르되 네 마음을 다하며 목숨을 다하며 힘을 다하며 뜻을 다하여 주 너의 하나님을 사랑하고 또한 네 이웃을 네 자신 같이 사랑하라 하였나이다 예수께서 이르시되 네 대답이 옳도다 이를 행하라 그러면 살리라 하시니 그 사람이 자기를 옳게 보이려고 예수께 여짜오되 그러면 내 이웃이 누구니이까 예수께서 대답하여 이르시되 어떤 사람이 예루살렘에서 여리고로 내려가다가 강도를 만나매 강도들이 그 옷을 벗기고 때려 거의 죽은 것을 버리고 갔더라 마침 한 제사장이 그 길로 내려가다가 그를 보고 피하여 지나가고 또 이와 같이 한 레위인도 그곳에 이르러 그를 보고 피하여 지나가되 어떤 사마리아 사람은 여행하는 중 거기 이르러 그를 보고 불쌍히 여겨 가까이 가서 기름과 포도주를 그 상처에 붓고 싸매고 자기 짐승에 태워 주막으로 데리고 가서 돌보아 주니라 그 이튿날 그가 주막 주인에게 데나리온 둘을 내어 주며 이르되 이 사람을 돌보아 주라 비용이 더 들면 내가 돌아올 때에 갚으리라 하였으니 네 생각에는 이 세 사람 중에 누가 강도 만난 자의 이웃이 되겠느냐 이르되 자비를 베푼 자니이다 예수께서 이르시되 가서 너도 이와 같이 하라 하시니라."

어떤 율법학자가 예수를 시험하고자 "선생님, 내가 무엇을 하여야 영생을 얻으리이까?"라고 질문했다. 주님은 그에게 율법의 핵심 내용을 물으셨다. 그러자 그는 하나님 사랑(쉐마의 내용, 신 6:4-

5)과 이웃 사랑(레 19:18)을 언급했다. 그때 주님께서는 "네 대답이 옳도다. 이를 행하라. 그러면 살리라"고 하셨다. 이야기가 여기에서 끝나지 않고 이 율법학자는 자기의 의로움을 자랑하고 싶었는지 다시 질문하기를 "그러면 내 이웃이 누구오니이까?"라고 했다. 아마도 이 사람은 자신의 구제생활, 경건생활을 자랑하고 싶어 예수께서 이웃에 대해 어떻게 생각하는지 물었던 것이다.

이에 대한 대답으로 하신 말씀이 그 유명한 '선한 사마리아인의 비유'이다. 전통적으로 이 비유를 선한 사마리아인(Good Samaritan)에게 초점을 맞추지만, 좀더 정확하게 표현하자면 '참된 이웃인 사마리아 사람'일 것이다.

어떤 유대 사람이 예루살렘에서 여리고로 내려가고 있었다. 지형상 예루살렘은 해발 750미터이고, 여리고는 요단 협곡에 위치하고 있어 해저 250미터 되는 지역에 있다. 여리고는 유대 광야를 통해서 가는데 와디(wadi=건천, 우기 때는 강, 건기 때는 도로)를 따라 내려가도록 되어 있다. 그가 광야를 지나는데 강도떼를 만나서 옷을 빼앗기고 죽도록 맞아 사경을 헤매게 되었다. 강도떼가 도망한 후 마침 한 제사장이 그 길로 내려가다가 그를 보았지만 아무런 도움을 주지 못하고 피해 가고 말았다. 제사장은 시체를 만지면 부정하게 될까봐(민 19:11-19) 그냥 지나간 것일까? 강도 만난 사람인 것을 알 텐데. 또 이와 같이 한 레위인도 이곳을 지나가다가 그를 보고는 피하여 지나가 버렸다. 예배를 준비하는 일이 바빠서 그냥 가버린 것일까?

제사장과 레위인은 강도 만나 피 흘리며 쓰러져 죽은 자로 간주하여 그냥 가버리고 말았는가? 강도 만난 자가 아파하면서 이들의 무관심 내지는 피하는 발걸음을 보고 무슨 생각을 했을까? 평소 존경하던 영적 지도자이자 사회 지도자가 어려움을 당한 이웃을 버려두고 갈 때 당하는 상처는 아마도 육체적으로 당한 상처보다 더 아팠을 것이다. 이때 한 사마리아인이 지나갔다. 그가 취한 행동을 보자. 1) 그를 보고(불행한 일을 발견) 2) 불쌍히 여겨(동정함, 어려운 일을 당한 자에게 관심을 가짐) 3) 가까이 가서(구체적 행동을 시작) 4) 기름과 포도주를 그 상처에 붓고 싸매고(응급조치) 5) 자기 짐승에 태워(최선을 다해 도움) 6) 주막으로 데리고 가서 돌보아 주고(하루를 같이 보내면서 간호해 줌) 7) 이튿날 데나리온 둘을 주막 주인에게 지불하면서 이 사람을 잘 돌봐줄 것을 부탁하면서(가족 이상으로 끝까지 사랑) 8) 만일 비용이 더 들면 자기가 볼일을 보고 돌아오는 길에 들러서 차액을 지불하겠다고 약속했다(끝까지 책임을 지다). 그는 틀림없이 며칠 후 이 주막을 다시 찾아와서 환자의 상태를 점검했을 것이고, 비용이 더 든 부분을 계산했을 것이다.

주께서 이 이야기를 하신 후 그 율법학사에게 물으시되 "네 의견에는 이 세 사람 중에 누가 강도 만난 자의 이웃이 되겠느냐?" 하시니 그는 "자비를 베푼 자니이다"라고 대답했다. 그러자 주님께서는 "가서 너도 이와 같이 하라"고 하시며 구체적인 사랑의 실천을 촉구하신다.

이 비유에서 우리는 세 가지 유형의 사람을 발견한다.

(1) 상처를 주는 자(강도는 육신의 상처, 제사장과 레위인은 정신적 상처)

자신(low self-esteem)일 수도 있고, 가장 가깝게 지내는 친구일 수도 있다. 그 외 상처를 주는 자로 부모, 선생, 목회자, 동료, 교인, 고객, 공동체, 환경, 직장생활 등을 생각할 수 있다.

(2) 상처를 받는 자(강도를 만난 유대인)

이는 가지고 있는 것을 빼앗기고 육체의 아픔을 당하는 자이다. 우리는 친한 친구로부터 오해를 받는다거나 어떤 누명을 뒤집어 쓰거나 중상모략을 당할 때 많은 상처를 받는다. 또한 악인으로부터 육체적, 정신적 상처를 받는다. 또한 사회의 구조적인 악으로부터 상처를 받기도하며, 공동체 생활에서 상처를 받는다. 이단과 사이비로부터 피해를 입기도 하고, 종교 지도자들의 위선을 보고 영적인 상처를 입기도 한다.

(3) 상처를 치유하는 자(무명의 사마리아 사람)

평소에 미움과 멸시를 받던 이방인이 이웃 유대인의 상처를 끝까지 치유해 준다. 최선을 다해 희생과 봉사와 섬김의 정신으로 시간과 물질과 정성을 다하여 치유한다.

제사장, 레위인, 사마리아인 중에서 "누가 강도 만난 자의 이웃이 되겠느냐?"(눅 10:36)는 질문을 받을 때 "자비를 베푼 자니이다"라고 대답할 수 있어야 한다. 우리 각자가 남에게 상처를 주지도 말고, 받지도 말고, 오직 상처를 치유하는 데 힘써서 그리스도인으로서 이웃을 내 몸과 같이 사랑하는 일에 최선을 다하면 교회는 치유의 공동체가 된다. "가서 너도 이와 같이 하라"(눅 10:37).

*묵상을 위한 질문
(1) 나는 상처를 주는 자인가, 상처를 치유하는 자인가?
(2) 진정한 이웃이 되기 위해 내가 해야 할 일은 무엇인가?
(3) 내가 상처를 받았을 때 어떻게 치유받을 수 있는가?

*관련 찬송
218장(통합 369장, 네 맘과 정성을 다하여서 주 너의 하나님을 사랑하라)
498장(통합 275장, 저 죽어 가는 자 다 구원하고 죽음과 죄에서 건져내며)
503장(통합 373장, 세상 모두 사랑 없어 냉랭함을 아느냐)

*묵상 기도
"주님, 저로 하여금 사랑의 이웃이 되게 하옵소서. 선을 악으로 갚는 자가 되게 하옵소서. 어려움을 당할 때 가서 자비를 베풀며 모든 소망을 채우는 이웃이 되게 하옵소서. 말과 행동으로 이웃에게 상처 주는 자가 되지 않도록 성령께서 인도하옵소서. 구체적인 사랑을 실천하는 자가 되게 하옵소서. 사랑 많으신 예수님의 이름으로 기도드립니다. 아멘."

6-26 "때를 따라 양식을 나누어 줄 자 비유"(눅 12:35-48)

"허리에 띠를 띠고 등불을 켜고 서 있으라 너희는 마치 그 주인이 혼인 집에서 돌아와 문을 두드리면 곧 열어 주려고 기다리는 사람과 같이 되라 주인이 와서 깨어 있는 것을 보면 그 종들은 복이 있으리로다 내가 진실로 너희에게 이르노니 주인이 띠를 띠고 그 종들을 자리에 앉히고 나아와 수종들리라 주인이 혹 이경에나 혹 삼경에 이르러서도 종들이 그같이 하고 있는 것을 보면 그 종들은 복이 있으리로다 너희도 아는 바니 집 주인이 만일 도둑이 어느 때에 이를 줄 알았더라면 그 집을 뚫지 못하게 하였으리라 그러므로 너희도 준비하고 있으라 생각하지 않은 때에 인자가 오리라 하시니라 베드로가 여짜오되 주께서 이 비유를 우리에게 하심이니이까 모든 사람에게 하심이니이까 주께서 이르시되 지혜 있고 진실한 청지기가 되어 주인에게 그 집 종들을 맡아 때를 따라 양식을 나누어 줄 자가 누구냐 주인이 이를 때에 그 종이 그렇게 하는 것을 보면 그 종은 복이 있으리로다 내가 참으로 너희에게 이르노니 주인이 그 모든 소유를 그에게 맡기리라 만일 그 종이 마음에 생각하기를 주인이 더디 오리라 하여 남녀 종들을 때리며 먹고 마시고 취하게 되면 생각하지 않은 날 알지 못하는 시각에 그 종의 주인이 이르러 엄히 때리고 신실하지 아니한 자의 받는 벌에 처하리니 주인의 뜻을 알고도 준비하지 아니하고 그 뜻대로 행하지 아니한 종은 많이 맞을 것이요 알지 못하고 맞을 일을 행한 종은 적게 맞으리라 무릇 많이 받은 자에게는 많이 요구할 것이요 많이 맡은 자에게는 많이 달라 할 것이니라."

마태복음처럼 누가복음에서도 예수께서는 천국을 비유로 가르치셨다. 이 천국 비유의 내용은 종말에 대한 교훈으로, 충성스럽고 성실한 종(청지기)에 대한 비유이다. 주인이 혼인집에서 돌아와 문을 두드리면 곧 열어 주려고 기다리는 사람처럼 허리에 띠를 띠고 등불을 켜고 서 있으라는 것이다. 이는 신실한 청지기의 근무 자세이다(눅 12:35-36). 오로지 주인을 기다리는 모습이다. 혼인은 밤중에 진행되기에 때로 주인이 일찍 돌아올 수도 있고, 다소 늦을 수도 있다. 전화가 없을 때 미리 연락도 되지 않는다. 핸드폰이 나오기 전에 운전수가 사장님이 회식이나 회의를 마치고 나올 때까지 무한정 기다리는 모습과 같다. 군에서 운전병이 부대장의 용무가 끝날 때까지 이상 무 근무 자세를 하고 있는 것과 같다. 부대장이 차에 도착할 때 얼른 나가 문을 열어 주어야 하는데 만일 졸거나 딴짓하다가 걸리면 기합을 받게 되어 있다.

혼인집에서 주인이 돌아와 종이 깨어 있는 것을 보면 얼마나 흡족하겠는가. 이런 종들은 "복이 있으리로다"(Blessed are those servants) 하며 주인이 감동하여 띠를 띠고 그 종들을 자리에 앉히고 나아와 수종할 것이라고 한다(눅 12:37). 주인은 지금까지 잔칫집에서 잘 먹고 잘 놀고 왔는데 그 늦은 시각까지 자지 않고 완벽한 근무 복장을 하고 주인을 기다리고 있다가 문을 열어 주고 발을 씻어 주는 저들의 봉사를 얼마나 고마워하겠는가? 주인을 감동케 하는 종들의 모습이 우리에게도 있어야 한다는 것이다. 주인이 혹 이경(밤 9-11시) 혹 삼경(밤 11-새벽 1시)에 이르러서도 종들이 이같이 하는 것을 보면 그 종들은 주인으로부터 칭찬 듣고 대접받기에 "복이 있으리로다"(Blessed are those servants. 눅 12:38).

누가복음 17장 7-10절에 보면 "너희 중 누구에게 밭을 갈거나 양을 치거나 하는 종이 있어 밭에서 돌아오면 저더러 곧 와 앉아서 먹으라 말할 자가 있느냐 도리어 그더러 내 먹을 것을 준비하고 띠를 띠고 내가 먹고 마시는 동안에 수종들고 너는 그 후에 먹고 마시라 하지 않겠느냐 명한 대로 하였다고 종에게 감사하겠느냐 이와 같이 너희도 명령 받은 것을 다 행한 후에 이르기를 우리는 무익한 종이라 우리가 하여야 할 일을 한 것뿐이라 할지니라 (We are unprofitable servants: we have done that which was our duty to do)"라고 기록되어 있다. 이 종들은 할 일(job list/description)을 다한 경우이고, 밤중에 주인이 오시기까지 기다리는 일은 자기 의무 이상으로 한 것이다.

그러면서 주님은 재림의 시간에 대해 언급하셨다. "너희도 아는 바니 집 주인이 만일 도둑이 어느 때에 이를 줄 알았더라면 그 집을 뚫지 못하게 하였으리라 그러므로 너희도 준비하고 있으라 생각하지 않은 때에 인자가 오리라 하시니라"(눅 12:39-40). 과연 예수님의 재림은 우리가 생각하지 않은 때에 임할 것이다. 앞서 살핀 양과 염소의 비유에서도 아무도 생각하지 않은 방법으로 주님께서 우리의 믿음을 시험하시고 평소에 어떻게 살고 있는지 다 보고 계신다.

베드로가 "이 비유를 제자들에게만 하심이니이까? 아니면 모든 사람에게 하심이니이까?"(눅 12:41) 하고 물으니 주님은 직답(직접적인 해답)을 피하시고 후자 쪽을 지칭하신다. 제자들뿐만 아니라 천국 시민 후보자들 모두에게 해당되는 말씀이다. "지혜 있고 진실한 청지기가 되어 주인에게 그 집 종들을 맡아 때를 따라 양식을 나누어 줄 자가 누구냐(Who then is that faithful and wise steward, whom his lord shall make ruler over his household, to give them their portion of meat in due season?) 주인이 이를 때에 그 종이 그렇게 하는 것을 보면 그 종은 복이 있으리로다"(눅 12:42-43). 주님은 세 번이나 "종이 복이 있으리로다"라고 말씀하신다. 주인에게 이런 믿을 만하고 지혜 있는 청지기가 있어 집종들을 맡아 때를 따라 양식을 나누어 줄 종이 있다면 그 모든 소유를 저에게 맡길 것이다(눅 12:44).

마치 노예로 팔려간 요셉이 보디발의 가정 총무가 되듯이, 그가 억울하게 옥에 갇혔어도 충성스러운 총무의 역할을 하였던 것처럼 말이다. "간수장이 옥중 죄수를 다 요셉의 손에 맡기므로 그 제반 사무를 요셉이 처리하고 간수장은 그의 손에 맡긴 것을 무엇이든지 살펴보지 아니하였으니 이는 여호와께서 요셉과 함께하심이라 여호와께서 그를 범사에 형통하게 하셨더라"(창 39:22-23). 요셉과 같은 청지기가 있으면 주인에게도, 그 집에도 복이다.

"만일 그 종이 마음에 생각하기를 주인이 더디 오리라 하여 남녀 종들을 때리며 먹고 마시고 취하게 되면 생각하지 않은 날 알지 못하는 시각에 그 종의 주인이 이르러 엄히 때리고 신실하지 아니한 자의 받는 벌에 처하리니 주인의 뜻을 알고도 준비하지 아니하고 그 뜻대로 행하지 아니한 종은 많이 맞을 것이요 알지 못하고 맞을 일을 행한 종은 적게 맞으리라 무릇 많이 받은 자에게는 많이 요구할 것이요 많이 맡은 자에게는 많이 달라 할 것이니라"(눅 12:45-48).

성실하지 못한 종에게는 책임을 묻되, 많이 맡은 자에게는 그 책임이 더 중하리라는 것이다. 평소에 항상 신실하지 못한 자는 엄히 매를 맞고, 특히 제자들처럼 주님의 뜻을 알고도 행치 않는 자는 더 중한 벌을 받을 것이다. 그러나 다른 성도들은 덜 중한 벌을 받는다는 것이다. 그래서 베드로의 질문에 주님께서 답하신 것은 이 비유가 둘 다 해당되나 특히 제자들은 더욱 정신을 차리고 주님의 재림을 준비해야 하는 것이다.

*묵상을 위한 질문
1) 나는 언제든지 주인이 오셔도 기뻐하실 행동을 하는 종인가?
2) 주인의 뜻을 헤아려 지혜롭게 때를 따라 양식을 제공하고 있는가?
3) 늘 주 앞에(Coram Deo) 있는 심정으로 경건하게 살고 있는가?

*관련 찬송
330장(통합 370장, 어둔 밤 쉬 되리니 네 직분 지켜서)
327장(통합 361장, 주님 주실 화평 믿음 얻기 위해 너는 정성껏 기도했나)
300장(통합 406장, 내 맘이 낙심되며 근심에 눌릴 때)

*묵상 기도
"사랑이 풍성하신 하나님 아버지, 부족한 저를 불러 주시고 사명을 맡겨 주심을 감사드립니다. 주님의 기대에 어긋나지 않도록 항상 기뻐하며 쉬지 말고 기도하고 범사에 감사하며 맡은 본분에 최선을 다해 충성하게 도와주옵소서. 주의 백성들에게 때를 따라

일용할 양식을 나눠 주는 지혜로운 청지기가 되고 싶습니다. 하늘의 지혜와 명철을 주옵소서. 사랑 많으신 예수님의 이름으로 기도드립니다. 아멘."

6-27 "주인이여 금년에도 그대로 두소서"(눅 13:6-9)

"이에 비유로 말씀하시되 한 사람이 포도원에 무화과나무를 심은 것이 있더니 와서 그 열매를 구하였으나 얻지 못한지라 포도원지기에게 이르되 내가 삼 년을 와서 이 무화과나무에서 열매를 구하되 얻지 못하니 찍어버리라 어찌 땅만 버리게 하겠느냐 대답하여 이르되 주인이여 금년에도 그대로 두소서 내가 두루 파고 거름을 주리니 이 후에 만일 열매가 열면 좋거니와 그렇지 않으면 찍어버리소서 하였다 하시니라."

한 사람이 포도원에 무화과나무를 심었다. 열매를 구하여 왔으나 아무런 열매가 없었다. 이듬해도 왔지만 아무런 열매를 맺지 못했다. 3년째 왔으나 역시 열매가 없었다. 주인은 인내의 한계에 이르렀다. 그래도 3년을 참아왔던 것이다. 주인이 과수원지기에게 이르되 "내가 삼 년을 와서 이 무화과나무에서 열매를 구하되 얻지 못하니 찍어버리라 어찌 땅만 버리게 하겠느냐"(눅 13:7) 하니 과수원지기가 말했다. "주인이여 금년에도 그대로 두소서 내가 두루 파고 거름을 주리니 이 후에 만일 열매가 열면 좋거니와 그렇지 않으면 찍어버리소서"(Lord, let it alone this year also, till I shall dig about it, and dung it: And if it bear fruit, well: and if not, then after that thou shalt cut it down. 눅 13: 8-9). 나무가 있는 목적은 열매를 맺기 위함이다. 열매를 계속 맺지 못한다면 속히 잘라 땔감으로 쓰고 열매를 맺을 나무를 다시 심어야 한다. 이것이 주인의 생각이다.

씨 뿌리는 자의 비유를 통해 열매를 맺지 않으면 아무 소용이 없다고 했다. 좋은 땅에 뿌려진 씨앗만 100배, 60배, 30배의 결실을 하는 것이다. 주님께서 잡히시기 며칠 전에 다락방에서 행하신 강화(discourse in the upper room)에서 "내 안에 거하라 나도 너희 안에 거하리라 가지가 포도나무에 붙어 있지 아니하면 스스로 열매를 맺을 수 없음같이 너희도 내 안에 있지 아니하면 그러하리라 나는 포도나무요 너희는 가지라 그가 내 안에, 내가 그 안에 거하면 이 사람은 열매를 많이 맺나니 나를 떠나서는 너희가 아무것도 할 수 없음이라……너희가 열매를 많이 맺으면 내 아버지께서 영광을 받으실 것이요 너희는 내 제자가 되리라"(요 15:4-5, 8)고 말씀하셨다.

당시 이스라엘의 종교 지도자들과 대부분의 사람들은 잎만 무성하고 열매가 없는 무화과나무의 모습이었다. 그래서 십자가를 눈앞에 두시고 주님께서는 잎사귀만 있고 열매가 없는 무화과나무를 저주하셨다. "이제부터 영원토록 사람이 네게서 열매를 따 먹지 못하리라"(막 11:14)고 하셨다. 저녁 때 이곳을 지나갈 때 무화과나무가 뿌리로부터 마른 것을 보고 베드로가 생각이 나서 "랍비여 보소서 저주하신 무화과나무가 말랐나이다"(막 11:21)라고 했다. 이에 예수께서 대답하여 저희에게 이르시되 "하나님을 믿으라 내가 진실로 너희에게 이르노니 누구든지 이 산더러 들리어 바다에 던져지라 하며 그 말하는 것이 이루어질 줄 믿고 마음에 의심하지 아니하면 그대로 되리라"(막 11:22-23) 하심으로 무화과나무를 통하여 믿음의 기도의 위력을 교훈하셨다.

여기에 주인 되시는 하나님께서 포도원에 심겨진 무화과나무의 열매를 3년씩이나 기다리다가 심판하려고 하셨지만 주의 종이 한 번만 더 기회를 달라고 하므로 심판의 때를 1년 연기하기로 하셨다. 열매를 맺지 못한 이유를 자세히 검토하고 과수원지기는 초심을 가지고 열매를 맺게 하기 위해 뿌리, 가지, 싹, 벌레들 등 모든 것을 총체적으로 진단하고 문제가 발견되면 치유해서 내년에는 꼭 열매가 맺도록 할 것이다. 오늘날 우리의 모습이 한 번 기회를 얻은 때를 살고 있지 않는가? 그런데 내년에도 열매가 없으면 더 이상 핑계나 연기가 불가능하다.

아브라함이 소돔과 고모라 성이 심판당하지 않도록 하나님께 기도하면서 "주께서 의인을 악인과 함께 멸하시려나이까 그 성 중에 의인 오십 명이 있을지라도 주께서 그 곳을 멸하시고 그 오십 의인을 위하여 용서하지 아니하시리이까주께서 이같이 하사 의인을 악인과 함께 죽이심은 부당하오며 의인과 악인을 같이 하심도 부당하니이다 세상을 심판하시는 이가 정의를 행하실 것이 아니니이까"(창 18:23-25) 하다가 50명이 자신없어서 45명, 40명, 30명, 20명 하다가 10명까지 내려갔지만 더 이상 간구하지 못했다. 10명이 저지선(bottom line)이었고, 이 포도원은 올해가 마지막 기회인 것이다.

우리도 이런 심정으로 목회하며, 신앙생활하며, 천국으로 가는 경주를 하고 있는가? '주님, 한 해만 참으소서. 최선을 다해 보겠습니다' 하는 심정으로 지금부터 신앙생활을 해 보자. 우리는 성령의 열매를 맺어야 한다. 사랑의 열매, 기쁨의 열매, 화평의 열매, 인내의 열매, 자비의 열매, 양선의 열매, 충성의 열매, 온유의 열매, 절제의 열매를 맺자. 전도의 열매를 맺고 찬양의 열매, 봉사의 열매, 사명의 열매, 감사의 열매, 진리의 열매, 경건의 열매, 믿음의 열매를 풍성하게 맺어 주님께 드리자.

*묵상을 위한 질문
1) 나는 잎만 무성한 무화과나무의 모습은 아닌가?
2) 나는 주님의 심판대 앞에 가지고 갈 열매는 준비되었는가?
3) 나는 한 해 더 기회를 얻은 과수원지기처럼 그런 심정으로 살아가는가?

*관련 찬송
589장(통합 308장, 넓은 들에 익은 곡식 황금 물결 뒤치며)
591장(통합 310장, 저 밭에 농부 나가 씨 뿌려 놓은 후)
497장(통합 274장, 주 예수 넓은 사랑 그 크신 은혜를)

*묵상 기도
"사랑과 은혜가 풍성하신 하나님 아버지, 주님께서 좋은 포도원에 부족한 저를 심어 주시고 정성을 다하셨건만 아직도 열매를 맺지 못함을 죄송하게 생각합니다. 그동안 저는 열매 맺는 줄 착각하며 살았고 때만 되면 열매가 맺힐 줄 알았습니다. 저는 주님의 토양에서 좋은 영양분을 제대로 공급받지 못했고 이를 가지에 전달하지 못했습니다. 또 나무에 붙어 있어야 할 가지가 그 곁을 자주 떠나 생명을 상실했습니다. 이제 주님께 돌아와 충실하게 배우고 자라겠으니 저를 키워 주시고 열매 맺도록 성령 충만하게 하소서. 좋으신 예수님의 이름으로 기도드립니다. 아멘."

6-28 "자기를 낮추는 자는 높아지리라"(눅 14:7-11)

"청함을 받은 사람들이 높은 자리 택함을 보시고 그들에게 비유로 말씀하여 이르시되 네가 누구에게나 혼인 잔치에 청함을 받았을 때에 높은 자리에 앉지 말라 그렇지 않으면 너보다 더 높은 사람이 청함을 받은 경우에 너와 그를 청한 자가 와서 너더러 이 사람에게 자리를 내주라 하리니 그때에 네가 부끄러워 끝자리로 가게 되리라 청함을 받았을 때에 차라리 가서 끝자리에 앉으라 그러면 너를 청한 자가 와서 너더러 벗이여 올라 앉으라 하리니 그때에야 함께 앉은 모든 사람 앞에서 영광이 있으리라 무릇 자기를 높이는 자는 낮아지고 자기를 낮추는 자는 높아지리라."

예수님을 항상 고소하려고 하던 율법사들과 바리새인들이 청함을 받으면 늘 높은 자리를 택하는 것(They chose out the chief rooms)을 보시고, 주님께서 제자들에게 그렇게 하지 말 것을 가르치신 비유이다. 주님께서는 "네가 누구에게나 혼인 잔치에 청함을 받았을 때에 높은 자리에 앉지 말라(When thou art bidden of any man to a wedding, sit not down in the highest room) 그렇지 않으면 너보다 더 높은 사람이 청함을 받은 경우에 너와 그를 청한 자가 와서 너더러 이 사람에게 자리를 내주라 하리니 그때에 네가 부끄러워 끝자리에 가게 되리라 청함을 받았을 때에 차라리 가서 끝자리에 앉으라 그러면 너를 청한 자가 와서 너더러 벗이여 올라앉으라 하리니 그때에야 함께 앉은 모든 사람 앞에 영광이 있으리라"(눅 14:8-10) 하시면서 결론으로 "무릇 자기를 높이는 자는 낮아지고 자기를 낮추는 자는 높아지리라"(For whosoever exalteth himself shall be abased; and he that humbleth himself shall be exalted, 눅 14:11)고 하셨다. 마지막 절은 아래에서 살필 누가복음 18장 14절 말씀과 같다.

천국 백성은 겸손해야 한다. 끝자리에 앉아 있다가 높은 자리로 이동하는 것이 좋게 보이지, 괜히 상석에 앉았다가는 더 귀한 손님이 도착하면 내려앉는 창피를 당하게 된다. 당시 바리새인, 서기관들, 대제사장들은 늘 상석을 좋아했고, 인사 받기를 좋아했으며 대접을 받으려고만 했다. 주님께서는 말구유에서 태어나 나사렛 동네에서 자라나셨고, 주로 대접을 해야 하고 섬기는 자리에 서셨으며, 제자들의 발을 씻어 주셨다. "인자가 온 것은 섬김을 받으려 함이 아니라 도리어 섬기려 하고 자기 목숨을 많은 사람의 대속물로 주려 함이니라"(막 10:45)는 말씀을 그대로 실천하신 것이다. 예수님의 제자가 되려면 주님처럼 살아야 한다.

주님께서는 "누구든지 이 어린 아이와 같이 자기를 낮추는 사람이 천국에서 큰 자니라"(마 18:4)고 하셨다. 예수님의 제자들은 예루살렘으로 오는 도중 서로 높은 자리에 앉겠다고 다투고 서로 높다고 싸웠다. 참으로 부끄러운 일이다. 그들은 겸손과 온유의 학습을 더 받아야 했다. 사도 바울은 빌립보 교회에 쓴 편지(옥중서신)에서 다음과 같이 쓰고 있다.

"너희 안에 이 마음을 품으라 곧 그리스도 예수의 마음이니 그는 근본 하나님의 본체시나 하나님과 동등됨을 취할 것으로 여기지 아니하시고 오히려 자기를 비어 종의 형체를 가져 사람들과 같이 되셨고 사람의 모양으로 나타나사 자기를 낮추시고 죽기까지 복종하셨으니 곧 십자가에 죽으심이라 이러므로 하나님이 그를 지극히 높여 모든 이름 위에 뛰어난 이름을 주사 하늘에 있는 자들과 땅에 있는 자들과 땅 아래 있는 자들로 모든 무릎을 예수의 이름에 꿇게 하시고 모든 입으로 예수 그리스도를 주라 시인하여 하나님 아버지께 영광을 돌리게 하셨느니라"(빌 2:5-11).

*묵상을 위한 질문
1) 나는 상석을 좋아하는가, 말석을 좋아하는가? 그 이유는 무엇인가?
2) 나는 얼마나 자신을 낮추고 다른 사람을 섬기고 있는가?
3) 나는 대접을 받으려 하기보다 남을 먼저 대접하고 있는가?

*관련 찬송
461장(통합 519장, 십자가를 질 수 있나 주가 물어 보실 때)
341장(통합 367장, 십자가를 내가 지고 주를 따라 가도다)
323장(통합 355장, 부름 받아 나선 이 몸 어디든지 가오리다)

*묵상 기도
"거룩하신 하나님 아버지, 오늘 하루도 겸손하게 살게 하옵소서. 나를 교만하게 하는 모든 것을 배설물처럼 버리게 하옵소서. 오늘 하루도 정직하게 살게 하옵소서. 주님을 닮아 진리로 자유함을 받게 하옵소서. 오만한 자리에 앉지 말게 하소서. 귀하신 예수님의 이름으로 기도드립니다. 아멘."

6-29 "맛 잃은 소금 비유"(눅 14:34-35; 마 5:13)

"소금이 좋은 것이나 소금도 만일 그 맛을 잃으면 무엇으로 짜게 하리요 땅에도, 거름에도 쓸데없어 내버리느니라 들을 귀가 있는 자는 들을지어다 하시니라."

"너희는 세상의 소금이니 소금이 만일 그 맛을 잃으면 무엇으로 짜게 하리요 후에는 아무 쓸데없어 다만 밖에 버려져 사람에게 밟힐 뿐이니라."

소금은 좋은 것이지만 만일 짠맛을 잃으면 땅에도 거름에도 쓸데없어 내버리게 된다. 이는 천국 시민이 세상을 향해 소금이 되라는 교훈을 담고 있는 비유이다. "들을 귀가 있는 자는 들을지어다"라는 말씀은 은유법으로 하신 소금의 비유가 무슨 뜻인지 깨닫는 자가 되라는 말씀이다. 이는 마태복음의 산상수훈에도 나오는 말씀이다. 우리는 세상의 소금이다. 만일 소금이 그 맛을 잃으면 무엇으로 짜게 하겠는가. 후에는 아무 쓸데없어 다만 밖에 버리워 사람에게 밟힐 뿐이다(마 5:13). 조금 다른 의미이지만 마가복음 9장 49-50절에서는 "사람마다 불로써 소금 치듯 함을 받으리라 소금은 좋은 것이로되 만일 소금이 그 맛을 잃으면 무엇으로 이를 짜게 하리요 너희 속에 소금을 두고 서로 화목하라"고 하신다. 소금은 화목의 상징이다. 다툼이 있는 곳에 화해를 말할 때 소금을 사용했다. "너희 말을 항상 은혜 가운데서 소금으로 맛을 냄 같이 하라 그리하면 각 사람에게 마땅히 대답할 것을 알리라"(골 4:6).

소금의 사명은 맛을 내는 것이다. 짠맛이 나야 음식의 간을 맞추며, 음식이 상하지 않도록 방지해 주며, 맛의 조화를 낸다. 욥기 6장 6절에 "싱거운 것이 소금 없이 먹히겠느냐?"라고 반문한다. 음식에 소금을 사용해야 알맞게 요리될 수 있다. 나는 맛을 잃은 기독교인이 되어 혹시 밖에 버려져 사람들에게 밟히고 있지 않는가? 우리 교회는 맛을 잃어 사회로부터 버림을 당하고 있지 않는가?

이스라엘 사람들은 믿을 만한 사람, 진실한 사람, 경건하고 충성스런 사람을 가리켜서 '소금 같은 사람'(a man like salt)이라고 표현한다. 또 진실하고 결코 변하지 않는 약속을 할 때 '소금 언약'(covenant of salt)이라고 한다. "이스라엘 자손이 여호와께 거제로 드리는 모든 성물은 내가 영구한 몫의 음식으로 너와 네 자녀에게 주노니 이는 여호와 앞에 너와 네 후손에게 변하지 않는 소금 언약이니라"(민 18:19). "이스라엘 하나님 여호와께서 소금 언약으로 이스라엘 나라를 영원히 다윗과 그 자손에게 주신 것을 너희가 알 것이 아니냐"(대하 13:5). 그래서 하나님과의 소금 언약이 모든 제물과 성막의 향에 첨가되었다. "네 모든 소제물에 소금을 치라 네 하나님의 언약의 소금을 네 소제에 빼지 못할지니 네 모든 예물에 소금을 드릴지니라"(레 2:13). "나 여호와 앞에 받들어다가 제사장은 그 위에 소금을 쳐서 나 여호와께 번제로 드릴 것이며"(겔 43:24). "또 그들이 필요로 하는 것 물 곧 하늘의 하나님께 드릴 번제의 수송아지와 숫양과 어린 양과 또 밀과 소금과 포도주와 기름을 예루살렘 제사장의 요구대로 어김없이 날마다 주어 저희로 하늘의 하나님께 향기로운 제물을 드려 왕과 왕자들의 생명을 위하여 기도하게 하라"(스 6:9-10).

소금은 음식에 들어가 맛을 내기 위해 흔적도 없이 녹아 희생한다. 자기의 생각, 주장, 고정관념(stereotype), 고집, 자랑, 욕심을 온전히 버릴 때 남을 이롭게 할 수 있다. 자기의 맛을 희생할 때 단맛, 쓴맛, 신맛과 어울려 맛있는 음식을 만들어 내듯이 교회의 사명은 세상의 소금이 되는 것이다. 소금은 만나는 사람에게 갈증을 느끼게 한다. 누군가 그리스도인의 삶을 보고 "당신이 믿는 그리스도를 나도 알고 싶소. 당신의 삶을 변화시키신 그분을 나도 믿고 싶소" 하는 영혼의 갈증이 일어나게 한다. 주님을 만난 니고데모는 거듭남의 삶을 배웠다(요 3:5). 주님을 만난 사마리아 여인은 영원히 목마르지 않는 생수를 공급받아 신령과 진정으로 예배드리는 자로 변화되었다. 세리로서 떳떳하지 못한 생활을 해온 삭개오는 영혼의 갈증이 나서 주님을 만나 집에 모실 때 변화되었다. 바디매오, 막달라 마리아, 요한, 바울, 디모데 등 믿음의 인물은 영혼의 갈증을 가졌다.

옛날에 소금은 관료들의 월급으로 지급되었다. 그래서 영어 'salary(급료)'는 salt에서 나왔다. 월급이 소금 돈(salt money)이라는 말이다. 에스라 4장 14절에 "궁의 소금을 먹는다"는 것은 왕실의 급료로 생계를 유지하는 것을 의미했다. 중국에서 참기 힘든 체형(體刑)이 죄수에게 소금을 먹이지 않고 죽이는 방법이라고 한다. 이처럼 소금이 우리 일생생활에 꼭 필요하듯이 그리스도인은 사회에 꼭 필요한 맛을 내야 한다. 옛날 유대교인들 중 신앙을 버리고 타락했던 사람이 다시 회개하고 돌아오면 그로 하여금 회당문 앞에 엎드리게 했다. 그리고 사람들로 하여금 그 위를 밟고 지나가게 하면서 "나는 맛 잃은 소금이니 나를 밟고 지나가시오!"라고 외쳐야 했다.

*묵상을 위한 질문
1) 나와 우리 교회는 세상을 향하여 소금의 사명을 다하는가?
2) 나는 맛을 잃어 가고 있는 소금인가, 제대로 맛을 내는 소금인가?
3) 나는 제물, 화해, 조화, 조명의 소금의 역할을 잘 감당하고 있는가?

*관련 찬송
510장(통합 276장, 하나님의 진리 등대 길이 길이 빛나니)
502장(통합 259장, 빛의 사자들이여 어서 가서 어둠을 물리치고)
436장(통합 493장, 나 이제 주님의 새 생명 얻은 몸)

*묵상 기도
"하나님 아버지, 저로 히여금 세상을 향하여 소금이 되게 하옵소서. 맛을 잘 내는 소금이 되어 예수님의 향기를 날리게 하시며 썩지 않도록 정의와 공법을 전하게 하시며, 세상과 구별되는 거룩한 생활을 하게 도와주시옵소서. 성령님을 통해 거듭난 생활이 계속되게 하시며 계속 맛을 내는 임마누엘의 은총을 주옵소서. 분쟁과 싸움이 있는 곳에 화해하는 역사를 주도하며 화평케 하는 성도가 되게 하옵소서. 영생을 맛보며 매일 매순간 주 안에 살고 싶습니다. 사랑 많으신 예수님의 이름으로 기도드립니다. 아멘."

6-30 "잃은 드라크마를 찾은 기쁨"(눅 15:8-10)

"어떤 여자가 열 드라크마가 있는데 하나를 잃으면 등불을 켜고 집을 쓸며 찾아내기까지 부지런히 찾지 아니하겠느냐 또 찾아낸즉 벗과 이웃을 불러 모으고 말하되 나와 함께 즐기자 잃은 드라크마를 찾아내었노라 하리라 내가 너희에게 이르노니 이와 같이 죄인 한 사람이 회개하면 하나님의 사자들 앞에 기쁨이 되느니라."

누가복음 15장에는 잃었다가 다시 찾은 기쁨, 즉 죄인 한 명이 회개할 때 천부께서 기뻐하시는 것에 대한 세 가지 비유가 나온다. 우리는 잃었다가 다시 찾은 양 한 마리 비유(1-7절), 잃었다가 다시 찾은 둘째아들 비유(11-32절)와 함께 이 말씀을 읽는다. 잃은 양의 비유가 성자 예수님이 이 땅에 찾아오신 비유라면, 드라크마를 다시 찾는 비유는 성령께서 잃어버린 영혼을 구원하는 비유이며, 또 탕자를 기다리는 아버지의 사랑은 성부 하나님이 잃어버린 인간들을 찾으시는 사랑에 대한 비유로 이해할 수 있다.

어느 여인이 열 드라크마[50]가 있었는데 하나를 잃어버려 등불을 켜고 온 집을 대청소하며 부지런히 찾다가 마침내 발견했을 때 한 드라크마를 찾은 기쁨을 벗과 이웃을 불러 모아 "나와 함께 즐기자 잃은 드라크마를 찾았노라"고 한다는 것이다. 이 비유의 결론은 "내가 너희에게 이르노니 이와 같이 죄인 하나가 회개하면 하

---

[50] 드라크마는 한 노동자가 하루 벌 수 있는 품삯을 말하는 헬라어이다. 이를 로마어로 하면 데나리온이다.

나님의 사자들 앞에 기쁨이 되느니라"(눅 15:10)이다. 이 여인이 친구들을 초청해서 찾은 기쁨을 나누었는데 사실 잔치 비용, 음식 비용이 더 들었을지라도 기쁨을 나누는 데 돈이 아깝지 않을 정도로 기뻤다는 것이다. 우리처럼 패역하고 죄만 짓던 인간들이 하나님께 돌아오기를 그렇게 기다리시는 하나님 아버지께서 죄인 하나라도 돌아오면 얼마나 기뻐하시겠느냐는 것이다.

"나 같은 죄인 살리신 주 은혜 놀라워(Amazing grace, how sweet the sound! That saved a wretch like me!)

잃었던 생명 찾았고 광명을 얻었네(I once was lost, but now am found, Was blind, but now I see)"

찬송가 305장.

이 비유도 찾음에 대한 기쁨을 말하고 있다. 부주의로 잃어버렸다가 다시 찾으면 얼마나 기쁠까? 애지중지하던 지갑을 잃어버리고 며칠 동안 꿈자리에도 나타나던 그 지갑을 청소하다가 침대 밑에서 발견할 때 마음 고생했던 아픔을 한꺼번에 씻어내리고 기뻐서 어쩔 줄 모르는 경험을 우리도 한두 번은 했을 것이다.

25년 전 보스턴에서 공부할 때 새벽 2시경 MIT 전기공학 건물에서 공부하고 나오는데 차가 없어졌다. 3일간 차를 찾아다니는데 거리에서 같은 차량이나 비슷한 색깔만 봐도 내 차가 아닌가 다시 한 번 쳐다보았다. 경찰에 신고를 해두었더니 3일 만에 연락이 왔는데 내 차가 록스베리(Roxbury) 어느 거리에 있었다는 것이다. 택시를 타고 급하게 달려가 보니, 게토처럼 위험한 곳이며 보스턴

시내 중심가에서 동쪽 바닷가 쪽에 위치한 곳에 내 차가 있지 않는가? 참으로 반가웠다. 그런데 그 다음 순간, 내 차의 바퀴가 없어져 있고, 라디오 등 부품이 없어지고, 유리창이 열려 있어 의자는 젖어 있는 것을 발견했다. 그래서 필요한 서류와 소지품을 챙기고 이 차를 보험회사에 연락하여 폐차시켰던 아픔이 있다.

그런데 하나님께서는 폐차 수준의 죄인이 회개하여 돌아오면 목욕시켜 주시고, 새로운 사람으로 변화시켜 주신다. 복음이 우리를 새롭게 한다. 예수님께서 나와 같은 죄인을 위해 십자가에 희생하셨다. 야생마 같은 나, 폐차 수준으로 된 나, 찌그러지고 상처난 나를 무엇이 예쁘다고 다시 받아 주시는지……. 에덴동산에서 아담과 하와가 회개를 했다면 과연 쫓겨날 수 있었을까? 가인이 회개했다면 땅에서 유리하지는 않았을 것이다. 사울 왕이 진정 회개했다면 하나님께서 용서해 주셨을 것이다. 끝까지 다윗을 죽이려고 쫓아다니는 늙은 왕 사울이 비참하게 보인다. 그러다가 그는 세 아들과 길보아산에서 전사하고 말았다. 가룟 유다가 베드로처럼 회개했더라면 지금도 열두 사도 반열에 있지 않았을까?

한 여인이 빗자루를 들고 온 집안을 청소하며 잃어버린 동전을 찾는 모습이 오늘 주님의 모습이라고 이해한다면 우리는 더 이상 숨어 있지 말고 광명으로 나와 하나님 앞에 자수하고 주님 앞에 모든 죄를 고백하고 용서를 빌어야 한다. 더 이상 하나님의 마음을 아프게 하지 말고 지금 회개하자. 그리고 이 여인처럼 전도를 하며 선교해야 한다. 한 영혼을 마음속에 품고 잃어버린 양을 찾는 심정으로, 잃어버린 동전을 찾는 모습으로, 잃어버린 아들을 기다리는 심정으로 전도하며 선교하자.

*묵상을 위한 질문

1) 내가 주님께 잃어버린 바 된 사실을 망각하고 있지 않는가?
2) 나는 이 여인처럼 부지런히 잃어버린 영혼을 찾고 있는가?
3) 나는 찾은 기쁨을 이웃과 나눈 적이 있는가? 간증을 하며 전도하자.

*관련 찬송

305장(통합 405장, 나 같은 죄인 살리신 주 은혜 놀라워)
304장(통합 404장, 그 크신 하나님의 사랑 말로 다 형용 못하네)
518장(통합 252장, 기쁜 소식 들리니 예수 구원하셨네)

*묵상 기도

"사랑과 은혜가 풍성하신 하나님 아버지, 드라크마를 찾은 여인처럼 죄인 하나 회개하기를 기다리시는 주님의 심성을 느끼게 하옵소서. 주님께서는 지금까지 제가 한 번도 고백하지 못한 그 쓴 뿌리를 내어 놓기를 원하십니다. 이 죄악을 깨닫게 하시고 진심으로 용서를 구하게 성령님께서 도와주옵소서. 내가 구원받은 기쁨, 용서받은 기쁨을 이웃과 나누게 하옵소서. 잃어버린 동전처럼 천국 가는 길을 잃어버린 영혼들에게 천국 길의 안내자가 되게 하옵소서. 나를 위해 십자가에서 보혈을 흘려 주신 예수님의 이름으로 기도드립니다. 아멘."

6-31 "잃었다가 다시 찾은 아들 비유"(눅 15:11-32)

"또 이르시되 어떤 사람에게 두 아들이 있는데 그 둘째가 아버지에게 말하되 아버지여 재산 중에서 내게 돌아올 분깃을 내게 주소서 하는지라 아버지가 그 살림을 각각 나눠 주었더니 그 후 며칠이 안 되어 둘째 아들이 재물을 다 모아 가지고 먼 나라에 가 거기서 허랑방탕하여 그 재산을 낭비하더니 다 없앤 후 그 나라에 크게 흉년이 들어 그가 비로소 궁핍한지라 가서 그 나라 백성 중 한 사람에게 붙여 사니 그가 그를 들로 보내어 돼지를 치게 하였는데 그가 돼지 먹는 쥐엄 열매로 배를 채우고자 하되 주는 자가 없는지라 이에 스스로 돌이켜 이르되 내 아버지에게는 양식이 풍족한 품꾼이 얼마나 많은가 나는 여기서 주려 죽는구나 내가 일어나 아버지께 가서 이르기를 아버지 내가 하늘과 아버지께 죄를 지었사오니 지금부터는 아버지의 아들이라 일컬음을 감당하지 못하겠나이다 나를 품꾼의 하나로 보소서 하리라 하고 이에 일어나서 아버지께로 돌아가니라 아직도 거리가 먼데 아버지가 그를 보고 측은히 여겨 달려가 목을 안고 입을 맞추니 아들이 이르되 아버지 내가 하늘과 아버지께 죄를 지었사오니 지금부터는 아버지의 아들이라 일컬음을 감당하지 못하겠나이다 하나 아버지는 종들에게 이르되 제일 좋은 옷을 내어다가 입히고 손에 가락지를 끼우고 발에 신을 신기라 그리고 살진 송아지를 끌어다가 잡으라 우리가 먹고 즐기자 이 내 아들은 죽었다가 다시 살아났으며 내가 잃었다가 다시 얻었노라 하니 그들이 즐거워하더라 맏아들은 밭에 있다가 돌아와 집에 가까이 왔을 때에 풍악과 춤추는 소리를 듣고 한 종을 불러 이 무슨 일인가 물은대 대답하되 당신의 동생이 돌아왔으매 당신의 아버지가 건강한 그를 다시 맞아들이게 됨으로 인하여 살진 송아지를 잡았나이다 하니 그가 노하여 들어가고자 하지 아니하거늘 아버지가 나와서 권한대 아버지께 대답하여 이르되 내가 여러 해 아버지를 섬겨 명을 어김이 없거늘 내게는 염소 새끼라도 주어 나와 내 벗으로 즐기게 하신 일이 없더니 아버지의 살림을 창녀들과 함께 삼켜 버린 이 아들이 돌아오매 이를 위하여 살진 송아지를 잡으셨나이다 아버지가 이르되 얘 너는 항상 나와 함께 있으니 내 것이 다 네 것이로되 이 네 동생은 죽었다가 살아났으며 내가 잃었다가 얻었기로 우리가 즐거워하고 기뻐하는 것이 마땅하다 하니라."

어떤 사람에게 두 아들이 있었다. 둘째아들이 아버지에게 건의하기를 "아버지여, 재산 중에서 내게 돌아올 분깃을 내게 주소서"라고 했다. 사실 유산이란 아버지가 돌아가신 후 받는 것이다. 이런 부탁을 한다는 것 자체가 아버지에게 매우 실례가 된다. 당시 이스라엘 유산법으로 아버지 재산의 2/3를 맏아들이 받는다. 그 나머지 재산으로 다른 아들들이 나누게 되어 있는데 이 집안은 두 아들뿐이니 둘째아들은 아버지 유산의 1/3을 받을 수 있었다.

유산을 미리 받아서 아버지 곁에서 더욱 열심히 일을 한다든지 아니면 사업을 해서 아버지의 재산을 증식시킬 생각은 하지 않고 둘째아들은 며칠 못 되어 재산을 다 모아가지고 먼 나라에 가서 허랑방탕하였다. 아버지도 형도 얼마나 괘씸하게 생각했을까? 배신감마저 들었을 것이다. 재산을 다 모아가지고 떠날 때는 둘째아들이 이 집안과 아예 인연을 끊고 싶어하는 모습이다. 아버지에게 유산을 미리 요구한 이유도 집안에 도움을 주기보다는 자신의 향락을 위한 것이었다. 그래서 둘째아들은 자기 집을 떠나 먼 나라로 가버렸다.

돈이란 벌 때는 힘들어도 허비하기 시작하면 금방 바닥이 난다. 돈이 떨어지고 난 후 또 그 나라에 크게 흉년이 들어 이 아들은 궁핍하게 되었다. 그래서 백성 중 하나에게 붙어 살게 되었는데, 그가 저를 들로 보내어 돼지를 치게 하였다. 이스라엘에서는 돼지를 구경하지 못한다. 그러나 제우스 신이 돼지고기를 좋아한다고 당시 제우스 신전이 있는 주변에서는 돼지를 많이 길렀다. 이 아들이 있는 곳은 이방 나라요, 이방신을 섬기는 곳이었다. 은혜의 자리를 떠나 예배가 없는 곳에 있는 아들의 모습이다. 율법으로 말하면 불결한 돼지를 치고 있는데, 저가 돼지 먹는 쥐엄열매(husks, 콩깍지처럼 생겨서 먹으면 단맛이 남)로 배를 채우고자 하되 주는 자가 없었다.

고향 떠나 돈 떨어지고, 배 고프고, 외로우면 자연히 고향이 그립다. "내 아버지에게는 양식이 풍족한 품꾼이 얼마나 많은가 나는 여기서 주려 죽는구나 내가 일어나 아버지께 가서 이르기를 아버지여 내가 하늘과 아버지께 죄를 지었사오니 지금부터는 아버지의 아들이라 일컬음을 감당하지 못하겠나이다 나를 품꾼의 하나로 보소서 하리라"(눅 15: 17-19). 그는 먼 나라에 와서 돈 떨어지고 직업도 제대로 찾지 못하고 먹고 자는 문제가 해결되지 않으니, 차라리 아버지 농장에 가서 품꾼으로 일하고 싶은 심정이었다. 이런 생각 자체가 얼마나 비참한가? 차마 아들로 돌아갈 체면은 없고 품꾼으로 돌아가 밥이나 먹고 살 수 있지 않을까 하는 생각을 한 것이다. 여기서 한 가지 유념할 것은 그가 아버지를 찾아가 "아버지여 내가 하늘과 아버지께 죄를 지었사오니"(18절, 21절) 하는 대목이다. 그는 하나님께 죄를 지었음을 깨닫고 있다. 또한 아버지께 잘못했음도 깨닫고 있다. 이것이 중요하다. 회개는 자신의 허물과 죄를 발견하며 자신이 죄인임을 인정하는 데서 출발한다.

그는 일어났다. 그리고 이스라엘로 향했다. 물론 걸어서 갔을 것이다. 그는 품꾼의 모습으로 돌아가고 있다. 신발도 신지 않고, 몸에 액세서리도 없고, 옷도 종의 복장이다. 아버지의 집까지 가려면 아직도 거리가 있는데, 저 멀리 아버지께서 그를 알아보고 측은히 여겨 달려와 목을 안고 입을 맞추었다. 여기서 입을 맞추었다는 것은 아들 신분으로 받아들임을 뜻한다. 아들이 "아버지여 내가 하늘과 아버지께 죄를 지었사오니 지금부터는 아버지의 아들이라 일컬음을 감당하지 못하겠나이다"(눅 15:21) 하니 아버지는 종의 모습으로 돌아온 이 아들을 위해 종들을 시켜 제일 좋은 옷(아들의 복장)을 내어다가 입히고, 손에 가락지를 끼우고(아들 신분), 발에 신을 신겼다. 그리고 "살찐 송아지를 끌어다가 잡으라. 우리가 먹고 즐기자. 이 내 아들은 죽었다가 다시 살아났으니 내가 잃었다가 다시 얻었노라" 하면서 잔치를 벌였다. 아버지 편에서 보면 둘째아들이 자신의 유산을 미리 가지고 가서 다 허비했지만, 자신의 잘못을 인정하고, 아버지 품으로 다시 돌아온 것이 너무 기뻤던 것이다. 아버지는 자식이 먼 나라로 간 때부터 늘 둘째아들에 대한 근심이 있었다. 잃어버렸다고 하나 어찌 혈육의 아들을 잊을 수 있겠는가? 아들에 대한 소식이라도 듣고 싶어 아들이 간 먼 나라에서 혹시 누구라도 오는가 늘 기다렸을 것이다.

그런 아들이 살아서 돌아온 것이 아닌가? 어쩌면 금의환향하는 아들보다 거지꼴로 돌아온 아들에게 더 동정이 갔다. "품꾼은 무슨 품꾼이냐? 아들아, 너는 내 아들이야. 내가 죽기 전 너의 살아 있는 얼굴을 보는 것만도 행복하단다. 너는 잃었다가 다시 찾은 내 아들이야" 하며 아버지는 너무 기뻐하신다. 이전보다 더욱 아들의 소중함을 알고 더 잘 해주고 싶은 아버지의 심정으로 종들에게 최고의 시간을 준비하도록 지시를 내렸다. 돈은 잃었지만 아들이 철이 든 것이 기뻤다. 고집스럽고 자기밖에 몰랐던 아들은 잃었지만 겸손하고 죄송해할 줄 아는 아들을 얻은 것이 기뻤다. 지난 고난의 시간은 잃었지만 앞으로 전개될 복된 시간으로 인해 기뻤다. 하나님을 예배하던 장소에서 떠나 이방 신전이 있는 곳에 갔던 자가 다시 돌아온 것으로 기뻤다. 회복의 즐거움이다. 부활의 기쁨이다.

집안에 잔치 준비가 끝나고 아버지가 "이 내 아들은 죽었다가 다시 살아났으며 내가 잃었다가 다시 얻었노라" 하니 저희가 다 즐거워하였다. 야곱이 죽은 줄로만 믿고 있던 자기 아들 요셉이 이집트에서 총리가 되어 만국 백성에게 양식을 나누고 있다는 소식을 듣고 바로가 보내 준 병거를 타고 아들을 만났을 때의 기쁨을 상상할 수 있다.

펜실베이니아 주 랭커스터(Lancaster, PA)에 있는 메노나이트가 운영하는 "Sound & Sight"(New Millennium Theater)에서 〈요셉(Joseph)〉 공연을 2010년 시즌부터 하고 있는데, 야곱이 23년 만에 아들 요셉을 만나는 장면을 보며 눈물 흘리지 않는 관객이 없다. 지금 이런 기쁨이 이 집안에 충만했다.

음악 소리, 춤추는 소리로 집안 전체가 축제 분위기였다. 밭에서 종일 일하다가 귀가하던 맏아들이 집에 가까웠을 때 풍류와 춤추는 소리를 듣고 한 종을 불러 무슨 일인지 물었다. 아버지께서 너무 기쁘고 감격하셔서 맏아들에게 소식 전하는 것을 깜빡하신 것 같다. 아니면 맏아들이 거리가 먼 곳에서 일하다가 돌아왔는지도 모른다. 이 종이 고하기를 "당신의 동생이 돌아와서 당신의 아버지가 그의 건강한 몸을 다시 맞아들이게 되어 살진 송아지를 잡았나이다" 하니 맏아들이 아버지에 대한 섭섭함과 동생에 대한 시기심으로 인해 화가 났다. 그래서 집 안에 들어가기 싫어했다. 이에 아버지께서 나오셔서 권하니 아들은 불평을 한다. "내가 여러 해 아버지를 섬겨 명을 어김이 없거늘 내게는 염소 새끼라도 주어 나와 내 벗으로 즐기게 하신 일이 없더니 아버지의 살림을 창녀들과 함께 삼켜버린 이 아들이 돌아오매 이를 위하여 살진 송아지를 잡으셨나이다"(눅 15: 29-30). 당연한 불평이요, 항의였다.

맏아들로서는 참으로 섭섭했다. 아버지께서 자기와 상의 한 마디도 없이 동생에게 유산을 나눠 주시더니, 결국 거지꼴로 돌아온 동생에게 무슨 환영 파티며 환대인가? 형의 입장에서 보면 그렇게 여러 해 동안 아버지 말씀에 순종하여 일했거늘 자기 친구를 초청해서 한 번도 잔치를 열어 주시지 않은 섭섭함도 솔직히 털어놓았다. 역시 아버지의 관점과 맏아들의 관점에는 많은 차이가 있다. 이처럼 하나님의 생각과 인간의 생각은 많은 차이가 있다. "이는 내 생각이 너희 생각과 다르며 내 길은 너희의 길과 다름이니라 여호와의 말씀이니라 이는 하늘이 땅보다 높음같이 내 길은 너희의 길보다 높으며 내 생각은 너희의 생각보다 높으니라"(사 55:8-9). "너는 하나님 앞에서 함부로 입을 열지 말며 급한 마음으로 말을 내지 말라 하나님은 하늘에 계시고 너는 땅에 있음이니라 그런즉 마땅히 말을 적게 할 것이라"(전 5:2). "오직 여호와는 그 성전에 계시니 온 천하는 그 앞에서 잠잠할지니라"(합 2:20).

맏아들의 "아버지의 살림을 창녀들과 함께 삼켜버린"이란 말은 사실 홧김에 내뱉은 것이었다. 추측이었다. 확인한 사실도 없었을 것이다. 그런데 13절에 보면 허랑방탕했다고 나오지 창녀에게 다 써버렸다는 구절은 없다. 그럼에도 불구하고 많은 설교가들이 맏아들의 이야기를 사실로 받아들여 허랑방탕 속에 창기의 이야기를 많이 해 오고 있다. 한번 생각해 볼 점이다.

마지막으로 아버지의 말씀이, 누가복음 15장에 있는 세 가지 비유(잃었다가 다시 찾은 기쁨)의 결론이자 이 비유의 맺음말이다. "얘 너는 항상 나와 함께 있으니 내 것이 다 네 것이로되 이 네 동생은 죽었다가 살아났으며 내가 잃었다가 얻었기로 우리가 즐거워하고 기뻐하는 것이 마땅하다 하니라"(눅 15:31-32).

혹 우리 가운데 맏아들처럼 "하나님께서는 회개한 죄인 하나로 인하여 그렇게 기뻐하시는데, 저는 뭡니까? 한 번도 곁길로 나가지 않았고 착하게 살며 열심히 예배드렸고, 봉사하고, 전도하고, 선교했는데……"하고 불평하는 마음은 없는가? 하나님께서는 평소 열심히 한 맏아들의 수고를 다 인정하고 계시며, 오히려 늘 맏아들과 함께 살고 있는 기쁨뿐 아니라 '내 것이 다 네 것이라'는 말씀으로 최고의 사랑 표현을 해주신다. 누군가는 맏아들을 '두 번째 탕사'(second prodigal son)로까지 표현하는데 그것은 지나친 표현이고, 먼저 믿고 열심히 신앙생활을 하는 우리 모두가 생각이 짧아서 그렇게 생각할 수 있음을 진솔하게 보여 주고 있다. 교회 개척 멤버들이 새신자들에게 밀려 자리를 빼앗겼다고 생각하는 순간 그는 개척 교인 자격이 없다. 동생이 태어나서 부모의 사랑을 빼앗겼다고 생각하는 순간 그는 형 자격이 없다.

　아버지의 마지막 말씀은 "이 네 동생은 죽었다가 살아났으며 내가 잃었다가 얻었기로 우리가 즐거워하고 기뻐하는 것이 마땅하다"는 것이었다. 즉 맏아들이 미처 생각하지 못한 부분을 지적하여 "죽었던 내 동생이 다시 살아났고, 잃어버린 줄 알았던 동생을 다시 얻은 것"으로 생각한 맏아들은 집안에 들어가 동생을 포옹했을 것이고 잔치의 기쁨에 참여했을 것이다. 그럼으로써 형의 자리가 더욱 빛났고, 동생으로부터 오랫동안 존경을 받았을 것이다.

*묵상을 위한 질문
1) 나는 아버지의 품을 떠난 탕자처럼 살고 있지 않는가?
2) 나는 "하늘과 아버지께 죄를 지었사오니" 하며 회개하고 있는가?
3) 나는 다시 아들의 신분을 회복시켜 주신 주님께 감사하고 있는가?

*관련 찬송
527장(통합 317장, 어서 돌아오오 어서 돌아만 오오)
520장(통합 257장, 듣는 사람마다 복음 전하여)
522장(통합 269장, 웬일인가 내 형제여 주 아니 믿다가)

*묵상 기도
"사랑과 은혜가 풍성하신 하나님 아버지, 탕자 같은 제가 돌아오도록 기다려 주시는 그 사랑에 감사드립니다. 늘 마음 아파 하

시고 문을 열고 나간 자식 돌아오기를 기다리시는 주님의 마음을 헤아리게 하옵소서. 맏아들처럼 아버지의 기쁨에 동참하지 못했음을 인하여 죄송합니다. 저도 죄인의 회개, 초신자의 봉사, 한 시간만 일해도 하루 품삯을 받는 이들과 함께 기쁨을 나누게 하소서. 사랑 많으신 예수님의 이름으로 기도드립니다. 아멘."

6-32 "나는 죄인이로소이다"(눅 18:9-14)

"또 자기를 의롭다고 믿고 다른 사람을 멸시하는 자들에게 이 비유로 말씀하시되 두 사람이 기도하러 성전에 올라가니 하나는 바리새인이요 하나는 세리라 바리새인은 서서 따로 기도하여 이르되 하나님이여 나는 다른 사람들 곧 토색, 불의, 간음을 하는 자들과 같지 아니하고 이 세리와도 같지 아니함을 감사하나이다 나는 이레에 두 번씩 금식하고 또 소득의 십일조를 드리나이다 하고 세리는 멀리 서서 감히 눈을 들어 하늘을 쳐다보지도 못하고 다만 가슴을 치며 이르되 하나님이여 불쌍히 여기소서 나는 죄인이로소이다 하였느니라 내가 너희에게 이르노니 이에 저 바리새인이 아니고 이 사람이 의롭다 하심을 받고 그의 집으로 내려갔느니라 무릇 자기를 높이는 자는 낮아지고 자기를 낮추는 자는 높아지리라 하시니라."

예수께서 자기를 의롭다고 믿고 다른 사람을 멸시하는 자들에게 다음과 같이 비유로 말씀하셨다. 어느 날 예루살렘 성전에 두 사람이 기도하러 올라왔다. 한 사람은 바리새인이고, 다른 사람은 세상 사람들이 손가락질하며 욕하는 세리였다.

당시 유대는 로마제국의 속국으로 있었기에 인두세, 소득세, 상속세를 내야 한다. 미국처럼 자진 세금 보고를 하거나 한국처럼 세금고지서를 받아 납부하지 않고 유대인들 가운데 세리(publican 혹은 tax collector)를 세워 이들이 집집마다 다니면서 세금을 거두었다. 과거 한국도 이럴 때가 있었다. 세무 직원들이 집집마다 다니며 세금을 징수해 갔다. 대개는 정한 세금 이상을 거두어 상관에게 뇌물을 주며, 남은 돈으로 사리사욕을 채우는 데 급급했다고 한다. 소득의 20%를 거둘 것을 50%까지 거두기도 했다고 한다. 그래서 동료 유대인들은 세리들을 로마제국의 앞잡이로 몰아세우고 유대 공동체에서 추방하였다. 심지어 죄인 취급을 했다. 때로 세리 가운데는 억울하게 그런 사람으로 취급 받기도 했다. 자기의 직업으로 일한 것인데 무조건 동료 시민들로부터 미움을 받기도 했다. 그러나 대다수 세리들은 죄의식이 많았던 것 같다.

기도 시간에 바리새인은 서서 따로 "하나님이여, 나는 다른 사람들 곧 토색(討索, extortioners), 불의, 간음을 하는 자들과 같지 아니하고 이 세리와도 같지 아니함을 감사하나이다. 나는 이레에 두 번씩 금식하고 또 소득의 십일조를 드리나이다" 라고 기도했다. 기도라기보다는 자신의 의를 자랑하는 보고문이다. 남의 것을 등쳐 먹지 않고 의롭게 살고 제7계명("간음하지 말라")과 8계명("도둑질하지 말라")을 충실히 지키며, 경건을 위해 일 주일에 두 번씩 금식하며, 정한 십일조를 바치고 있음을 하나님께 보고하는 기도이다.

예수 당시에 이스라엘에는 약 6,000명의 바리새인들이 있었다고 한다. 이들은 철저한 금욕생활과 경건생활에 힘써 일반 유대인보다 우월하다는 일종의 특권의식으로 살아갔다. 그러나 바리새인의 죄대 약점은 그들의 가르침과 행동이 일치하지 않는 데 있다(마 23:3). 겉으로는 잘 믿는 것 같은데, 속으로는 자기의 욕심과 명예를 추구하고 살았다. 그들은 무거운 짐을 묶어 사람의 어깨에 지우되 자기는 이것을 한 손가락으로도 움직이려 하지 않는다(마 23:4). 그들은 돈을 좋아한다(눅 16:14). 하나님만큼 돈을 사랑한다.

바리새인들은 유별나게도 자기 자랑과 과시를 좋아한다. 몇 가지 예를 들면, 쉐마(신 6:4-9)를 기록한 두루마리를 작은 상자에 넣어 이마나 손목에 붙이고 다니는 경문(經文, phylacteries, 작은 글상자) 가운데 큰 것을 달고 다니며, 긴 옷과 넓은 옷단이 있는 옷을 즐겨 입으며(enlarge the borders of their garments), 잔치 자리나 회당에 가더라도 높은 자리(uppermost rooms)에 앉는 것을 좋아하고, 시장에서 문안인사 받는 것을 좋아하며, 사람들로부터 '랍비'(선생)라고 불리는 것을 좋아한다(마 23:4-8). 예수께서는 그들의 외식(外飾, hypocrisy)을 책망하셨다(마 23:13-38, 참고 눅 20:46-47).

바리새인의 외식을 염두에 두시면서 주께서 다음과 같이 가르치셨다.

"또 너희는 기도할 때 외식하는 자와 같이 하지 말라 그들은 사람에게 보이려고 회당과 큰 거리 어귀에 서서 기도하기를 좋아하느니라 내가 진실로 너희에게 이르노니 그들은 자기의 상을 이미 받았느니라 너는 기도할 때에 네 골방(closet)에 들어가 문을 닫고 은밀한 중에 보시는 네 아버지께 기도하라 은밀한 중에 보시는 네 아버지께서 갚으시리라"(마 6:5-6). "금식할 때에 너희는 외식하는 자들과 같이 슬픈 기색을 보이지 말라 그들은 금식하는 것을 사람에게 보이려고 얼굴을 흉하게 하느니라 내가 진실로 너희에게 이르노니 그들은 자기 상을 이미 받았느니라"(마 6:16).

이는 잘 믿는 척하나 실상은 사람에게 잘 보이려는 종교지도자가 꼭 명심해야 할 교훈이다. 사람은 외모를 보고 판단할지 모르나 하나님은 마음의 중심을 보신다(삼상 16:7; 행 13:22).

한편 세리는 성전 한구석에서 감히 눈을 들어 하늘을 우러러 보지도 못하고 다만 가슴을 치며 기도하기를 "하나님이여 불쌍히 여기옵소서. 나는 죄인이로소이다"(새번역), "이 죄인에게 자비를 베풀어 주소서"(God be merciful to me a sinner)라고 했다. 예수께서는 두 사람의 기도를 들으시고 멀리 서서 애절하게 기도하는 세리를 오히려 칭찬하셨다. "이 사람이 의롭다 하심을 받고 그의 집으로 내려갔느니라 무릇 자기를 높이는 자는 낮아지고 자기를 낮추는 자는 높아지리라"(눅 18:14).

하나님께 상달되는 기도는 통회하고 자복하는 심령으로 하는 기도이다. "하나님의 구하시는 제사는 상한(히브리어 '니쉐바라' '산산조각난' 이란 뜻) 심령이라 하나님이여 상하고 통회하는 마음을 주께서 멸시하지 아니하시리이다"(시 51:17)라고 다윗은 기도했다. "만일 우리가 우리 죄를 자백하면 저는 미쁘시고 의로우사 우리 죄를 사하시며 모든 불의에서 깨끗하게 하실 것이요 만일 우리가 범죄하지 아니하였다 하면 하나님을 거짓말하는 이로 만드는 것이니 또한 그의 말씀이 우리 속에 있지 아니하니라"(요일 1:9-10).

* 묵상을 위한 질문
1) 바리새인의 기도의 문제점은 무엇인가?
2) 세리의 기도의 특징은 무엇인가?
3) 내가 평소 드리고 있는 기도 내용은 어느 쪽에 더 가까운가?
4) 주님께서 칭찬하실 기도문을 적어 보자.

* 관련 찬송

363장(통합 479장, 내가 깊은 곳에서 주를 불러 아뢰니)

364장(통합 482장, 내 기도하는 그 시간 그때가 가장 즐겁다)

369장(통합 487장, 죄짐 맡은 우리 구주 어찌 좋은 친군지)

* 묵상 기도

"주여, 저를 불쌍히 여기시옵소서. 그동안 주님을 실망시켜 드린 죄인입니다. 하나님의 뜻을 준행하여 저의 영혼과 몸과 힘을 다하여 하나님을 사랑하게 하시며, 이웃을 제 몸과 같이 사랑하게 도와주시옵소서. 매순간 말과 생각과 행실이 주님 앞에 열납되는 제물이 되게 하옵소서. 골방기도와 회개기도에 힘쓰게 하옵소서. 사랑 많으신 예수님의 이름으로 기도드립니다. 아멘."

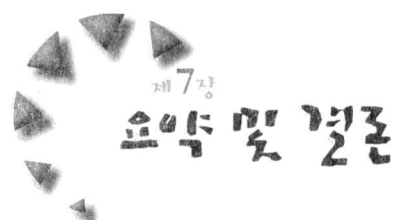

제7장 요약 및 결론

공관복음서에 나오는 예수의 말씀 가운데 약 3분의 1은 '비유'(譬喻)로 되어 있다. 예수의 교훈과 가르침의 주제가 되는 '하나님 나라'(神國)가 비유 형식으로 가르쳐지고 있다. 복음서 기자들은 복음이 뭇 인생들에게 전파되는 방법으로 '비유'라는 문학 장르(genre)를 사용했다. 그래서 비유 연구를 통해 예수님의 가르침을 재구성할 수 있다. 복음서에 나오는 비유(parable)란 간단히 말해서 하늘의 언어를 사람의 언어로 표현하는 문학 양식이다. 예수의 비유는 복음을 담고 있다. 마가복음 1장에서 세례 요한이 잡혔다. 그 후 "예수께서 갈릴리에 오셔서 하나님의 복음을 전파하여(preaching the gospel of the kingdom of God) 이르시되 때가 찼고 하나님의 나라가 가까이 왔으니 회개하고 복음을 믿으라 하시더라"(막 1:14-15)라고 기록되어 있다. 이 구절에서 비유의 네 가지 내용을 찾을 수 있다. 1) 때에 관한 주제 (종말 비유), 2) 하나님의 나라에 관한 가르침(천국 비유), 3) 회개에 관련한 비유, 4) 복음을 믿는 주제를 다룬 비유 등. 비유의 중심 내용은 한마디로 요약하면 '하나님의 나라"이다. 성경 전체에서 보여 주는 하나님 나라는 어떤 제한된 영토나 영역의 뜻을 넘어서서 '하나님의 주권 혹은 왕권 통치' (kingly rule or sovereignty of God) 자체를 의미한다.

비유 해석은 크게 안디옥 학파에서 발전시킨 유형론(typology) 해석 방법과 알렉산드리아 학파에서 채택한 알레고리(풍유)적 해석 방법이 있다. 전자는 히브리 사상에 근거한 것으로 성경 본문의 역사적·언어적·신학적 분석을 한 것으로 교회 개혁가 루터와 칼빈이 이 전통을 이었다. 알렉산드리아 학파는 헬라 문학 분석 방법으로 성경의 의미를 축소시키는 결과를 가져왔다. 유형론이란 구약성경이 신약의 사건들을 예시(豫示)하기에 유대적인 역사적 배경에서 비유를 해석해야 한다는 것이다. 다시 말하면, 구약에 나타난 어떤 인물, 사건 또는 사물이 신약과 일치할 수 있다는 해석 방법이다.

이에 반해 오리겐(Origenes)은 선한 사마리아인의 비유를 알레고리적으로 해석한다. 예를 들면, 선한 사마리아인의 비유를 여리고로 내려가는 사람 = 아담, 예루살렘 = 낙원, 여리고= 세상, 강도들 = 적대적인 세력 및 대적들(요 10:8), 상처 = 불순종 또는 죄, 제사장 = 율법, 레위 = 선지자, 선한 사마리아인 = 그리스도, 짐승 = 그리스도의 몸, 주막 = 교회, 두 데나리온 = 성부와 성자를 아는 지식, 주막 주인 = 교회를 맡은 천사, 선한 사마리아인의 되돌아옴 = 그리스도의 재림으로 해석한다. 이런 해석은 본문의 '참된 이웃은 누구냐'의 내용을 왜곡시키는 결과를 낳고 만다. 비유는 헬라 사상의 틀보다는 히브리 사상(묵시적인 하나님 나라 사상)의 패러다임으로 해석되어야 본문의 참된 의미를 찾을 수 있다.

이 책에서는 예수님의 비유를 본문 중심으로 해석하고 이를 토대로 묵상했다. 묵상이란 일회로 끝나는 것이 아니라 밤낮으로 되새기고, 생각하고, 그 교훈을 마음에 새기면서 평생 하는 것이다. 천국 비유를 통해 천국 시민으로 어떻게 살아야 할 것인지를 배웠다. 종말을 어떻게 준비해야 하는지도 알았다. 이웃을 사랑하는 법도 배웠다. 겸손, 용서, 정의, 진리, 거듭남, 충성, 절제 등 비유만 잘 공부해도 주님의 말씀의 전체성과 온전성을 배울 수 있다. 계속 이 비유를 묵상하며 평생 예수님을 닮아 가자.

참고문헌

- Blomberg, C. L., *Interpreting the Parables*, Downers Grove, Ill: InterVarsity Press, 1990. 김기찬 옮김, 《비유 해석학》, 서울: 생명의 말씀사, 1996.
- Boice, James, 《예수님의 강해 설교》, 심이석 역, 서울: 크리스챤 다이제스트, 1992.
- Borsch, F. H., *Many Things in Parables: Extravagant Stories of New Community*, Philadelphia: Fortress, 1988.
- Catchpole, David R., *John the Baptist, Jesus and the Parable of the tares*, SJT, Vol. 31(1978)
- Crossan, *The Seed Parables of Jesus*, JBL, vol. 92 (1973): 260-261.
- Dodd, C. H., *The Parables of the Kingdom*, Charles Scribner's Sons, 1936.
- Ford, Richard Q., *The Parables of Jesus: Recovering the Art of Listening*, Minneapolis: Augsburg Fortress, 1997.
- Hunter, A. M., *Interpreting the Parables*, Philadelphia: Westminster, 1960.
- Jeremias, J., *Die Gleichnisse Jesu*, 허역(역), 《예수의 비유》, 왜관:분도출판사, 1974.
- Jülicher, A., *Die Gleichnisreden Jesu*, vol. 1, Freiburg: Mohr,

1899.
- Kistemaker, Simon J., *The Parables of Jesus*, Grand Rapids: Baker, 1980.
- Lockver, Herber., *All the Parables of the Bible*. Grand Rapids, MI: Zondervan Pub. House, 1963.
- McKim, Donald K., *Historical Handbook of Major Biblical Interpreters*, Downers Grove, Ill: InterVarsity Press, 1998.
- Robert H. Stein, *An Introduction to the Parables of Jesus*, 명종남 역, 《예수님의 비유: 해석 원리와 적용》, 서울: 새순출판사, 1987.
- Schmidt, K. L., *Der Rahmen der Geschichte Jesu*, Darmstadt: Wissenschaftliche Buchgeseellschaft, 1969.
- Via, Dan O., Jr., *The Parables : Their Literary and Existential Dimension*, Philadelphia: Fortress, 1967.
- Wenham, David, *The Parables of Jesus*, Dowers Grove, Ill: InterVarsity Press, 1989.
- Young, Brad H., *The Parables: Jewish Tradition and Christian Interpretation*, Peabody, MA:Hendrickson Publishers, 1998.

- 박윤선, 《공관복음》, 성경주석시리즈, 서울: 영음사, 1971.
- 신성종, "마태복음 13장에 나타난 비유 연구," 신학지남, 1981.
- 유기성, "선한 사마리아 사람의 비유 연구" 연세대학교 연합신학대학원 석사 논문, 1983.
- 이상근, 《마태복음 주해》, 서울: 대한예수교장로회 총회교육부,

1978.
- 이상훈,《해석학적 성서 이해》, 서울 : 대한기독교서회, 1992.
- 전경연,《예수의 비유》, 서울 : 종로서적, 1980.
- 최갑종,《예수님의 비유 연구》, 서울 : 기독교문서선교회, 1993.

```
판 권
소 유
```

예수님의 천국 비유들

2011년 10월 20일 인쇄
2011년 10월 25일 발행

지은이 | 윤사무엘
발행인 | 이형규
발행처 | 쿰란출판사

주소 | 서울 종로구 이화동 184-3
TEL | 02-745-1007, 745-1301~2, 747-1212, 743-1300
영업부 | 02-747-1004, FAX / 02-745-8490
본사평생전화번호 | 0502-756-1004
홈페이지 | http://www.qumran.co.kr
E-mail | qumran@hitel.net
　　　　　　qumran@paran.com
한글인터넷주소 | 쿰란, 쿰란출판사

등록 | 제1-670호(1988.2.27)

책임교열 | 최진희 · 박신영

값 9,000원

ISBN 978-89-6562-191-1　93230

* 이 출판물은 저작권법에 의해 보호를 받는 저작물이므로 무단 복제할 수 없습니다.
　잘못된 책은 교환해 드립니다.